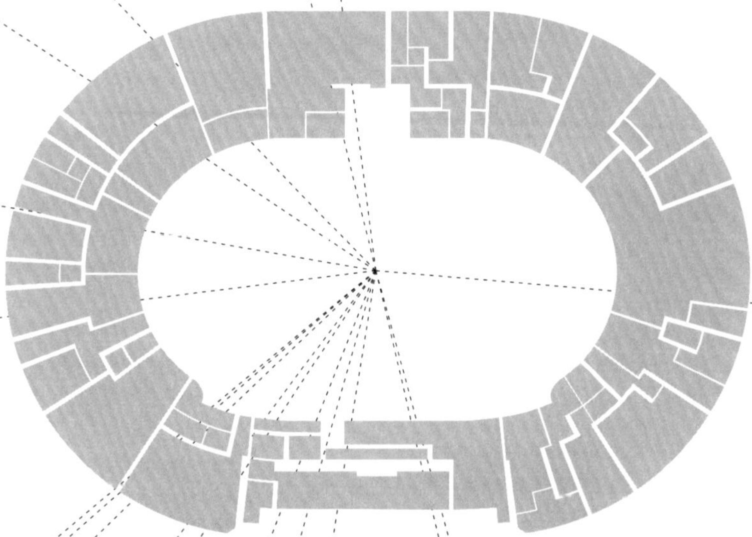

STADIUM

A BUILDING THAT RENDERS THE IMAGE OF A CITY
UN EDIFICIO QUE VISUALIZA LA IMAGEN DE UNA CIUDAD

PAVILION OF CHILE / PABELLÓN DE CHILE
BIENNALE ARCHITETTURA 2018

PARK BOOKS

Catalogue Credits
Créditos Catálogo

Editors / Editoras
Alejandra Celedón
Stephannie Fell

Translation / Traducción
Alejandra Celedón
Pedro Correa
Stephannie Fell
Lucía Galaretto
Megan McDowell

Spanish copy editing / Corrección de estilo en español
Rayna Razmilic

English copy editing / Corrección de estilo en inglés
Lisa Schons

Design / Diseño
Kathryn Gillmore

Graphic production / Producción gráfica
Nicole Paredes

Lithography, printing, and binding / Litografía, impresión, encuadernación
Musumeci S.p.A., Quart (Aosta), Italy

Park Books
Niederdorfstrasse 54
8001 Zürich
Switzerland
www.park-books.com

Park Books is being supported by the Federal Office of Culture with a general subsidy for the years 2016–2020.

ISBN 978-3-03860-108-1

Pavilion Credits
Créditos Pabellón

Curator: Alejandra Celedón
Commissioner: Cristóbal Molina (Ministry of Cultures, Arts and Heritage)
Exhibition design: Tomás Villalón
Director of contents: Alejandra Celedón and Stephannie Fell
Visual identity and graphic design: Kathryn Gillmore
Audiovisual direction: Javier Correa
Multimedia devices: Gonzalo Puga
Stadium model production: Patricio Arias, Surtierra
Design and production of city-piece: Jean Petitpas
Production team: Consuelo Contreras, Milton González, Nicolás Navarrete, Nicole Paredes, Leonardo Quinteros, Leonardo Salgado, Carmen Valdés, and Teresa Viera-Gallo
Pavilion production and setup in Venice: Eiletz | Ortigas architects

Organizer: Ministry of Cultures, Arts and Heritage - Architecture Unit
Supporters: Dirac, Fundación Imagen de Chile, ProChile, Chilean Architecture, Televisión Nacional de Chile, Pontificia Universidad Católica de Chile, Museo de la Memoria y los Derechos Humanos, Asociación de Oficinas de Arquitectos (AOA)

Curadora: Alejandra Celedón
Comisario: Cristóbal Molina (Ministerio de las Culturas, las Artes y el Patrimonio)
Diseño expositivo: Tomás Villalón
Dirección de contenidos: Alejandra Celedón y Stephannie Fell
Identidad visual y diseño gráfico: Kathryn Gillmore
Dirección audiovisual: Javier Correa
Dispositivos multimediales: Gonzalo Puga
Producción modelo estadio: Patricio Arias, Surtierra
Diseño y producción pieza ciudad: Jean Petitpas
Equipo producción: Consuelo Contreras, Milton González, Nicolás Navarrete, Nicole Paredes, Leonardo Quinteros, Leonardo Salgado, Carmen Valdés y Teresa Viera-Gallo
Producción y montaje del pabellón en Venecia: Eiletz | Ortigas architects

Organización: Ministerio de las Culturas, las Artes y el Patrimonio - Área de Arquitectura
Auspiciadores: Dirac, Fundación Imagen de Chile, ProChile, Arquitectura de Chile, Televisión Nacional de Chile, Pontificia Universidad Católica de Chile, Museo de la Memoria y los Derechos Humanos, Asociación de Oficinas de Arquitectos (AOA)

Presentation

Organized by the Venice Biennale, the International Architecture Exhibition is one of the major instances of critical reflection and dissemination of new architectural proposals in the world. The sixteenth instalment of the event, entitled "Freespace," will be held this year between the 26th of May and the 25th of November.

With the work STADIUM, directed by academic and researcher Alejandra Celedón, the Chilean pavilion has responded in a remarkable way to the exhibition's call, in the understanding that, as specified by its organizers, "there is an exchange between people and buildings that happens, even if not intended or designed, so buildings themselves find ways of sharing and engaging with people over time, long after the architect has left the scene."

STADIUM, in the first instance, reconstructs an unusual and partly forgotten fact of our history: the ceremony of massive distribution of property titles for almost 40,000 people, implemented by the State of Chile in the National Stadium of Santiago in September 1979. They were families that occupied land illegally, and by this initiative, became confined to peripheral areas of the city. What looked like a gift ended up being an imposition. From the review of that event, our pavilion also investigates the social, historic, and symbolic projections of the National Stadium building, which for eighty years has been a place of community gathering around sports, political, and cultural activities, without forgetting that in 1973 it officiated as a detention centre.

As usual, this curatorial and exhibition proposal was selected through a public competition, open to architects and professionals from related disciplines. The process was led by the Architecture Unit of the Ministry of Cultures, Arts and Heritage, which convened a jury composed of Eva Franch, Andrés Jaque, Enrique Walker, Rodrigo Pérez de Arce, Juan Román, Edward Rojas, and Smiljan Radic.

We know that STADIUM will contribute to the development of the curatorial and exhibition dimension of Chilean architecture, and that it will bring architectural culture closer to broader and diverse audiences. We also hope that this exhibition will strengthen one of the central themes of this edition of the Venice International Architecture Exhibition: the ability of architecture to contribute generously to the common good of people.

Alejandra Pérez Lecaros
Minister of Cultures, Arts and Heritage of Chile

Presentación

Organizada por la Bienal de Venecia, la Exposición Internacional de Arquitectura es una de las mayores instancias de reflexión crítica y de divulgación de nuevas propuestas arquitectónicas en el mundo. La décimo sexta versión del evento, titulada *Freespace*, se realizará este año entre el 26 de mayo y el 25 de noviembre.

Con la obra STADIUM, a cargo de la académica e investigadora Alejandra Celedón, el Pabellón de Chile ha respondido de manera notable a la convocatoria de la exposición, en el entendido de que, tal como especifican sus organizadores, "hay un intercambio entre la gente y los edificios que se da aun cuando no esté diseñado ni programado, de modo que los edificios mismos encuentran formas de compartir y de participar con la gente a través del tiempo, mucho después incluso de que el arquitecto ha desparecido de la escena".

STADIUM, en primera instancia, reconstituye un hecho insólito y en parte olvidado de nuestra historia: la ceremonia de entrega masiva de títulos de propiedad para unas 40 mil personas efectuada por el Estado de Chile en el Estadio Nacional de Santiago en septiembre de 1979. Se trataba de familias que ocupaban terrenos de manera irregular y con esta iniciativa se les confinó a zonas periféricas de la ciudad. Lo que parecía un regalo terminó siendo una imposición. A partir de la revisión de ese acontecimiento, nuestro pabellón además indaga en las proyecciones sociales, históricas y simbólicas del edificio del Estadio Nacional, que desde hace ochenta años viene congregando a la comunidad en jornadas deportivas, políticas y culturales, sin olvidar que en 1973 ofició como centro de detención.

Como es habitual, esta propuesta curatorial y expositiva fue seleccionada en un concurso público y abierto a arquitectos y a profesionales cercanos a la arquitectura. El proceso fue liderado por el Área de Arquitectura del Ministerio de las Culturas, las Artes y el Patrimonio, que convocó a un jurado compuesto por Eva Franch, Andrés Jaque, Enrique Walker, Rodrigo Pérez de Arce, Juan Román, Edward Rojas y Smiljan Radic.

Sabemos que STADIUM contribuirá a ampliar la dimensión curatorial y expositiva de la arquitectura chilena, y que permitirá acercar la cultura arquitectónica a públicos más amplios y diversos. Esperamos, además, que esta muestra fortalezca uno de los temas centrales de esta edición de la Exposición Internacional de Arquitectura de Venecia: la capacidad de la arquitectura para contribuir con generosidad al bien común de las personas.

Alejandra Pérez Lecaros
Ministra de las Culturas, las Artes y el Patrimonio de Chile

Presentation

STADIUM, the Pavilion of Chile at the 16th Venice Architecture Biennale, recreates an episode from 1979 in the city of Santiago, when the National Stadium—the most important sports arena in the country—welcomed thousands of dwellers to the ceremony that initiated the process of obtaining the property titles to their plots, located in communes and peripheral shantytowns of the city.

This milestone, undertaken during the military dictatorship, announced a new housing policy that transformed the nature of social housing. Housing, which until that moment was conceived as an inalienable right, became a consumer good, dependent on the savings capacity of potential owners. From now on, not the State but the market would regulate affairs ranging from land costs to construction. In this way, the event in the spring of 1979 also announced the creation of a new urban subject: the owner, transforming—in concrete terms—the notion of the dweller to that of the housing debtor and potential or future owner.

The project, led by Alejandra Celedón together with her team, reveals, from an architectural approach, the configuration of the city diagrammed in that event. The National Stadium, subdivided as a map of the communes, neighbourhoods, and shantytowns of Santiago, retraces their distances with respect to the urban centre and the Colosseum. Thus, the Stadium was a city for one day, denoting the new policies of administration of subjects and life within the territory and under a new system of values.

Chile's participation has been consolidating through the past editions of the Biennale, constituting today a proposal that is awaited by both the international architectural community and the interested public. In rescuing this historical episode through the STADIUM exhibition, its creators engage in a dialogue with the social housing project ELEMENTAL, from the studio of Alejandro Aravena, a prominent Chilean architect also included in the official exhibition curated by Irish architects Yvonne Farrell and Shelley McNamara.

With this strong national representation, the Ministry of Foreign Affairs, through its Direction of Cultural Affairs (Dirac), reaffirms its commitment to Chilean architecture, providing the tools for its wider dissemination in international events of excellence. The Pavilion of Chile is, as in previous years, the product of the joint management of Dirac, the Embassy of Chile in Italy, ProChile, and the Ministry of Cultures, Arts and Heritage, reinforcing the idea of an inter-institutional alliance for the visibility of Chilean cultural expressions globally.

Carlos Morán
Director of Cultural Affairs
Ministry of Foreign Affairs of Chile

Presentación

STADIUM, el Pabellón de Chile en la décimo sexta Bienal de Arquitectura de Venecia recrea un episodio del año 1979 en la ciudad de Santiago, cuando el Estadio Nacional —el coliseo deportivo más importante del país— acogió a miles de pobladores en la ceremonia de iniciación del proceso de obtención de títulos de dominio de sus terrenos, ubicadas en comunas y poblaciones periféricas de la ciudad.

Este hito, realizado durante la dictadura militar, anunciaba una nueva política habitacional que transformó la naturaleza de la vivienda social. La vivienda, hasta ese momento concebida como un derecho irrenunciable, pasó a ser un bien de consumo, dependiente de la capacidad de ahorro de los potenciales propietarios. En adelante, sería el mercado y no el Estado quién regularía, desde los costos del suelo hasta las construcciones. De esta manera, aquel evento de la primavera de 1979, también anunciaba la creación de un nuevo sujeto urbano: el propietario, transformando —en términos concretos— la noción de poblador a la de deudor habitacional y potencial o futuro propietario.

El proyecto liderado por Alejandra Celedón junto a su equipo, devela, desde un enfoque arquitectónico, la configuración de ciudad diagramada en aquel evento. El Estadio Nacional, compartimentado como un mapa de las comunas, villas y poblaciones de Santiago, retraza las distancias de las mismas respecto al centro urbano y al "Coliseo". Así, el estadio fue por un día una ciudad, denotando las nuevas políticas de administración de los sujetos y la vida en el territorio, bajo un nuevo sistema de valores.

La participación de Chile se ha venido consolidando en las últimas ediciones de la Bienal de Venecia, constituyendo hoy en día una propuesta esperada tanto por la comunidad arquitectónica internacional, como por el público interesado. Al rescatar este episodio histórico a través de la exposición STADIUM, sus creadores entablan un diálogo con el proyecto de vivienda social ELEMENTAL, de la oficina de Alejandro Aravena, destacado arquitecto chileno incluido en la exposición oficial que dirigen las irlandesas Yvonne Farrell y Shelley McNamara.

Con esta contundente representación nacional, el Ministerio de Relaciones Exteriores, a través de su Dirección de Asuntos Culturales (Dirac), reafirma su compromiso con la arquitectura chilena, proporcionando las herramientas para su más amplia difusión en encuentros internacionales de excelencia. Este Pabellón de Chile es, como en años anteriores, producto de la gestión conjunta de Dirac, la Embajada de Chile en Italia, ProChile y el Ministerio de las Culturas, las Artes y el Patrimonio, reforzando la idea de alianza interinstitucional para la visibilidad de las expresiones culturales chilenas a nivel global.

Carlos Morán
Director de Asuntos Culturales
Ministerio de Relaciones Exteriores de Chile

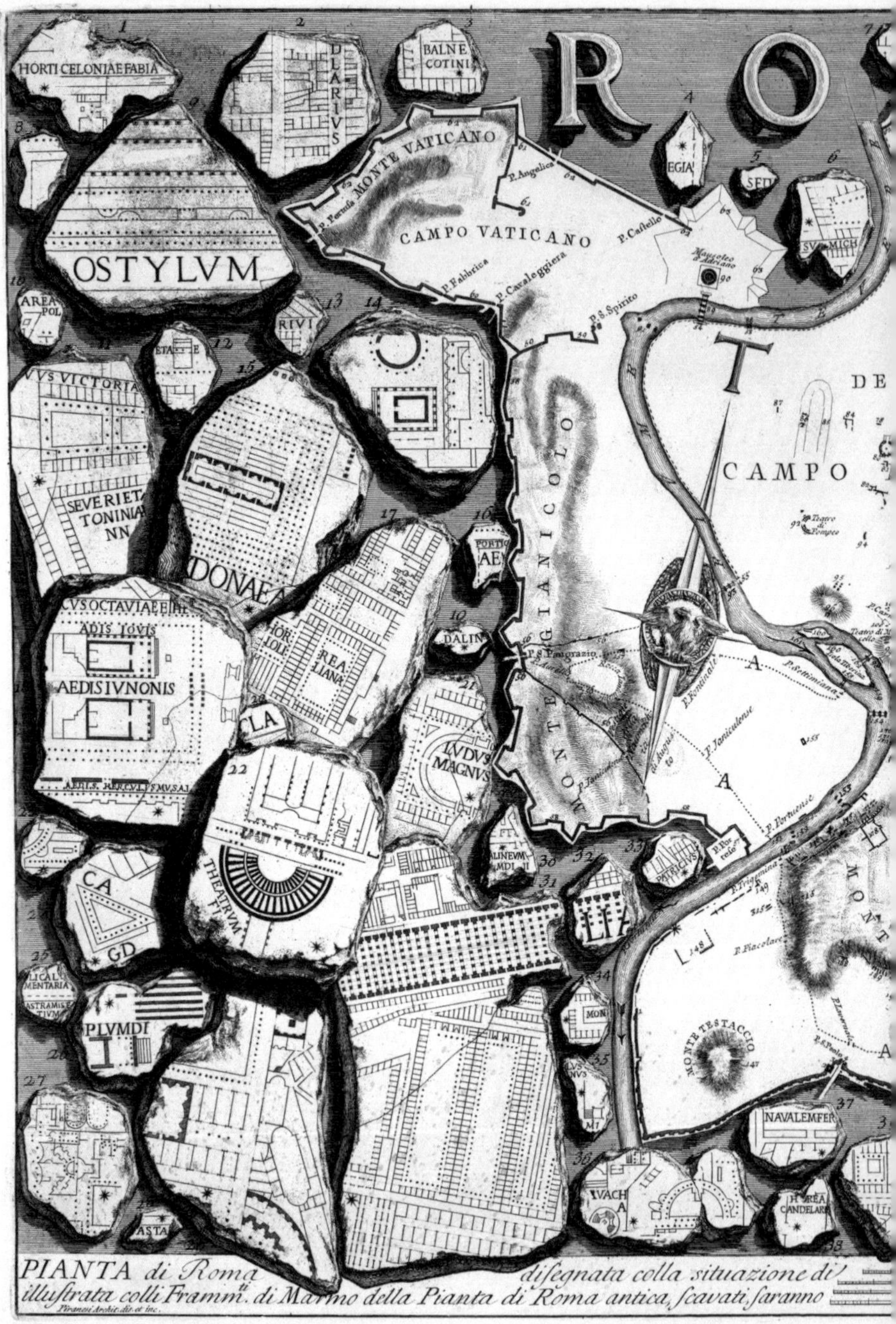

Giovanni Battista Piranesi, plan of Rome based on *Forma Urbis Romae*

Giovanni Battista Piranesi, planta de Roma basada en *Forma Urbis Romae*
Source / Fuente: *Le Antichità Romane*, 1756-1757, vol 1

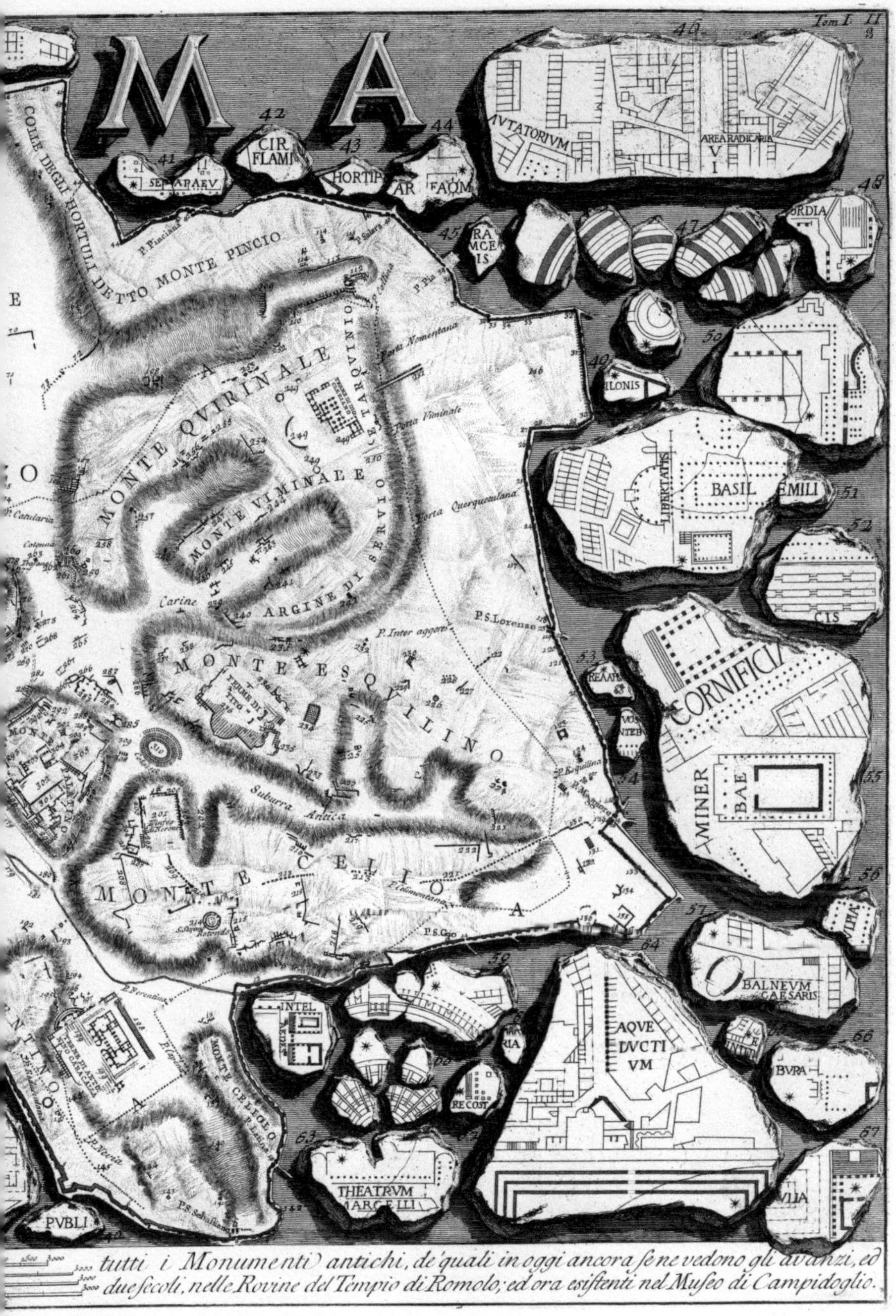
Tom. I. II
M A
COLLE DEGLI HORTULI DETTO MONTE PINCIO
MONTE QVIRINALE
MONTE VIMINALE
ARGINE DI SERVIO TARQVINIO
MONTE ESQVILINO
MONTE CELIO
Porta Nomentana
Porta Viminale
Porta Querquetulana
P.S.Lorenzo
P. Inter aggeres
Suburra Antica
Carine
P. Celimontana
P.S.Gio.
MONTE CELIOLO
AVTATORIVM
AREA RADICARIA
CIR FLAMI
HORTIP
BASIL EMILI
LIBERTATIS
CIS
CORNIFICIA
MINER BAE
BALNEVM CAESARIS
AQVE DVCTI VM
THEATRVM MARCELLI
BVPA
PVBLI
tutti i Monumenti antichi, de'quali in oggi ancora se ne vedono gli avanzi, ed
due secoli, nelle Rovine del Tempio di Romolo; ed ora esistenti nel Museo di Campidoglio.

Building within Building

Un edificio en un edificio

Anthony Vidler

From the moment when the protective hut for the statue of the God was permanently installed as the *cella* within the martial rows of the Greek temple columns and the Ark placed in the Temple of Jerusalem, the idea of conserving the historical trace of a former building within a new and larger enclosure carried a powerful symbolic meaning. Such meanings were carried historically throughout the Middle Ages, where many Gothic cathedrals were seen to be representative of the temple, and into the Renaissance where this form of "anachronic" architectures, as Alexander Nagel and Christopher Wood have termed it, culminated in Alberti's commission by Giovanni Rucellai to construct a scale replica of the Tomb of Christ in San Sepulchro, Florence.[1] Even in the nineteenth century, the small model of a Caribbean hut, displayed within the cathedral-like nave of the Crystal Palace, could serve as a paradigm for all architecture to the architect Gottfried Semper. More recently, however, the proliferation of large-scale enclosures from dymaxion domes to big boxes, where the experience of stores within malls, pavilions within exhibition halls, and entire environments within biospheres, the scalar shock and symbolic meaning of such "buildings within a building" has become commonplace.

Nevertheless, the curators of the Chilean exposition at the 2018 Venice Biennale have proposed to enclose the entire history, significance, and formal structure of the National Stadium, Santiago, within the

1 Alexander Nagel and Christopher Wood, *Anachronic Renaissance* (New York: Zone Books, 2010), 168.

Desde el momento en que la cabaña que protegía la estatua de Dios se instaló de manera permanente como la *cella* al interior de las filas marciales de las columnas del templo griego y el Arca de la Alianza fue puesta dentro del templo de Jerusalén, la idea de conservar el trazo histórico de un edificio preexistente dentro de una nueva envolvente de mayor tamaño fue investida de un poderoso significado simbólico. Aquellos significados se transmitieron históricamente a lo largo de la Edad Media, donde numerosas catedrales góticas eran vistas como representantes del templo, hasta el Renacimiento, donde estas formas de arquitectura "anacrónicas", como las han llamado Alexander Nagel y Christopher Wood, culminaron en el encargo que Giovanni Rucellai hiciese a Alberti para construir en Florencia una réplica a escala de la tumba de Jesucristo en el Santo Sepulcro.[1] Incluso en el siglo XIX, el pequeño modelo de una cabaña caribeña instalado en la nave del *Crystal Palace* —una nave a la altura de una catedral— podría servir de paradigma para toda la arquitectura, según el arquitecto Gottfried Semper.

Recientemente, sin embargo, la proliferación de envolventes de gran escala desde domos *dymaxion* a grandes cajas, donde la experiencia de tiendas dentro de un mall, pabellones dentro de recintos de exposición, y medioambientes completos en biosferas, han vuelto el impacto escalar y el significado simbólico de estos "edificios dentro de un edificio" un lugar común. No obstante, los curadores de la muestra chilena en la

1 Alexander Nagel y Christopher Wood, *Anachronic Renaissance* (Nueva York: Zone Books, 2010), 168.

small dimensions of their national pavilion. The result is an extraordinary incisive act of historical memory.

City within Etching

To accomplish this seemingly impossible task of compression, they signal as a precedent the Roman engravings of Piranesi, based on his early experience with Giovanni Battista Nolli as an archaeological intern working on the restoration of the fragments of the Severan marble map. Nolli, whose own map of Rome was published in 1748, carefully collected and engraved all the rediscovered fragments of this huge presentation of a Rome depicted in incised marble; Piranesi, taking these fragments, proposed a solution beyond archaeology for this eighteenth-century jigsaw puzzle. In his *Le Antichità Romane* of 1756 he drew the bare topographical, pre-settlement plan of the city surrounded by the fragments of the Severan Plan, as if setting up the board for a game of memory: He published his winning solution six years later in 1762 in his well-known *Campo Marzio*. But, as is also well-known, his "Campo," however reliant on the inspiration of the marble map fragments, portrayed a "Rome" at once fantastical and fabricated, yet somehow authorized by the underpinning of archaeology. As Manfredo Tafuri had it in his classic review of Piranesi's proto-modernism, what resulted from this montage experiment was a kind of "negative utopia," "a utopia of dissolved form" that was to anticipate the similar dissolution of avant-garde modernism—a kind of visual deconstruction *avant-la-lettre*. What is more

Bienal de Venecia de 2018 proponen contener la historia, la significancia y la estructura formal completa del Estadio Nacional de Santiago, dentro de las discretas dimensiones de su pabellón nacional. El resultado es un acto extraordinariamente incisivo de memoria histórica.

Una ciudad en un grabado

Para llevar a cabo esta aparentemente inverosímil tarea de compresión, los curadores señalan como precedente los grabados romanos de Piranesi, basados en su experiencia como practicante de arqueología con Giambattista Nolli cuando trabajaba en la restauración de los fragmentos del mapa de mármol Severiano. Nolli, cuyo propio mapa de Roma fue publicado en 1748, reunió y grabó cuidadosamente todos los fragmentos redescubiertos de esta gigantesca presentación de Roma en mármol cincelado; Piranesi, a partir de estos fragmentos, propuso una solución para este puzle del siglo XVIII que iba más allá de la arqueología. En su *Le Antichità Romane* de 1756 dibujó el plano topográfico desnudo pre-asentamiento de la ciudad, rodeado de los fragmentos del Plano Severiano, como preparando el tablero de un juego de memoria: publicaría la solución ganadora seis años después, en 1762, en su conocido Campo Marzio. Pero, como es igualmente conocido, su 'campo', a pesar de estar supeditado a la inspiración de los fragmentos del mapa de mármol, representaba una 'Roma' a la vez fantástica y fabricada, pero de alguna manera autorizada por los fundamentos

important for our argument here, is that the "Roma" envisaged in this fold-out "plan" was Piranesi's imagined transformation of a third-century-AD tracing of a geometrical cadastral survey as a huge 18 by 13-meters marble monument displayed on the wall of the Forum of Peace into a single image of heightened monumentality—the imagined plans of colossal structures replacing the linear fragments piled up in the top corner of the etching.

Stadium within Pavilion

While Piranesi only had to inscribe a city into an etching, the curators of the Chilean pavilion have undertaken to compress an entire stadium into a small exhibition space. Here, taking their cue from Piranesi, but operating in reverse, so to speak, they have first disassembled the stadium into its own fragments, as if ruined over a thousand years—wittily, the outlines of each fragment are generated from the pattern of the stadium seating pattern—no doubt in a thousand years one would be able to deduce the class structure of the audience from such fragments. These fragments are then carefully displayed as if to reconstitute the stadium, albeit with gaps; these gaps are, so the speak, the content of the stadium's unrevealed history—or rather the history that a monument by itself never entirely reveals, or indeed conceals.

The method employed for this exhibition might be termed "reverse archaeology," indeed it bears similarity to what architect-detective Eyal Weizman has termed "forensis"—that careful, clinical approach to

de la arqueología. Como señala Manfredo Tafuri en su revisión clásica del proto-modernismo de Piranesi, lo que resultó de este experimento de montaje fue una especie de "utopía negativa", "una utopía de la forma disuelta" que anticipaba la similar disolución del modernismo de vanguardia —una suerte de reconstrucción visual *avant la lettre*—. Lo que es más relevante para nuestro argumento aquí, es que la 'Roma' prevista en este plan desplegable es la transformación del trazado de un levantamiento catastral del siglo III a.c., como un inmenso monumento de mármol de 18 por 13 metros exhibido en el muro del Foro de la Paz, en una única imagen de monumentalidad exacerbada —los planos imaginarios de estructuras colosales que reemplazan los fragmentos lineales apilados en el borde superior del grabado—.

Un estadio en un pabellón

Piranesi sólo debía inscribir una ciudad en un grabado, los curadores del Pabellón de Chile, sin embargo, se han propuesto comprimir todo un estadio en un pequeño espacio de exposición. Para ello, siguiendo el ejemplo de Piranesi pero, por así decirlo, operando a la inversa, han desarmado el estadio a partir de sus propios fragmentos, como si se tratara de ruinas de más de mil años de antigüedad —astutamente los contornos de cada fragmento se generan a partir del patrón de asientos del estadio— sin duda, en mil años seremos capaces de deducir la estructura social de la audiencia desde estos fragmentos. Estos trozos son luego exhibidos cuidadosamente como si se tratara de reconstruir el estadio —pero con

the building up of evidence often with the help of digital analysis and re-construction used in his work in Palestine. In the case of the Chilean exhibition, the approach is turned towards a forensic deconstruction that, operated through images, nevertheless creates deliberate gaps, spaces that cannot be filled with architecture, but with alternative evidence, photographs, texts, clippings, and the like, that gradually build up to a veritable milieu that permeates the fabric of the structure and operates as an auto-critical device. Where Tafuri saw the Piranesian fantasy as critical both of Enlightenment hypotheses and archaeological "realities" that anticipated the dialectical self-destruction of modernism, now the modernist monument itself has been reverse-engineered as an object that self-destructs.Monuments are often called "silent witnesses to history." For Piranesi, the fragments of Rome were anything but silent—they were to him "speaking ruins" that demanded to be activated in images of an invented memory, derived from his vision of a Rome greater than the original Rome, a nationalist myth of an autonomous Italian culture. Now, the "silent monument" of the Santiago stadium, subjected to so many occupations, and apparently innocent in its re-constituted function as "sports stadium," is, in this exhibition, subjected to its conjectural ruination and able to speak for itself. While Piranesi's Roman fragments, symbolizing the mythological glories of Rome, were polished by time and cleansed of the blood of the empire, the "speaking ruins" of the stadium are displayed with all their stains intact, witness to their historical role in the enforcement of an equally mythical nationalism. The "building within a building" has finally reconnected with its critical past.

vacíos; brechas que son el contenido de la historia desconocida del estadio, o mejor dicho, la historia que un monumento por sí mismo nunca revela del todo, sino que, de hecho, oculta.

El método empleado para la muestra podría denominarse de "arqueología inversa"; en efecto contiene cierta similitud con lo que el arquitecto-detective Eyal Weizman ha denominado "*forensis*" —una aproximación cuidadosa, clínica si se quiere, hacia la acumulación de evidencia, a menudo auxiliada por tecnologías de análisis y reconstrucción digital como la utilizada para su trabajo en Palestina—. En el caso de la exposición chilena, la aproximación se vuelca hacia una deconstrucción forense que, operando a partir de imágenes, crea brechas deliberadas, espacios que no se pueden llenar con arquitectura, sino con evidencia alternativa: fotografías, textos, recortes, entre otros, que se acumulan gradualmente hasta constituir un verdadero entorno que permea el tejido de la estructura y opera como dispositivo auto-crítico. Donde Tafuri reconoció la fantasía piranesiana como crítica —tanto de las hipótesis ilustradas como de las "realidades" arqueológicas que anticiparon la autodestrucción dialéctica del modernismo, ahora el monumento modernista mismo ha sido sometido a ingeniería-inversa, desensamblado y vuelto a ensamblar como un objeto que se autodestruye.

Los monumentos suelen ser llamados "testigos silenciosos de la historia". Los fragmentos de Roma son para Piranesi todo menos silenciosos: son "ruinas parlantes" que demandaban ser activadas como imágenes de una memoria inventada,

derivada de su visión de una Roma más grande que la Roma original, un mito nacionalista de una cultura italiana autónoma. Hoy, el "monumento silencioso" del estadio de Santiago, sometido a tantas ocupaciones y aparentemente inocente en su función reconstituida como 'estadio deportivo', es sometido en esta exhibición a su ruina conjetural siendo capaz de hablar por sí mismo. Mientras los fragmentos romanos de Piranesi, que simbolizaban las glorias mitológicas de Roma, fueron pulidos por el tiempo y purgados de la sangre del imperio, las "ruinas parlantes" del estadio son exhibidas con todas sus manchas intactas, testimonios de su papel histórico en la implementación de un nacionalismo igualmente mítico. El "edificio en un edificio" finalmente se ha reconectado con su pasado crítico.

EL LIBRO

THE BOOK

National Stadium, 29 September 1979. In: "Ministry of Housing and Urbanism Annual Report 1979"

Estadio Nacional, 29 de septiembre, 1979. En: "Memoria Anual Ministerio de Vivienda y Urbanismo 1979"

Source / Fuente: Archivo Minvu

RDO O'HIGGINS R Y FORJADORES DE LA PATRIA

A Building to Render the Image of a City

Un edificio que visualiza la imagen de una ciudad

Alejandra Celedón / Stephannie Fell

On 29 September, 1979 Santiago's National Stadium was filled with people from all over the city. The focus of this gathering was neither a sporting contest nor a concert but a massive bureaucratic operation in which 37,000 property titles to dwellers[1] were processed in a single day in an attempt to resolve decades of makeshift land occupation and policies. The word "stadium" derives from the Greek *stadion*, whose literal origin relates to the distance run between two points, but which came to refer to a gap of one eighth of a Roman mile, a little over 600 feet or 183 meters. Echoing this etymology, the Chile pavilion at the 2018 Venice Architecture Biennale becomes its own measure of distance between the centre and the periphery, between the past and the present of a city. The particular past is a historical event that for one brief moment rendered an entire city within a single building.

The audience were mostly beneficiaries of *operación sitio* (Operation Site),[2] a 1960s national self-help housing initiative that responded to Chile's severe housing crisis by giving people access not just to urban land but to a private plot within the city. By its critics, it was referred to as *Operación Tiza* (Operation Chalk), since the chalk tracing of a semi-urbanised 9 x 18 meters

1 "Dwellers" refers to *pobladores*, a social subject constructed in Chile from the 1950s onwards, who throughout a steep housing deficit had used emblematic occupation of land as a dispositive for the vindication of the right to the city. Proliferating throughout the 1960s, the *pobladores* were a symbol during the Unidad Popular government (Allende 1970–73).

2 *Operacion Sitio* was a housing programme implemented in Frei Montalva's government (1964–70) as an attempt to confront the proliferation of illegal land occupation in central areas of the city.

El 29 de septiembre de 1979, el Estadio Nacional de Santiago se llenó con personas de toda la ciudad. El foco de esta reunión no fue un concierto ni un evento deportivo, sino un operativo gubernamental masivo que procesó en un solo día 37 mil títulos de dominio a pobladores,[1] fijando décadas de políticas y ocupación improvisadas. La palabra *stadium* en inglés deriva del griego *stadion*, cuyo origen literal es una medida de distancia de carrera ente dos puntos, una brecha que llegó a referir a un octavo de milla romana, un poco más de 600 pies o 183 metros. Haciendo eco de esta etimología, el Pabellón de Chile en la Bienal de Venecia de 2018 se transforma en su propia medida de distancia entre el centro y la periferia, entre el pasado y el presente de una ciudad. Este pasado en particular, hace referencia a un evento histórico que por un breve instante permitió visualizar una ciudad completa suspendida en un edificio.

El público de este evento era, en su mayoría, beneficiarios de la operación sitio,[2] una política nacional de vivienda de autoayuda implementada en la década de los sesenta, que respondía a la grave crisis de vivienda en Chile otorgando a las personas acceso a suelo urbano y, por sobre todo, un terreno propio dentro de la ciudad. Los críticos la llamaron "operación tiza", ya que el trazado

1 Los 'pobladores' se convirtieron en un sujeto social a partir de la década de 1950, quienes, durante un severo déficit de vivienda, utilizaron la ocupación emblemática de tierra como un dispositivo para la reivindicación del derecho a la ciudad. Los pobladores, proliferando a lo largo de la década de 1960, fueron un símbolo durante el gobierno de la Unidad Popular (Salvador Allende, 1970-1973).

2 "Operación sitio" fue un programa de vivienda implementado en el gobierno de Eduardo Frei Montalva (1964-1970) como un intento por frenar la proliferación de tomas de terreno ilegales en áreas centrales de la ciudad.

plot was what most people received—in other words, bare earth. To be able to call a piece of the city their own, however distant from its centre, beneficiaries then had to demonstrate financial savings over several instalments before they would be advanced onto another list, this time not for a piece of land (since they were already occupying it) but a piece of paper with their property title inscribed upon it.

Weeks before the event the Ministry of Housing published a booklet in the official press along with a blueprint plan of the stadium. Sixty pages contained a long list of summoned people divided into the 17 communes of Greater Santiago,[3] and in which more than 60 assorted slums were represented through various shantytowns and neighbourhoods. Each commune was then assigned a specific sector within the stadium (e.g., 1, 2, 4-B, 1ª, etc.), and a precise access door in the stand (e.g., SS, RR, Q, J, HH, etc.) which in effect created a complete grammar and aesthetic code connecting the building with the surrounding city.

As a result, the published plan of the stadium no longer delineated seating blocks and individual stands, but visualised an "other" city, marginalised from its centre and attesting to a number of different scales and places within a spatial and temporal panorama. If one were to draw a straight line between the stadium's geometric centre and the peripheral communes and

3 Buin, Colina, Conchalí, El Monte, La Cisterna, La Florida, La Granja, Maipú, Ñuñoa, Pudahuel, Peñaflor, Puente Alto, Quilicura, Renca, San Miguel, San Bernardo, and Talagante.

con tiza de un sitio semiurbanizado de 9 por 18 metros era lo que la mayoría de las personas recibía; en otras palabras, tierra. Para poder reclamar como propio este pedazo de ciudad, por distante del centro que se encontrara, los beneficiarios debían demostrar previamente el ahorro de cuotas. Sólo entonces podían escalar a otra lista, ya no por un trozo de la ciudad (que ya estaban ocupando), sino un trozo de papel con la inscripción de su título de propiedad.

La semana anterior al evento, el Ministerio de Vivienda y Urbanismo (Minvu) publicó un fascículo en la prensa oficial junto a una planta del estadio. Sus sesenta páginas contenían una larga lista de las personas convocadas, divididas en 17 comunas del Gran Santiago,[3] dentro de las cuales más de 60 poblaciones estaban representadas por barrios y villas. Cada comuna fue asignada un sector determinado del estadio (1, 2, 4-B, 1ª), y una puerta de acceso específica a las graderías (SS, RR, Q, J, HH, etcétera) generando así un código gramático y estético conectando el edificio con la ciudad circundante.

Como resultado, la planta del estadio ya no dibuja asientos ni graderías, sino que visualiza una ciudad 'otra', marginada del centro, reuniendo diferentes escalas y lugares en un solo panorama espacio-temporal. Al dibujar una línea recta entre el centro geométrico del estadio y las comunas periféricas a la cuales la planta refiere, las distancias varían en un promedio de 20

3 Buin, Colina, Conchalí, El Monte, La Cisterna, La Florida, La Granja, Maipú, Ñuñoa, Pudahuel, Peñaflor, Puente Alto, Quilicura, Renca, San Miguel, San Bernardo y Talagante.

shantytowns to which the plan referred, the two points would be on average 20 kilometres apart—i.e., a distance equivalent to another 109 stadiums between the building and the city it recreated. The plan's legend attempted to reveal the vagaries of this scale through a grey, textured hatch annotated as "circulation" and a thick line representing the "shantytown's limits" along with their names. At the centre of the empty space of the stadium's geometrical oval shape, another label read "Locate in this plan your entrance to the stadium and the shantytown," next to the Ministry of Housing and Urbanism logo showing a duplicated, displaced house. If one were to follow this instruction to the letter, one would see that the section "HH" not only referred to the northernmost access point to the building, but the gate through which the city was channelled into a stadium, its occupants were channelled into owners, and the problem of housing was channelled from a social service into a consumer product.

As part of these transformations the stadium's stands were redrawn as perimeters and containers of different sizes and shapes in relation to the number of "beneficiaries" each sector was to hold (names listed in alphabetical order in the pages that preceded and followed the published plan). In the process, the plan gave graphic and spatial representation to qualities previously unseen, like beliefs and ideologies, measure and class, money and economy. As in other disciplinary spatial strategies—not least, prison design—architecture also suddenly became complicit with dictates as to where a specific body should circulate, where it should be situated, and where, ultimately, it should be controlled within a building and

kilómetros —un trayecto entre el edificio y la ciudad recreada equivalente a 109 *stadiums*—. La leyenda de la planta revela estas superposiciones de escala a partir de una textura gris denominada "circulación" y una línea gruesa que representa los "límites de población" junto a sus nombres. En el centro del espacio vacío de la forma geométrica oval, otra etiqueta indica: "Ubique en esta planta la entrada al coliseo y población", a un costado del logo del Ministerio de Vivienda y Urbanismo que muestra una casa duplicada, desplazada. Al seguir las instrucciones, se hace evidente que "HH" no sólo referencia el acceso norte al edificio, sino la puerta a través de la cual se transporta la ciudad al edificio, se transforma a sus ocupantes en propietarios, y se transfiere el problema de la vivienda desde un servicio social a un bien de consumo

Como parte de estas transformaciones, las graderías del estadio son redibujadas por perímetros y contenedores de diferentes formas y tamaños, en relación al número de "beneficiarios" de cada sector (con la lista en orden alfabético en las páginas que preceden y siguen a la planta publicada). En el proceso, la planta otorga representación gráfica y espacial a cualidades previamente intangibles, como creencias e ideologías, medida y clase, dinero y economía. Al modo de otras estrategias disciplinarias —el diseño penitenciario, sin ir más lejos— la arquitectura se hace cómplice de dictámenes que actúan sobre el cuerpo: indicando dónde circular, cómo y junto a quién situarse; un cuerpo, en última instancia, controlado en el edificio y administrado por la ciudad. El estadio, en este sentido, se transforma en un panóptico y, como cualquier otro panóptico, el edificio

administered by a city. The stadium in this sense was transformed into a panopticon, and like any panopticon, the building was a symmetrical viewing machine whose centre was to be occupied by an observer—in the stadium's specific history, a role taken on by figures of power from Pinochet to the Pope.

The Renaissance humanist and architect Leon Battista Alberti (following the philosophers Plato and Cicero) famously suggested that a city is nothing more than a large house, and a house nothing more than a small city. The institutionalisation of architecture as a distinct discipline in the beginning of the nineteenth century took this building–city analogy further by breaking down the built realm (at the scale of a house or a city) into a series of repeatable elements and thereby understanding it as a singular grammar. For instance, J N L Durand's teaching at the École Polytechnique in Paris instructed his students in the idea that "just as the walls and the columns are the elements which compose buildings, so buildings are the elements which compose cities."[4]

The same analogy acquires a new, literal meaning with Santiago's National Stadium, extending Alberti's maxim, *Civitas maxima domus, domus minima civitas*, into a political process that by formalising a model of administration of a building became a diagram for the larger city. Indeed, for that day only, the logic of Santiago's urban plan was reflected in the logic of the stadium. Such a scale of appropriation could only

actúa como máquina de visualización simétrica cuyo centro ha de ser ocupado por un observador —en la historia del estadio, un papel asumido por figuras de poder desde Pinochet hasta el Papa—.

El arquitecto humanista renacentista Leon Battista Alberti (siguiendo a los filósofos Platón y Cicerón) famosamente sugirió que la ciudad no es más que una casa grande, y la casa, una ciudad pequeña. La institucionalización de la arquitectura como una disciplina autónoma a comienzos del siglo XIX llevó la analogía ciudad-casa más lejos, descomponiendo el entorno construido (a la escala de la casa o de la ciudad) en una serie de elementos repetibles y, por ende, entendibles como una gramática específica. En sus lecciones en la École Polytechnique, J.N.L. Durand, por ejemplo, instruye a sus estudiantes en la idea de que "así como los muros y las columnas son los elementos que componen el edificio, los edificios son los elementos que componen las ciudades".[4]

Tal analogía adquiere un nuevo sentido literal en el Estadio Nacional, extendiendo la máxima albertiana "*Civitas máxima domus, domus minima civitas*" a un proceso político que, al formalizar un modelo de administración de un edificio, se transforma en un diagrama para la ciudad completa. Es más, durante ese día, la lógica de la planta urbana se refleja en la lógica del estadio. Tal escala de apropiación sólo se podría haber implementado bajo la figura de una dictadura militar, aun

4 According to the compendium of Durand's lessons of 1802. In: Aldo Rossi, *Architecture of the City* (New York: The MIT Press, 1984), 35.

4 Según el compendio de las lecciones de Durand de 1802. En: Aldo Rossi, *Architecture of the City* (Nueva York: The MIT Press, 1984), 35.

have been achieved through the country's military regime, even if the event itself was presented as a celebration of government propaganda and the reinforcement of a new popular capitalist doctrine—namely, one whereby everyone in its urbanised society should have the opportunity to own property and shares in private companies.[5]

But of course, what the slum dwellers did not realise was that by signing the property titles handed down to them, they were also immediately acquiring an instrument of debt with specific spatial coordinates—a mechanism of financial control built around the apparent plan of the city but where in reality there was no actual plan. The government wilfully obfuscated this aspect, and gleefully transported thousands of the city's poor in public buses from their neighbourhoods directly into the stadium, who by the end of the day had become "owners," and by the same token "debtors." Between musical shows and speeches, *prolétaires* were being transformed into *propriétaires*.

An event of this scale demanded a huge amount of organisation—in fact, it was the largest juridical and administrative operation in Chile's history. Officials from the Regional Service of Housing and Urbanism (Serviu) were busy for several

5 In a speech given at the Conservative Party Conference in 1986, British prime minister Margaret Thatcher (1979–90) describes the expanding doctrine of "popular capitalism" in these terms: "The great political reform of the last century was to enable more and more people to have a vote. Now the great Tory reform of this century is to enable more and more people to own property. Popular capitalism is nothing less than a crusade to enfranchise the many in the economic life of the nation. We Conservatives are returning power to the people."

cuando el evento en sí se presentaba como una celebración de la propaganda gubernamental y de consolidación de una nueva doctrina capitalista popular —un esquema según el cual todo miembro de la sociedad urbanizada tendría la oportunidad de poseer propiedades y acciones en compañías privadas—.[5]

Un hecho que pasaría inadvertido para los pobladores es que, al firmar sus títulos de propiedad, simultáneamente estaban adquiriendo un instrumento de deuda con coordenadas espaciales específicas; un mecanismo de control financiero construido en torno a una planta para la ciudad, para la cual efectivamente no existía un plan. El gobierno intencionalmente obscureció esta dimensión, trasladando a miles de los ciudadanos más pobres de la ciudad en buses desde sus barrios hacia el estadio, para que, al final del día, se convirtiesen en 'propietarios' y, análogamente, en 'deudores'. Entre discursos y espectáculos musicales, los proletarios serían transformados en propietarios.

Un evento de esta magnitud demandaba una escala de organización acorde —sería, de hecho, la mayor operación jurídico administrativa en la historia de Chile

5 En un discurso pronunciado en una conferencia del Partido Conservador británico en 1986, la primer ministro Margaret Tatcher (1979-1990) describe la doctrina del "capitalismo popular" en expansión en estos términos: "La gran reforma política del siglo pasado fue la ampliación del derecho a voto a más y más personas. Ahora, la gran reforma del Partido Conservador de este siglo es permitir que cada vez más y más personas posean propiedades. El capitalismo popular es nada menos que una cruzada para hacer partícipe a las mayorías en la vida económica de la nación. Nosotros los conservadores, estamos devolviendo el poder a la gente".

months prior, preparing all the necessary paperwork, and suspended their office functions on the day itself to serve at the stadium. Other acts and legal processes also had to be passed in order to enable this monumental operative, like Decree no. 2,833, which simplified and accelerated the process of transferring land ownership titles from state agencies to private individuals. The event was an apotheosis of the logic of property: a celebration of the construction of exchange value over use value, and the symbolic positioning of the owner as the fundamental urban subject.

The scale of this undertaking meant that one of the ironies of the whole event was that this festival of individual property ownership and of the privatised city came to be celebrated in one of Santiago's most public buildings. Since its inauguration in 1938, the National Stadium had played host to many of Chile's moralising governmental policies, all of which typically gave strong emphasis to the public state as a pillar to educate the population, instil core values and maintain the image of the nation. In this way its initial seated audience of 52,000 (a figure that in 1940 represented one twentieth of Santiago's population) was conceived, right from the origin of the building, as a massive "school of patriotism and democratic faith."[6] The bombasticism of this ambition was even reflected in the name given to the building—the Coliseum, named of course after Rome's Flavian amphitheatre—and was maintained by many of its invited figures

6 A phrase from the inaugural speech of the National Stadium by Francisco Garcés Gana (Finance minister), published in *El Mercurio*, December 4, 1938.

hasta la fecha—. Funcionarios del Servicio de Vivienda y Urbanización (Serviu) se mantuvieron ocupados por meses preparando todo el material necesario y suspendieron sus funciones administrativas en la oficina para servir aquel día en el estadio. Otros actos y procesos legales también fueron necesarios para permitir el desarrollo de este operativo monumental, como por ejemplo el Decreto de Ley No. 2.833, que simplificaba y aceleraba el proceso de transferencia de títulos de dominio desde organismos estatales a personas naturales. El evento fue una apoteosis de la lógica de la propiedad: la celebración de la construcción del valor de cambio sobre el valor de uso y el posicionamiento simbólico del propietario como sujeto urbano por antonomasia.

La escala de esta empresa implicó la ironía de que tal evento —una celebración de la propiedad individual y la ciudad privatizada— se realizara en uno de los edificios más públicos de Santiago. Desde su inauguración en 1938, el Estadio Nacional ha servido de escenario para muchas de las políticas moralizadoras del gobierno, las cuales solían enfatizar al Estado como un pilar para la educación de la población, la instauración de valores morales y la formación de la imagen de la nación. De esta manera, su capacidad inicial de 52 mil personas (una cifra que hacia 1940 representaba un veinteavo de la población de Santiago) fue, desde los orígenes del edificio, una "escuela de patriotismo y fe democrática" masiva.[6]

6 Una frase del discurso inaugural del Estadio Nacional por parte del ministro de Hacienda, Francisco Garcés Gana, publicado en *El Mercurio*, 4 de diciembre de 1938.

and events. In addition to celebrations of internal governmental policy—including presidential inaugurations, closing of political campaigns and fundraisers.[7] From its outset, then, the stadium satisfied a double condition: that of a building as a viewing platform through which a spectator could take in an event, but also as an indoctrination platform through which the spectator themselves was the subject of the event's ingrained propaganda.

Indeed, the booklet published in tandem with the event in 1979 articulated a new rhetoric towards social housing in the tone of a manifesto: "The efforts of the state will be oriented towards facilitating, for a family, permanent ownership of a housing solution within their reach, compatible with their possibilities and satisfying a natural yearning for homeownership," was inscribed in bold capital letters on the second page of the booklet. In the same spirit, housing was defined further on as "a good that is acquired through the family's effort and savings. This effort is recognised and shared by the state"—that is, the ownership of a house is no longer a right but a commodity, and through various subsidies, the state's focus soon shifted from building towards overseeing the private development of individual plots.

In hindsight, such an act at the stadium can be understood as a way of reinforcing a new system of social and economic values. But

La grandilocuencia de esta ambición se reflejaba incluso en el nombre que se le dio al edificio —el "Coliseo", una referencia evidente al anfiteatro Flaviano en Roma—, y fue mantenida por muchos de los subsecuentes eventos y figuras invitadas. Además de celebraciones de política gubernamental interna —incluyendo cambios de mando presidenciales, cierres de campañas políticas y recaudaciones de fondos—.[7] Desde su fundación, el estadio cumplió una doble condición: la de un edificio concebido como una plataforma de observación a través de la cual un espectador puede participar de un evento, pero también una plataforma de adoctrinamiento desde la cual el espectador mismo se vuelve el sujeto de la propaganda contenida en el evento.

En efecto, el fascículo publicado para el evento de 1979 articuló una nueva retórica sobre la vivienda social en el tono de un manifiesto. "El esfuerzo del Estado se orientará a facilitar a la familia la propiedad definitiva de la vivienda a la que pueda acceder, compatible con sus posibilidades y como satisfacción de su natural anhelo de vivienda propia", estaba escrito con mayúsculas en negrita en la segunda página del folleto. En el mismo espíritu, la vivienda se definía más adelante como "un bien que se adquiere con el esfuerzo y el ahorro de la familia. Este esfuerzo el Estado lo reconoce y comparte". En otras palabras, la vivienda ya no es un derecho, sino un bien y, a

7 Examples of foreign policy in the stadium are the visit of US Vice President Henry Wallace, received in the building in March 1943 as part of a tour of Latin America gathering political support during the Second World War; and the visit of Fidel Castro, who in 1971 also spoke to a packed stadium.

7 Ejemplos de política exterior en el estadio son la visita del vicepresidente de los Estados Unidos Henry Wallace, recibido en el edificio en marzo de 1943 como parte de una gira por América Latina en busca de apoyo político durante la Segunda Guerra Mundial; y la visita de Fidel Castro, quien en 1971 también se dirigió a un estadio lleno.

as the last page of the booklet makes clear, the event was also just the most visible cornerstone of a programme that aimed to provide 164,505 property titles by the end of 1979 (of which 82,513 were in Santiago). The extent of these numbers, however, masks the fact that the provision of new properties was largely restricted to the city's edge, for according to the strict logic of maximum efficiency and following the rules of free-market speculation, the geography of poverty was being substantially concealed within the city's peripheries. Legalising the unsettled ownership titles from *operación sitio* found its corollary in the regime's strict policy of intolerance towards any kind of illegal occupation of someone else's land. In this sense, it can be seen as an operational and spatial precedent for the military regime's own delocalisation and dispersion programme, termed "Programa de Erradicación y Radicación." One of the immediate results of this centrally executed programme was the duplication of the number of communes, with the city soon fragmented into new territorial units that followed the lines of the existing "taken lands" and shantytowns that had occupied Santiago's edge for the previous decades. The unplanned, therefore, suddenly became fixed in an administrative plan under the objective of efficient management. Such a transformation was even cast into law, according to which communes became officially recognised atomised territorial units with larger degrees of autonomy for planning and provision of public housing, health, and education. By 1979 these became the main administrative territorial units in a city that erased its urban limits. And so, while the regularisation of titles set the legal framework necessary for

través de una serie de subsidios, el foco del Estado pronto pasaría de la construcción de vivienda a la supervisión del desarrollo privado de sitios individuales.

En perspectiva, el acto en el estadio puede entenderse como una manera de reforzar un nuevo sistema de valores sociales y económicos. Pero como deja claro la última página del fascículo, el evento era sólo la piedra angular visible de un programa que pretendía proporcionar 164.505 títulos de propiedad para fines de 1979 (de los cuales 82.513 estaban dentro de Santiago). El alcance de estas cifras, sin embargo, obscurece el hecho de que la provisión de nuevas propiedades estaba en gran medida limitada a los bordes externos de la ciudad, pues, siguiendo la estricta lógica de máxima eficiencia y las leyes de especulación de libre mercado, la geografía de la pobreza estaba siendo ocultada sustancialmente en las periferias. La legalización de los títulos de propiedad de la operación sitio encuentra su corolario en la estricta política de intolerancia del régimen hacia cualquier tipo de ocupación ilegal de terrenos privados. En este sentido, se la puede entender como un precedente operacional y espacial al propio programa de deslocalización y dispersión instaurado por el régimen militar, denominado Programa de Erradicación y Radicación. Uno de los resultados inmediatos de este programa de ejecución centralizada fue la duplicación del número de comunas, con la ciudad fragmentada en nuevas unidades territoriales que siguieron las líneas que las tomas y poblaciones habían ocupado en los bordes de Santiago durante las décadas anteriores. Lo 'no planificado' fue fijado repentinamente por un plan administrativo

the operation of a free, landed market in the city, the opening of its borders and atomisation of administrative power aimed to establish its ideal operational terrain.

If one were to trace in the plan of the stadium the communes to which the slums belonged prior to September 1979, and then retraced them again following the establishment of the 17 new communes in 1981, the extent of this atomisation would be immediately apparent. The tenancy of urban land had become fixed and regulated, paving the way for later market-led speculations across the city's physical landscape (often sold through typically libertarian formulations, such as "non-plan").[8] In *Social Justice and the City* (1973), Marxist geographer David Harvey anticipates many of these forces, and goes on to compare the city with a theatre in terms of its land use—the first to arrive,

8 "Non-Plan: An Experiment in Freedom," also known as "Null-Plan," was an article published in the *New Society* magazine in autumm of 1969 in London. Co-written by the magazine's editor, Paul Barker, critic Reyner Banham, geographer Peter Hall, and architect Cedric Price, the article—portentously described by its authors as an "experiment in thought"—challenged the central principles of planning, questioning both the continental (and heroic) role of the plan championed by figures like Haussmann and Napoleon III in nineteenth-century Paris, and the most characteristic English model (no less autocratic) that simply seemed to engender predictable and monotonous towns and cities across the United Kingdom of the postwar period. Instead, what Non-Plan advocated was a new kind of "uneven development" driven by the radical abandonment of existing forms of planning and legislation, empowering individual citizens to "affect" the ways in which their communities adapt, move, shrink, and grow according to new modes of transport and the change in social and economic conditions. In essence, "Non-Plan" was an experiment that optimistically imagined an emancipated world without plans (or blueprints). See: Reyner Banham et al., "Non-Plan: An Experiment in Freedom," *New Society* vol. 13, no. 338 (March 1969): 435-443

bajo el objetivo de una gestión eficiente. Tal transformación incluso decantó en una ley, según la cual las comunas se convertían en unidades territoriales atomizadas, oficialmente reconocidas, con mayores grados de autonomía para la planificación y provisión de vivienda social, salud y educación. Para 1979 se habían convertido en las principales unidades administrativas de una ciudad que eliminó sus límites urbanos. Y así, mientras la regularización de títulos estableció el marco legal necesario para la operación de un mercado de suelo libre en la ciudad, la apertura del límite urbano y atomización del poder administrativo establecieron su terreno de operación ideal.

Si se trazan en la planta del estadio las comunas a las que pertenecían las poblaciones previo a septiembre de 1979 y, luego, se vuelven a trazar siguiendo la formalización de las 17 nuevas comunas en 1981, los alcances de esta atomización se hacen inmediatamente evidentes. La tenencia de suelo urbano se fijó y regularizó, pavimentando el camino para posteriores especulaciones a través del paisaje físico de la ciudad, orientadas al mercado y a menudo comercializadas a partir de formulaciones típicamente

facilitated by their wealth, pick the best seats, just as the first urban speculators choose the best and most central plots, leaving subsequent speculators with successively less possibilities, until the most unfavourable conditions are left for the last. The most vulnerable of all are simply left outside. In Santiago, subsequent housing policies repeated the same model under the logic of efficiency, "providing more with less resources," drawing lots and building on ever more distant sectors of the city's outskirts. Planning, of course, was counter to the logic of supply and demand of a free-market economy. Yet the unplanned still becomes visible and fixed in a plan, that of a stadium, that of a city made of homogeneous semi-urbanised islands. The plan of the stadium in this way renders back an arrested image of a city we had exiled to its periphery.

STADIUM exhibits this privatised city through a compact and public building. The National Stadium's Coliseum derives its name from the colossal proportions of the Flavian amphitheatre, yet its ultimate reference is its typological flexibility. In other words, a building that remains; multiplying and reconfiguring itself through the singularity of events it accommodates and accumulates over time: from death camp to pilgrims' destination, sports centre to spectacle platform, as historians Mary Beard and Keith Hopkins have analysed in *The Colosseum*. Aldo Rossi's fascination with the Colosseum of Arles or the Diocletian Palace in Split, throughout their successive transformations, yields an understanding of typology as the way in which form operates—freed from the constraints of a specific function and scale. Typology, for

libertarias, del orden de *non plan*.[8] En *Social Justice and the City* de 1973, el geógrafo marxista David Harvey anticipa muchas de estas fuerzas al comparar la ciudad con un teatro: los primeros en llegar, habilitados por su riqueza, eligen los mejores asientos, así como los primeros espectadores urbanos escogen los sitios que consideran mejores y más centrales, dejando a los especuladores subsecuentes cada vez menos posibilidades, hasta aquellos que quedan hacia el final con las condiciones más desfavorables. Los más vulnerables simplemente quedan fuera. Políticas de vivienda posteriores repetirían sucesivamente este modelo sobre Santiago y, bajo la lógica de la eficiencia y la idea de proveer más con menos recursos, dibujarían lotes y viviendas en sectores cada vez más distantes del centro. La planificación, por supuesto, sería la antítesis de la lógica de oferta y demanda de una economía de libre

8 "*Non-Plan:* un experimento sobre la libertad", también llamado *null-plan* (o plan nulo), fue un artículo que apareció publicado en la revista *New Society* en otoño de 1969 en Londres. Escrito en conjunto por el entonces editor de la revista, Paul Barker, el crítico Reyner Banham, el geógrafo Peter Hall y el arquitecto Cedric Price, el texto —descrito portentosamente por sus autores como un "experimento mental"— desafió los principios centrales de la planificación, cuestionando desde la idea continental (y heroica) del plan promulgado por figuras como el Barón Haussmann y Napoleón III en el París del siglo XIX hasta el modelo más característico inglés —no menos autocrático— que simplemente parecía engendrar pueblos y ciudades predecibles y monótonos en todo el Reino Unido de la posguerra. En cambio, el *non-plan* (o sin plan) abogó por un nuevo tipo de "desarrollo desigual" *(uneven development)* impulsado por el radical abandono de las formas de planificación y legislación existentes, empoderando a los ciudadanos individuales para "afectar" las formas en que sus comunidades se adaptan, mueven, encogen y crecen de acuerdo con los nuevos modos de transporte y el cambio de las condiciones sociales y económicas. En esencia, se trataba de un experimento que optimistamente imaginó un mundo emancipado sin planes (ni plantas). Ver: Reyner Banham et al., "Non-Plan: An Experiment in Freedom", *New Society* vol. 13, no. 338 (marzo 1969): 435-443

Rossi, acts as an underlying principle for both architecture and the city, establishing an unscaled reciprocity between the two: the part and the whole, the singular and the collective, the generative and the resultant. Here, Alberti's analogy of the city as a large house and the house as a small city finds a particularly suiting home in the typological flexibility of the Stadium. The building bears the possibility of housing an entire city, but also of rendering within it the unresolved tension of its administration.

The plan of the Colosseum of the National Stadium contains the fragments of an unplanned and unrepresented city. Analogous to Piranesi's task of reconstructing the *Forma Urbis Romae*—the larger fragments of this plan published in the first volume of his *Le Antichità Romane* (1756), the conceptual foundation of the Chilean Pavilion in Venice is the retrospective construction of an image of the city composed in a piecemeal fashion: a unit made from a constellation of individual blocks. The building as a mechanism for visualising the past and present of a city coexists with the exhibition's recreation of the stadium's typological condition, revisiting the myriad of events it has hosted across its history. In retrospective, this diagram foresaw Santiago's current layout, transporting the viewer in time and space: from the centre to multiple distant peripheries. The massive giveaway of property titles helps to understand the roots of Santiago's current social and territorial segregation. By legalising these shantytowns, authorities paved the way

mercado. Sin embargo, lo 'no planificado' se vuelve visible y se fija en una planta, la del estadio, la de una ciudad hecha de islas homogéneas y semiurbanizadas. De este modo, la planta del estadio devuelve una imagen suspendida de una ciudad que desterramos a su periferia.

STADIUM exhibe esta ciudad privatizada por medio de un edificio público y compacto. El coliseo del Estadio Nacional obtiene su nombre de las dimensiones colosales del anfiteatro Flaviano, si bien su referencia fundamental reside en su flexibilidad tipológica. En otras palabras, un edificio que permanece; que se reconfigura a sí mismo a través de la singularidad de eventos que acomoda y acumula en el tiempo —desde campo de exterminio a destino de peregrinaciones, de centro deportivo a plataforma para espectáculos, como los historiadores Mary Beard y Keith Hopkins han analizado en su libro *The Colosseum*. La fascinación de Aldo Rossi con el coliseo de Arles o el palacio Diocleciano en Split, a través de subsecuentes transformaciones, le permite comprender la tipología como la manera en que la forma opera —liberada de las constricciones de una escala y función específicas—. La tipología, para Rossi, funciona como un principio subyacente tanto para la arquitectura como para la ciudad, estableciendo una reciprocidad sin escala entre ambas: la parte y el todo, lo singular y lo colectivo, lo genérico y lo específico. Aquí, la analogía de Alberti de la ciudad como una casa grande y la casa como una ciudad pequeña, encuentra un lugar especialmente prolífico en la flexibilidad tipológica del estadio. Así, el edificio contiene la posibilidad de albergar

to the current "uneven development."[9] The naturalization of the logic of private property, of land liberalization and deregulation, were massively celebrated that day, at the stadium's full capacity.

This book is intended as an extended platform of discussion that departs from the four entry points that STADIUM proposes, namely: one event, one plan, one building, one city. Each section is comprised of written and visual essays, combining guest contributions and archival research, and addressing a specific form of representation: narrative, architectural drawing, photography, and aerophotogrammetry.

The Event is narrated by novelist Alejandro Zambra. His text "Proprietor" constructs a narrative and reconstruction of the day of an event from the past, as opposed to its historical account. It is followed by a selection of key objects from different archival sources that constitute a chronicle of material evidence of the event.

The Plan is developed by Marina Lathouri. In "Writing the Intimate Geographies of the City," she traces a genealogy of the theoretical, geopolitical, and disciplinary implications of the plan: the site of

9 "Unequal development" and "combined development" are Marxist concepts that describe the overall dynamics of human history. They were originally employed by the Russian revolutionary Leon Trotsky at the beginning of the twentieth century. Towards the end of the same century, the geographer Neil Smith has referred to the idea of "uneven development" as the seal or signature of the geography of capitalism. This is the title of the book in which Smith argues that the unequal development of capitalism is itimately linked to—and in fact, produced by—the internal contradictions of capital. Smith, Neil. 1990. *Uneven Development: Nature, Capital, and the Production of Space*. Athens, GA: University of Georgia Press.

una ciudad completa, pero también de visualizar dentro de sí las tensiones no resueltas de su administración.

La planta del coliseo del Estadio Nacional contiene los fragmentos de una ciudad no planificada y no representada. Análoga a la tarea de reconstrucción de *Forma Urbis Romae* de Piranesi —cuyos fragmentos más grandes fueron publicados en el primer volumen de *Le Antichità Romane* de 1756— el fundamento conceptual del Pabellón de Chile en la Bienal de Venecia es la construcción retrospectiva de una imagen de la ciudad compuesta a modo de fragmentos: una unidad conformada por una constelación de bloques individuales. El edificio como un mecanismo para visualizar el pasado y presente de una ciudad coexiste con la recreación de la condición tipológica del estadio, revisitando la variedad de eventos que ha albergado a lo largo de su historia. En retrospectiva, este diagrama presagió la forma actual de Santiago, transportando al espectador en el tiempo y el espacio: desde ese centro a múltiples periferias distantes. La entrega masiva de títulos de propiedad ayuda a entender los orígenes de la segregación territorial y social del Santiago contemporáneo. Legalizando barrios marginales, las autoridades aseguraron el camino hacia el actual

articulation of a process that enables the production of a particular geography (and history) in which individual bodies and collective dispositions establish their relevance. Her essay is followed by a sequence of plans produced for the event.

The Building is described and put into context through the essay "Stadiums of a City" by Valentina Rozas-Krause. In the manner of a Matryoshka doll, the text unpacks—by reading different moments in the history of the Chilean National Stadium—five different political moments of its surrounding city. The text is followed by a photographic essay that witnesses the manifold stadiums of the Stadium.

The City is addressed by Manuel Shvartzberg in "The Origins of the Neoliberal City," in which he traces the opposition of public and private spheres as developed alongside the birth of the bourgeoisie city, which was instrumental to the establishment and naturalization of the contemporary neoliberal city. Daniel Talesnik's "A Cautionary Tale of Two Cities" constructs an account of the urban and housing policies leading up to the 1979 event at the Stadium, through Santiago's import of liberal policies via the economists of the Chicago School in Chile.

The Pavilion unpacks the design process at the core of the exhibition in Venice: the critical reconstruction of the stadium's floorplan as collection of urban islands, recreating, revisiting and actualising that historical plan. Its central piece, the extruded plan, articulates other moments: "the event room" is devoted to the archival findings part of the pavilion's research, including the

"desarrollo desigual".[9] La naturalización de la lógica de la propiedad privada, de la liberalización del suelo y de la desregulación, fueron celebradas masivamente ese día, a estadio lleno.

Este libro pretende ser una plataforma de discusión ampliada, que se extiende desde los cuatro puntos de entrada que propone STADIUM, a saber: un evento, una planta, un edificio, una ciudad. Cada sección se compone de ensayos escritos y visuales que combinan la investigación de archivo con las contribuciones de escritores invitados. A su vez, cada sección aborda una forma específica de representación: la narrativa, el dibujo, la fotografía y la aerofotogrametría.

El 'evento' es narrado por el novelista Alejandro Zambra. Su texto "Propietario" reconstruye un relato del día de un acontecimiento del pasado, al que le sigue una selección de objetos clave de diferentes archivos que crean una crónica de la evidencia material.

La 'planta' es desarrollada por Marina Lathouri. En "Escribiendo las geografías íntimas de la ciudad", traza una genealogía de las implicaciones teóricas, geopolíticas y disciplinares de la planta: el lugar de

9 "Desarrollo desigual" y "desarrollo combinado" son conceptos marxistas para describir la dinámica general de la historia de la humanidad. Fueron utilizados originalmente por el revolucionario ruso Leon Trotsky a principios del siglo XX. Hacia fines del mismo siglo Neil Smith se refirió a la idea de *"uneven development"* como el sello o firma geográfica del capitalismo. Este es el título del libro en el que Smith argumenta que el desarrollo desigual del capitalismo está íntimamente ligado a —y, de hecho, producido por— las contradicciones internas del capital. Ver: Neil Smith, *Uneven Development: Nature, Capital, and the Production of Space* (Athens, GA: University of Georgia Press, 1990)

booklet,the press, images, and audiovisual material obtained. The wall of "the horizon" is dedicated to celebrating the condition of a multiple building, the stadium's manifold stadiums. The wall of "the city" accounts for the distance between the stadium and the shantytowns, between the building and current Santiago, amplifying in "the island" personal narratives of some fragments.

The exhibition narrates thus a twofold story interweaved by one drawing: that of a building (with its dissimilar, even contradictory, past uses) and that of a city (with its atomised housing underpinning an unequal development), both overlaid in a single event.

articulación de un proceso que permite la producción de una geografía (e historia) particular en la que los cuerpos individuales y las disposiciones colectivas establecen su relevancia. Su ensayo es seguido por la secuencia de plantas producidas para el evento de 1979.

El 'edificio' es descrito y contextualizado a partir del ensayo "Estadios de una ciudad" de Valentina Rozas-Krause. A la manera de una muñeca rusa, el texto revela a través de diferentes episodios en la historia del Estadio Nacional de Chile, cinco momentos políticos de la ciudad que lo rodea. El texto está seguido por un ensayo fotográfico que atestigua los múltiples estadios del estadio.

La 'ciudad' es abordada por Manuel Shvartzberg en "Orígenes de la ciudad neoliberal", donde rastrea la oposición de las esferas pública y privada, desarrollada en paralelo al nacimiento de la ciudad burguesa y fundamental para el establecimiento y naturalización de la ciudad neoliberal contemporánea. "Una historia de dos ciudades" de Daniel Talesnik realiza un recuento de las políticas urbanas y de vivienda alrededor del evento de 1979, a partir de la importación de las políticas liberales a través de los economistas de la Escuela de Chicago en Chile.

Por último, el 'pabellón' presenta el proceso de diseño en el centro de la exposición en Venecia: la reconstrucción crítica de la planta del estadio como una colleción de islas urbanas, recreando, revisitando y actualizando esa planta histórica. La planta extruida, la pieza central del pabellón, articula otros momentos. "La sala del evento" recoge los hallazgos de archivo

que forman parte de la investigación, incluyendo el fascículo, la prensa, imágenes y material audiovisual. El muro del "horizonte" celebra la condición de un edificio múltiple: los estadios del estadio. El muro de "la ciudad" da cuenta de la distancia entre el estadio y las poblaciones, entre el edificio y el Santiago actual, amplificando en "las islas" así algunas de las narrativas personales de sus fragmentos.

De esta forma, la exposición narra una doble historia entrelazada por un dibujo: la de un edificio (con sus usos pasados disímiles e incluso contradictorios) y la de una ciudad (con su vivienda atomizada apuntalando un desarrollo desigual), ambas superpuestas en un único evento.

Helen Hughes, "*La Bandera* shantytown", March 1981

Helen Hughes, "Población La Bandera", marzo, 1981
Source / Fuente: Archivo Vicaría de la Solidaridad

Helen Hughes, "Shantytown", 1980

Helen Hughes, "Población", 1980
Source / Fuente: Archivo Vicaría de la Solidaridad

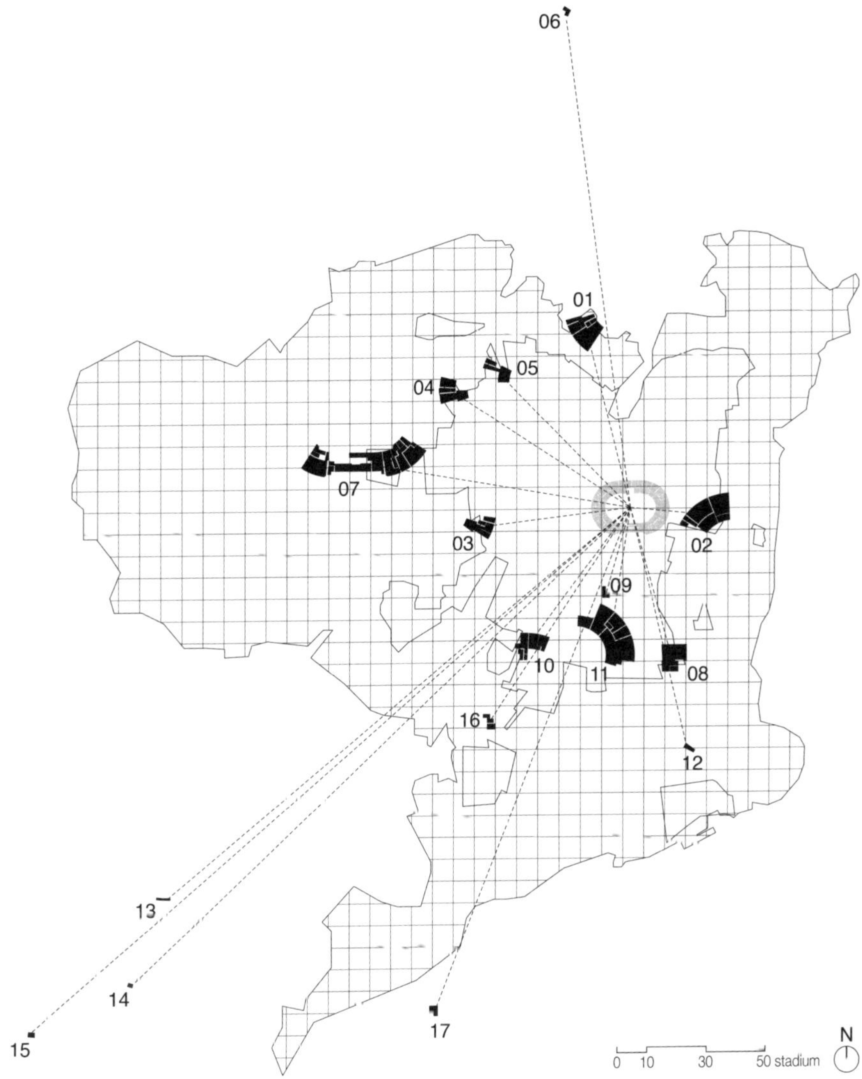

STADIUM in the city
STADIUM en la ciudad

1. Conchali 11 km (58 stadium)
2. Ñuñoa 47 km (26 stadium)
3. Maipú 9 km (49 stadium)
4. Renca 13 km (70 stadium)
5. Quilicura 11 km (62 stadium)
6. Colina 41 km (221 stadium)
7. Pudahuel 17 km (91 stadium)
8. La Florida 9 km (50 stadium)
9. San Miguel 5 km (28 stadium)
10. La Cisterna 10 km (53 stadium)
11. La Granja 8 km (41 stadium)
12. Puente Alto 15 km (80 stadium)
13. Talagante 36 km (198 stadium)
14. Peñaflor 41 km (224 stadium)
15. El Monte 47 km (257 stadium)
16. San Bernardo 15 km (82 stadium)
17. Buin 32 km (175 stadium)

A

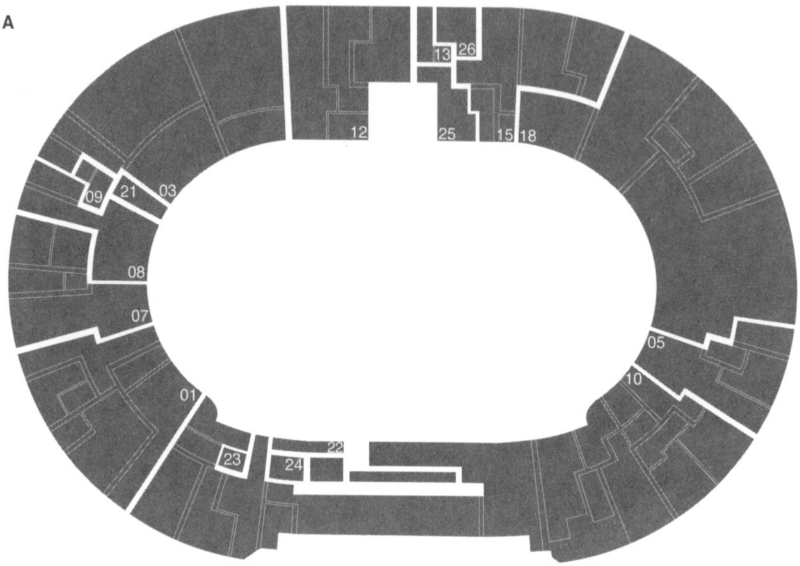

17 communes to which the shantytowns originally belonged in 1979

17 comunas a las que originalmente pertenecían las poblaciones en 1979

B

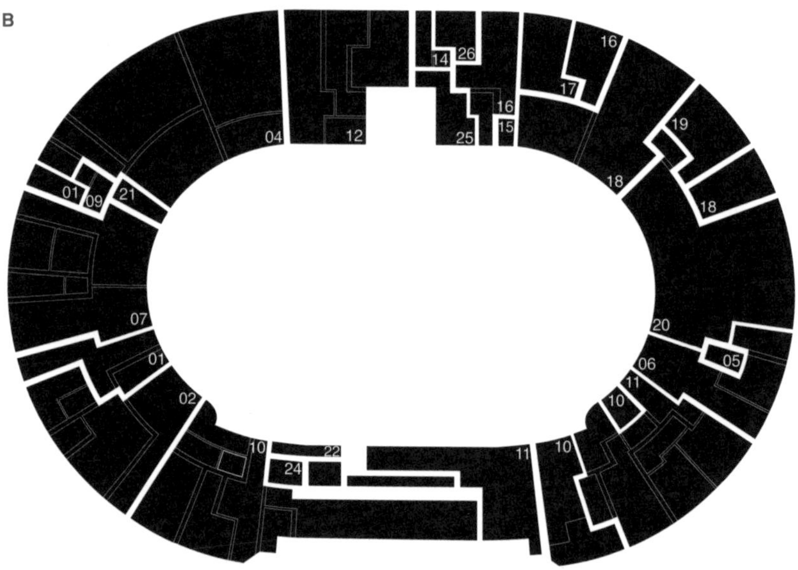

26 communes to which the shantytowns belong after the subdivision and creation of new communes in 1981

26 comunas a las que pertenecen las poblaciones tras la subdivisión de 1981

C

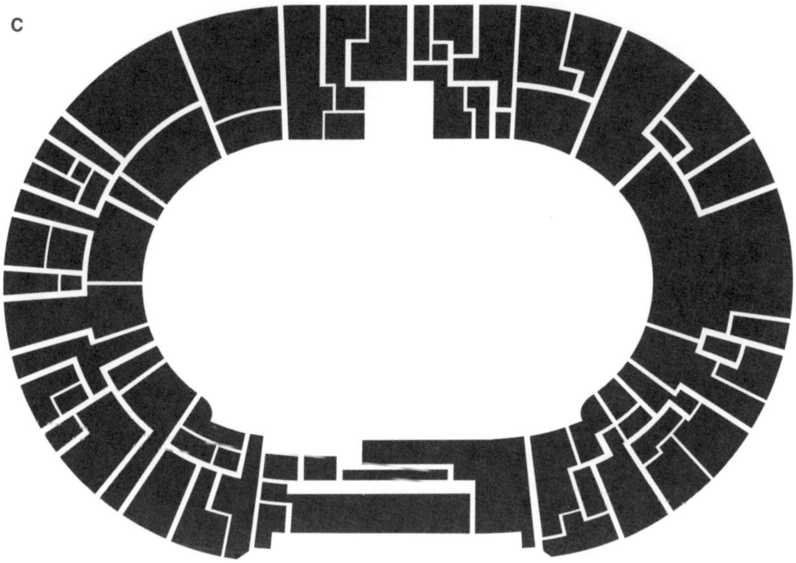

60 shantytowns represented in the 1979 event at the Stadium

60 poblaciones representadas en el evento de 1979

A–B

01. Conchalí
02. Huechuraba*
03. Ñuñoa
04. Peñalolén*
05. Maipú
06. Estación Central*
07. Renca
08. Quilicura
09. Colina
10. Pudahuel
11. Cerro Navia*
12. La Florida
13. San Miguel
14. San Joaquín*
15. La Cisterna
16. El Bosque*
17. Lo Espejo*
18. La Granja
19. San Ramón*
20. La Pintana*
21. Puente Alto
22. Talagante
23. Peñaflor
24. El Monte
25. San Bernardo
26. Buin

* Communes created after the 1981 subdivision

* Comunas creadas tras la subdivisión de 1981

C

01. Conchalí
La Pincoya
Huechuraba Sur
El Bosque
Arq. O'Herens
Huechuraba Norte
Amp. Conchalí

02. Ñuñoa
Villa Lo Arrieta
La F. de Peñalolén
Jaime Eyzaguirre
Villa Los Guindos
Lo Hermida
Pedro Lagos

03- Maipú
Villa Francia
Villa R. Kennedy
Villa R. Schneider

04. Renca
Huamachuco
Cerro Colorado
La Quebrada
Blanca Vergara

05. Quilicura
Cortijo
El Cortijo
Huamachuco

06. Colina
Villa O'Higgins
San Martín

07. Pudahuel
La Victoria
Pudahuel
Cauquenes
Fed. Sta María
Violeta Parra
Villa Libertad
Estrella de Chile
Int. Saavedra
San Luis Beltrán
Villa Carrascal
Sara Gajardo
Digna Rosa
Villa Resbalon
Villa Nva. California

08. La Florida
Villa O'Higgins
Villa Perú

09. San Miguel
Fco. Encina
J. Edwards Bello

10. La Cisterna
José María Caro
Guatemala
Los Acadios
Santa Elena
Santa Olga
Baldomero Lillo

11. La Granja
Los Eucaliptus
Pablo de Rokha
La Bandera
21 de Mayo
Paraguay
El Traque
Millalemu

12. Puente Alto
Manuel Plaza

13. Talagante
Las Palmeras

14. Peñaflor
El Trapiche

15. El Monte
El Monte II

16. San Bernardo
Tejas de Chena
Santa Marta

17. Buin
Manuel Plaza

DE LA POLITICA HABITACIONAL:

LA VIVIENDA ES UN BIEN QUE SE ADQUIERE CON EL ESFUERZO Y EL AHORRO DE LA FAMILIA. ESTE ESFUERZO EL ESTADO LO RECONOCE Y COMPARTE.

Ministerio de
Vivienda
y Urbanismo

Page 32 of the booklet refers to housing as "a good that is acquired through a family's effort and savings. This effort is recognised and shared by the state"

Página 32 del fascículo haciendo referencia a la política de vivienda del Estado
Source / Fuente: Biblioteca Nacional

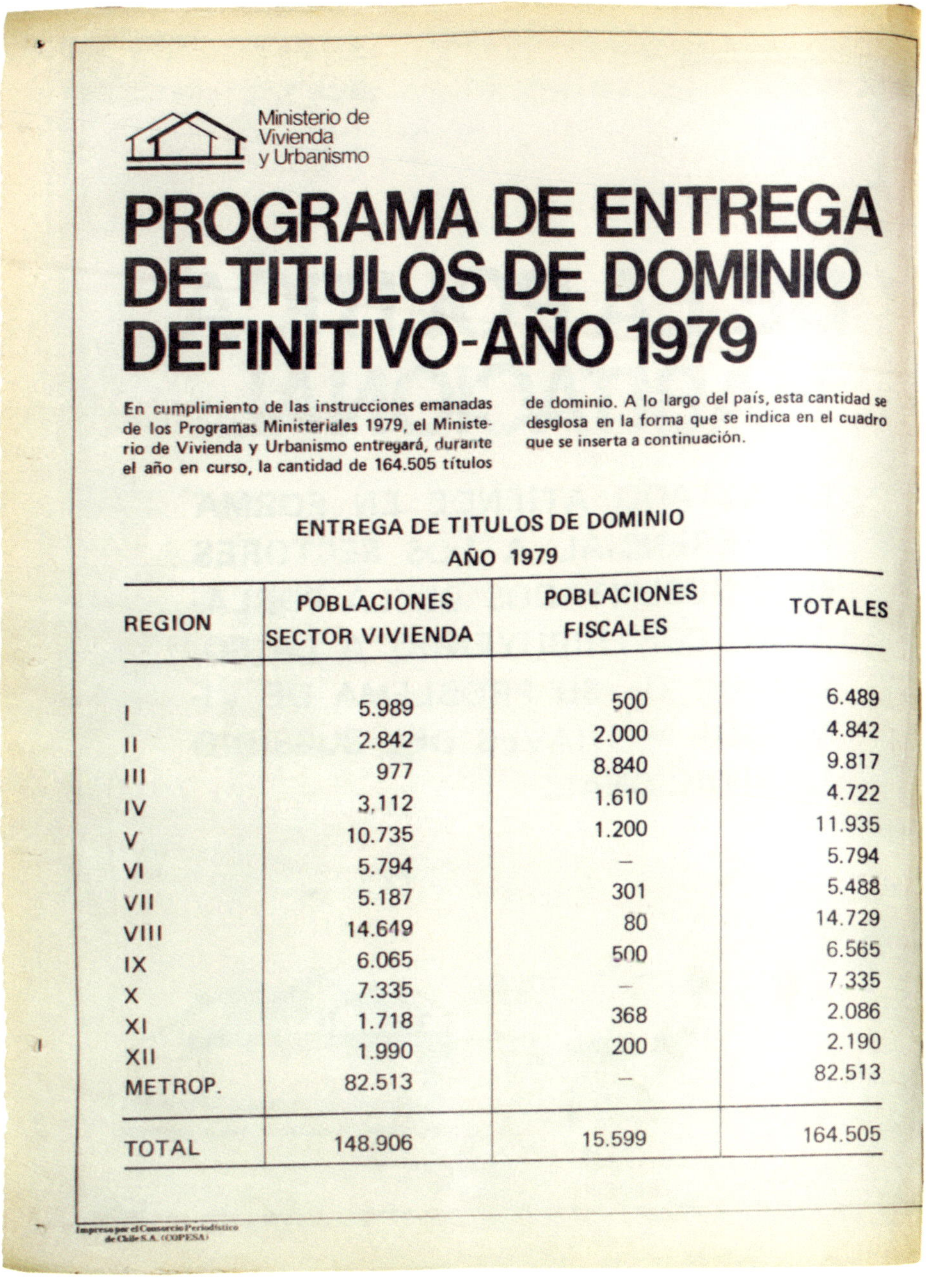

Ministerio de Vivienda y Urbanismo

PROGRAMA DE ENTREGA DE TITULOS DE DOMINIO DEFINITIVO-AÑO 1979

En cumplimiento de las instrucciones emanadas de los Programas Ministeriales 1979, el Ministerio de Vivienda y Urbanismo entregará, durante el año en curso, la cantidad de 164.505 títulos de dominio. A lo largo del país, esta cantidad se desglosa en la forma que se indica en el cuadro que se inserta a continuación.

ENTREGA DE TITULOS DE DOMINIO AÑO 1979

REGION	POBLACIONES SECTOR VIVIENDA	POBLACIONES FISCALES	TOTALES
I	5.989	500	6.489
II	2.842	2.000	4.842
III	977	8.840	9.817
IV	3.112	1.610	4.722
V	10.735	1.200	11.935
VI	5.794	–	5.794
VII	5.187	301	5.488
VIII	14.649	80	14.729
IX	6.065	500	6.565
X	7.335	–	7.335
XI	1.718	368	2.086
XII	1.990	200	2.190
METROP.	82.513	–	82.513
TOTAL	148.906	15.599	164.505

Impreso por el Consorcio Periodístico de Chile S.A. (COPESA)

Back cover of the booklet published by the Ministry of Housing and Urbanism (Minvu) that circulated alongside *La Tercera* newspaper on 27 September 1979

Contraportada del fascículo publicado por el Ministerio de Vivienda y Urbanismo (Minvu) que circuló junto al periódico *La Tercera*, 27 de septiembre, 1979
Source / Fuente: Biblioteca Nacional

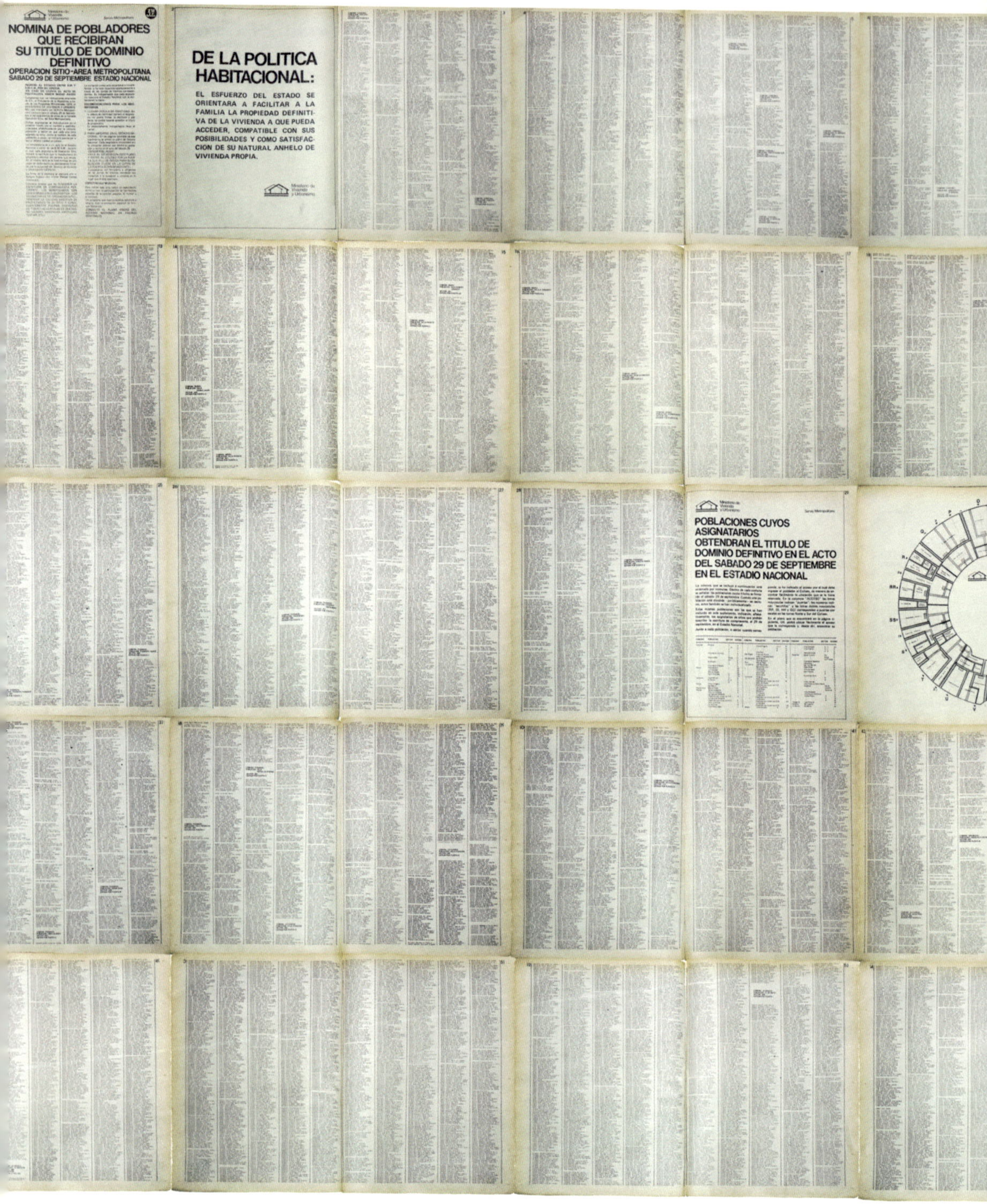

The entire booklet published by Minvu that circulated alongside *La Tercera* newspaper on 27 September 1979

El fascículo completo publicado por Minvu que circuló junto al periódico *La Tercera* , 27 de septiembre, 1979
Source / Fuente: Biblioteca Nacional

DE LA POLITICA HABITACIONAL:
LA VIVIENDA ES UN BIEN QUE SE ADQUIERE CON EL ESFUERZO Y EL AHORRO DE LA FAMILIA. ESTE ESFUERZO EL ESTADO LO RECONOCE Y COMPARTE.
Ministerio de Vivienda y Urbanismo
DE LA POLITICA HABITACIONAL:
EL ESTADO ATIENDE EN FORMA PREFERENCIAL A LOS SECTORES MAS NECESITADOS DE LA POBLACION, CONTRIBUYENDO A LA SOLUCION DE SU PROBLEMA DE VIVIENDA A TRAVES DEL SUBSIDIO HABITACIONAL.
Ministerio de Vivienda y Urbanismo
PROGRAMA DE ENTREGA DE TITULOS DE DOMINIO DEFINITIVO-AÑO 1979
ENTREGA DE TITULOS DE DOMINIO AÑO 1979
REGION
POBLACIONES SECTOR VIVIENDA
POBLACIONES FISCALES
TOTAL

EL EVENTO

THE EVENT

Proprietor

Propietario

Alejandro Zambra

They found out about the event on TV, perhaps. Maybe they saw it, for example, on the news, which showed the empty stands of the National Stadium while a voice announced that 37,000 *pobladores*[1] from various corners of Santiago would go to the Stadium to become, then and there, proprietors. It would be, in the words of the announcer, "the largest operation in Chile's history." A process that normally would have taken three years would be complete in just three hours, and there would even be time to take in "a great artistic show with the most celebrated national performers."

It was, of course, a way to regularize these communities of squatters; it was the blank slate that would transform *pobladores* into debtors, with the aggravating circumstance that many of them had been paying for years for the very plots of land that, according to the official discourse, they would now receive almost for free. But still, it sounded like an irresistible offer, an act of absolute, inexplicable generosity. The principal actors of those days inanely repeated the supposed implications of the event: "It's like winning the lottery"; "37 thousand families are fulfilling the dream of a lifetime"; "Owning a house is a guarantee of the future that awaits our children." One headline said "That's a real man," in reference to Pinochet: "The President said he'd do something and he did it . . . Today, we will be property owners."

1 *Pobladores* are people who live in poor, makeshift communities, or *poblaciones*; often they squat on land that is not theirs. The *poblaciones* take on the life of a neighborhood or small town.

Se enteraron del evento por la tele, quizás. Vieron, por ejemplo, en las noticias, las graderías vacías del Estadio Nacional, mientras una voz en off anunciaba que 37 mil pobladores, provenientes de diversos rincones de Santiago, acudirían al recinto para convertirse, en el acto, en propietarios. Sería, en palabras del locutor, "el operativo más grande de la historia de Chile". Un trámite que normalmente hubiera tomado tres años estaría listo en apenas tres horas y hasta quedaría tiempo para presenciar "un gran espectáculo artístico con las mejores figuras del ambiente nacional".

Era, por supuesto, una maniobra de regularización, la *tabula rasa* que transformaría a los pobladores en deudores, con el agravante de que muchos de ellos llevaban ya años pagando por los mismos terrenos que, según el discurso oficial, recibirían ahora casi de regalo. Pero igual sonaba a ofertón irresistible, a un acto de absoluta, de inexplicable generosidad. Los titulares de esos días reproducían, majaderamente, el supuesto significado del evento: "Es como sacarse la lotería", "37 mil familias cumplen sueño de toda una vida", "La casa propia es una garantía del futuro que espera a nuestros hijos". Un titular decía "Eso es de hombre", aludiendo a Pinochet: "El presidente lo dijo y lo hizo... Hoy seremos propietarios".

"Poblador de operación sitio: ¡Propietario!", rezaba el titular de un anuncio que incluía la foto de un sonriente señor con un contrato en la mano izquierda y una banderita chilena en la derecha. Circulaban también fascículos con los miles de nombres de los pobladores-asignatarios

"Poblador of Operation Sitio: Proprietor!," read the headline of an advertisement that included the photo of a smiling man holding a contract in his left hand and a little Chilean flag in his right. There were also newspaper inserts that circulated with thousands of names of the *pobladores*-beneficiaries ordered by commune, *población*, and sector, and the precise indication of the door through which they should enter the stadium. On the cover of one of the inserts appeared, in large letters, this definition of the new housing policy: "The home is a good that is acquired through the effort and savings of the family. The State recognizes and shares this effort." But the most striking thing about these was in their centerfolds, where there was a diagram of the stadium with the stands gridded according to the *poblaciones* summoned to the ceremony, as if it were a new city within the city.

In spite of the abundance of information, it wasn't at all clear what the thing really consisted of. The lists in the inserts, in fact, weren't enough—the *pobladores* also had to receive a personal and non-transferrable invitation and they had to bring it with them to the stadium. None of them, of course, knew anything about the nature of the contract they were about to sign. Nor was it clear what would happen if they didn't attend the event.

Their hands forced by uncertainty, on the morning of Saturday, September 29, 1979, the *pobladores* descend *en masse* upon the National Stadium; they arrive with doubts or fears or with unjustified confidence, but they arrive. The doors open at eight-thirty and close an hour later. Aided by

ordenados por comuna, población y sector, y la indicación precisa de la puerta por la que debían entrar al estadio. En la contratapa de uno de los fascículos aparecía, en letra grande, esta definición de la nueva política habitacional: "La vivienda es un bien que se adquiere con el esfuerzo y el ahorro de la familia. Este esfuerzo el Estado lo reconoce y comparte". Pero lo más impresionante de esos fascículos estaba en sus páginas centrales, donde figuraba un diagrama del estadio con las graderías cuadriculadas según las poblaciones convocadas al acto, como si se tratara de una nueva ciudad dentro de la ciudad.

A pesar de la abundancia de información, no estaba para nada claro en qué consistía todo esto. No bastaba, de hecho, con los listados de los fascículos, puesto que los pobladores debían recibir una invitación personal e intransferible que debían llevar al estadio. Todos, por supuesto, ignoraban la naturaleza del contrato que se disponían a firmar. Tampoco estaba claro qué pasaría si no asistían al evento.

Obligados por la incertidumbre, la mañana del sábado 29 de septiembre de 1979 los pobladores acuden en masa al Estadio Nacional; llegan con dudas o con miedo o con injustificada confianza, pero llegan. Las puertas se abren a las ocho y media y se cierran una hora después. Ayudados por más de dos mil funcionarios del Ministerio de Vivienda y Urbanismo, los convocados se ubican en los lugares destinados en el plano. Una toma aérea muestra las graderías del estadio semi repletas; la incuestionada cifra oficial de 37 mil pobladores parece verosímil, se notan los grupos, las islas del archipiélago: la multitud ordenada de una

over 2,000 functionaries of the Housing Ministry, the crowd settles into the places reserved for them on the diagram. An aerial shot shows the Stadium's stands semi-full; the unquestioned official figure of 37,000 *pobladores* seems realistic. There are clear groups, islands of an archipelago: the crowd organized in a way that, if they were soccer fans, would seem artificial.

Shortly before noon, Pinochet and Lucía Hiriart arrive. We see them beside other authorities, smiling, bestowing hugs and air kisses. We see, in the audience, a group of women with red, white, and blue pom-poms. We see, on the stadium's scoreboard, a message of congratulation for the new proprietors. The dictator takes the microphone. Considering the magnitude of the event, his speech is ridiculously short: 59 seconds. "I want to greet you all today in this event that is transcendental for the government's activities," he says, in a hurried, cranky tone. "Right now, you all are going to be property owners, 35,000 [sic] people will receive titles and become proprietors of your land, in consequence .... " Here there is a pause, for the energetic applause that soon subsides. "In consequence, along with congratulating you," he goes on, ever closer to ungrammaticality, "I can tell you that this government is not offering anything, but is doing everything that others did not do, who offered freedom and many other things." The final phrase, uttered or shouted by way of conclusion, sounds aggressive or strange or stupid or all those things at once: "We do things without offering."

Then Pinochet and his wife award seventeen documents that symbolize the

forma que, si se tratara del público de un partido de fútbol, parecería artificial.

Poco antes del mediodía llegan Pinochet y Lucía Hiriart. Los vemos junto a otras autoridades, sonriendo, repartiendo abrazos y besos. Vemos, en el público, a un grupo de mujeres con plumeros blancos, azules y rojos. Vemos, en el marcador del estadio, un mensaje que felicita a los nuevos propietarios. El dictador toma la palabra. Considerando la magnitud del evento, su discurso es ridículamente breve: 59 segundos. "Quiero saludarlos el día de hoy con motivo de este acto transcendental en las actividades del gobierno", dice, en tono apurado, de mal genio: "Ustedes en este momento van a ser propietarios, 35 mil personas (sic) reciben títulos, siendo dueños de sus propiedades, en consecuencia...". Acá hay una pausa, para que abunden los aplausos, que no duran mucho. "En consecuencia, junto con felicitarlos", sigue, cada vez más cerca de la agramaticalidad, "les puedo decir que este gobierno no está ofreciendo nada pero está haciendo todo lo que otros no hicieron y que ofrecieron libertad y muchas cosas más". La frase final, pronunciada o gritoneada a manera de conclusión, suena agresiva o extraña o estúpida o todo eso a la vez: "Nosotros hacemos cosas sin ofrecer".

Luego Pinochet y su esposa entregan diecisiete escrituras que simbolizan la totalidad de contratos celebrados, y se retiran para dar paso al espectáculo de música folclórica, que es también de asistencia obligatoria, porque hay gente que quiere irse, pero las puertas están cerradas. El Estadio Nacional miniaturiza, como querían los organizadores, la ciudad entera,

totality of the contracts signed, and they withdraw and cede the stage to the folk music concert. And the concert is also mandatory, because there are people who want to leave, but the doors are locked. The National Stadium is the city in miniature, as the organizers had wanted it to be. But also, during the hours the event lasts, it is again, as in September of 1973, a prison.

The report on Channel 7 ends with a series of interviews by Julio López Blanco, the newscaster of the regime *par excellence*. One woman, visibly delighted to be on TV, butters up the journalist by telling him that he "treats us humble folks the best," and she launches into a speech, ever so grateful to the dictatorship, in supposed representation of the *pobladores* of the Federico Santa María *población*. "All I ask," López Blanco tells her, "is that Chile keep on climbing that ladder." The woman nods and comes out with this final rally: "A person's gotta work, and it's only shameless, lazy people who don't want to. But if a person looks for work, he finds it, Mr. Julio."

Some of the interviewees are sporting matching *Chavo del 8* visors, which reminds us that, almost exactly two years earlier, in October of 1977, the entire cast of that hit Mexican comedy show performed with enormous success at the National Stadium. It was a jam-packed spectacle that, invoking the chorus of excited children, attempted to erase the memory of the deaths and the torture that had occurred in that same space.

There are more televised testimonies, all of them grateful, of course. "Now at least we're going to be able to live in peace," says one woman. "It encourages me to have

y también, durante las horas que dura el evento, vuelve a ser, como en septiembre de 1973, una cárcel.

El informe de canal 7 termina con una serie de entrevistas de Julio López Blanco, el notero del régimen por antonomasia. Una señora, visiblemente dichosa de salir en la tele, lisonjea al periodista diciéndole que es "el más paleta con los humildes", y se lanza a hablar, agradecidísima de la dictadura, en supuesta representación de los pobladores de la Villa Federico Santa María. "Yo lo único que le pido", le dice López Blanco, "es que sigamos tirando pa'arriba". La señora asiente y se manda esta última arenga: "Hay que trabajar, los que están disconformes son los sinvergüenzas, los flojos, pero trabajo, si usted busca, encuentra, don Julio".

Unas entrevistadas lucen sendas viseras del Chavo del 8, lo que nos recuerda que, casi exactamente dos años antes, en octubre de 1977, el elenco completo de ese popularísimo programa de humor mexicano se presentó con enorme éxito en el Estadio Nacional, en un espectáculo multitudinario que, apelando al coro de niños emocionados, pretendía borrar el recuerdo de las muertes y torturas sucedidas en el recinto.

Hay más testimonios televisivos, todos de gratitud, por supuesto. "Ahora por lo menos vamos a poder vivir tranquilos", dice una mujer. "Me motiva tener algo propio", agrega un señor. "Hoy día ha sido un día realmente agradable", dice otro. "Hay que pagar las letras todavía", recuerda una señora, bastante más realista. Así es. Persisten casi todas las dudas, nadie sabe

something of my own," adds a man. "Today has been a really happy day," says another. "We still have to make the payments," one woman reminds us, quite a bit more realistic. So it is. Almost all the doubts remain, no one knows very well what they signed, hope mixes with suspicion and happiness with fear, and that's the only thing that's clear: we have to make the payments every month.

muy bien lo que firmó, la esperanza se confunde con la sospecha y la alegría con el temor, sólo eso está claro: hay que pagar las letras todos los meses.

Text and Object

Texto y objeto

Alejandro Zambra narrates the story, as opposed to the history, of a day. His register employs the abilities of literature to expose, through the words of the novel, the rhetorical devices behind the event. There is a persistence on the recourse to numbers and quantities. The government official describes enthusiastically the efficient process of paperwork undertaken by "computers," which accelerated a process that would normally take three years to be resolved in three hours. The instrument of infinitely counting the 37,000 beneficiaries, the 250,000 people, appears in the press, advertisements, on the stadium screen, in speeches, everywhere. Zambra points to Pinochet's 59-second disarticulated speech to honor the largest housing operative of Chilean history: nothing was offered, freedom was taken but property appointed. These descriptions emphasize a technocratic focus based on efficiency, on the logic of science and economy.

From Zambra's—"the world as text"—the following images invite us to see the "world as object." The selection of five archival findings along their captions tell another story of the same event from the past. Charged items that revolve around the narrative, that witnessed and registered the event. As Barthes has pointed out in "The Plates of the Encyclopedia": "Our literature has taken a long time to discover the object."

Alejandro Zambra narra la historia [*history*], en oposición al cuento [*story*], de un día. Su registro emplea las habilidades de la literatura para exponer, a través de las palabras de la novela, los dispositivos retóricos detrás del evento. Hay una persistencia en el recurso de números y cantidades. El funcionario de gobierno describe con entusiasmo el proceso eficiente de papeleo llevado a cabo por 'computadoras', que aceleran un proceso que normalmente llevaría tres años solucionar, a tres horas. El recurso de contar infinitamente los 37 mil beneficiarios, las 250 mil personas, aparece en la prensa, en publicidad, en la pantalla del estadio, en discursos, en todas partes. Zambra apunta al desarticulado discurso de 59 segundos de Pinochet en que honra la operación de vivienda pública más grande en la historia de Chile: no se ofrecía nada, mientras se adjudicaba la propiedad, se quitaba la libertad. Estas descripciones enfatizan un foco tecnocrático basado en la eficiencia, en la lógica de la ciencia y la economía

Del relato de Zambra del mundo como texto, las siguientes imágenes nos invitan a ver el "mundo como objeto". La selección de cinco descubrimientos de archivo, junto a sus leyendas, cuentan una historia diferente del mismo evento del pasado. Objetos cargados que giran en torno a la narrativa, que fueron testigos y registraron el evento. Como Barthes ha sugerido en "Las láminas de la Enciclopedia": "A nuestra literatura le ha tomado un largo tiempo descubrir el objeto".

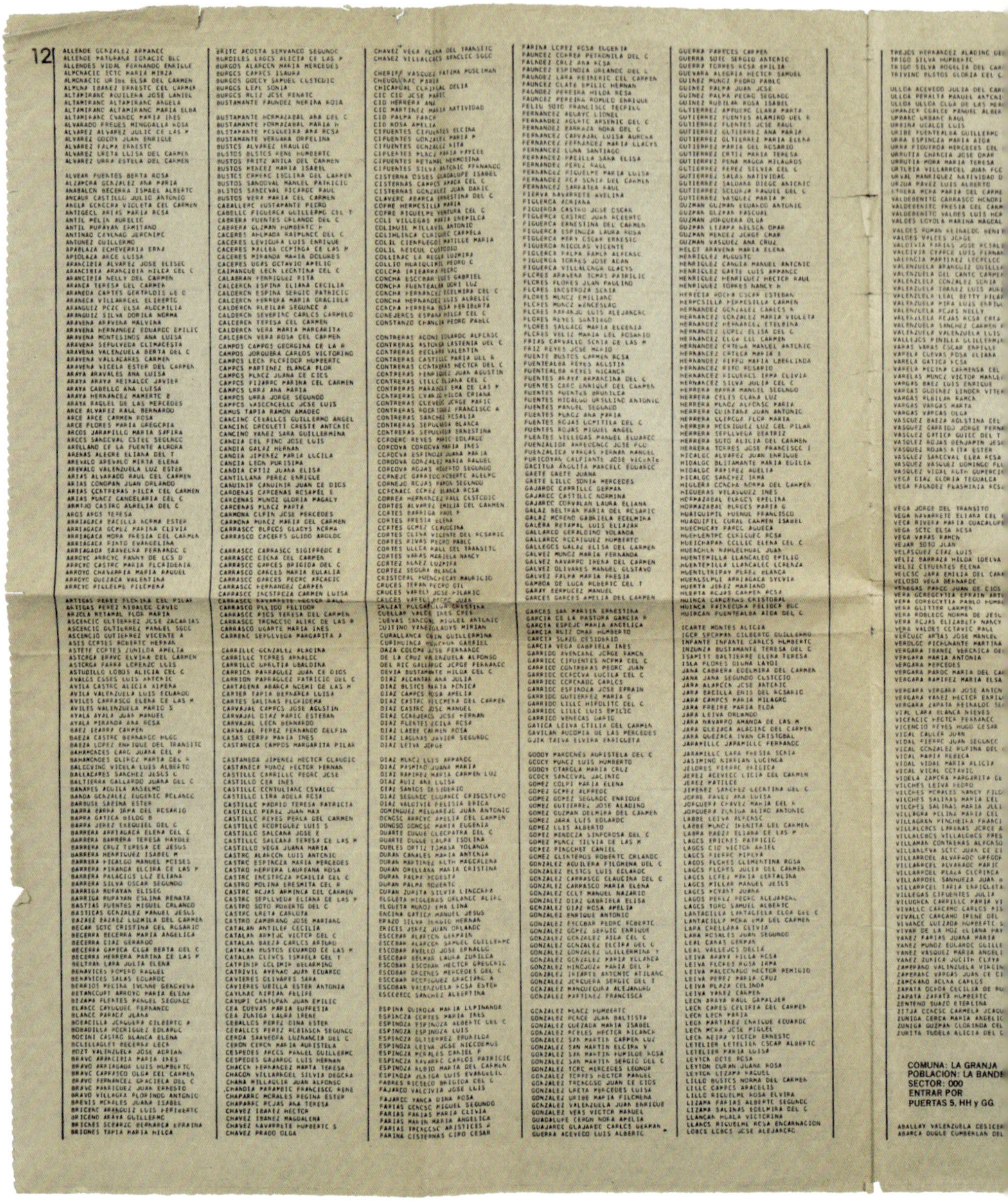

12

COMUNA: LA GRANJA
POBLACION: LA BANDE
SECTOR: 000
ENTRAR POR
PUERTAS 5, HH y GG

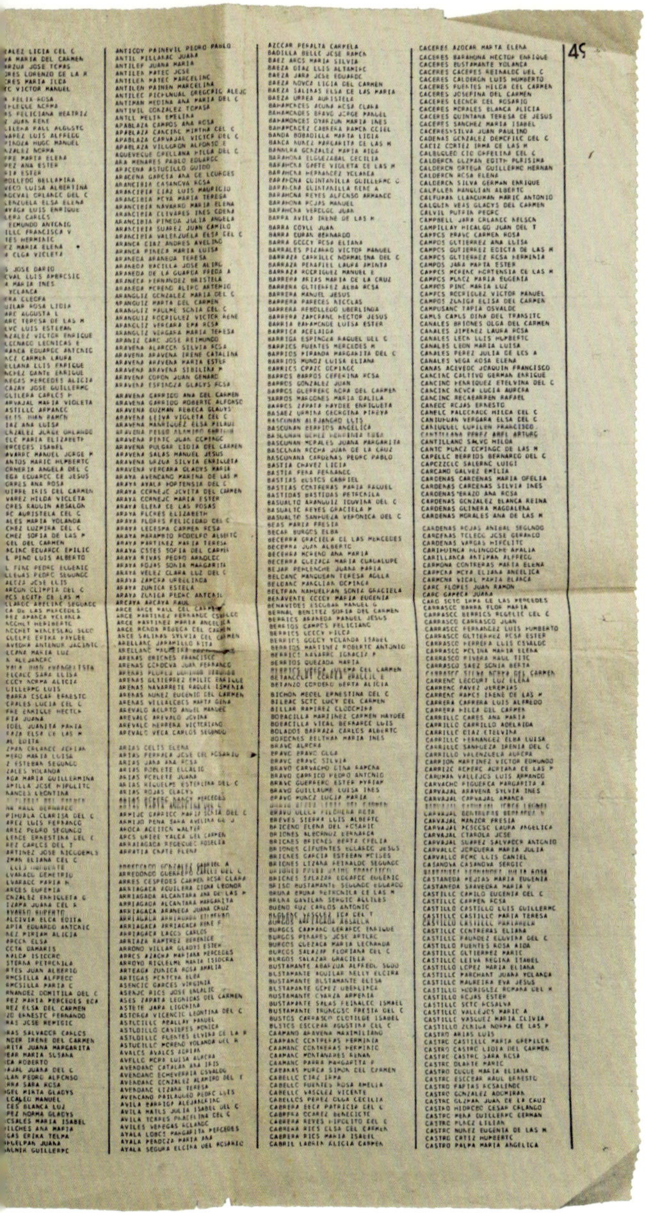

Pages 12 and 45 of the booklet published by Minvu that circulated alongside *La Tercera* newspaper on 27 September 1979

The booklet was a summoning tool, primarily consisting of a sixty-page list with the names of summoned people in alphabetical order. Lists of names have been a strong symbolic element included in the mechanisms of the biopower of states. The growing inclusion of man's natural life in the mechanisms and calculations of power comes to be what is at stake in politics. Lists of missing people, telephone guides, lists of war victims, lists of access to health programmes, detention lists, etc. are part of the imagery of inventories of modernity. The administration of life becomes apparent in this endless list of names of distant dwellers in an invisibilised city.

Páginas 12 y 45 del fascículo publicado por el Minvu que circuló junto al periódico *La Tercera*, 27 de septiembre, 1979
Source / Fuente: Biblioteca Nacional

Una lista de sesenta páginas en orden alfabético fue publicada con los nombres de las personas beneficiadas. Las listas de nombres han sido un fuerte elemento simbólico incluido en los mecanismos de bio-poder de los estados. La creciente inclusión de la vida natural del hombre en mecanismos y cálculos es lo que emerge al centro de la política. Listas de personas perdidas, guías telefónicas, listas de víctimas de la guerra, listas de acceso a programas de salud, listas de detención, son todas parte del imaginario de los inventarios de la modernidad. La administración de la vida se vuelve aparente en la interminable lista de pobladores distantes de una ciudad invisibilizada.

DIARIO OFICIAL
DE LA REPUBLICA DE CHILE

Núm. 30.458 — Año CII — Nº 159.975 (M. R.)
Santiago, Miércoles 5 de Septiembre de 1979 — Edición de 12 páginas
Ejemplar del día $ 9,50 (I.V.A. incluido) — Atrasado $ 19.— (I.V.A. incluido)

SUMARIO

Muertes presuntas de: Oscar Aurelio Mery Varas, Eloísa del Rosario Morán Valdés, María Esther Salas Salas, Rosalía del Carmen Ortega Miranda, Nelly Molina Castillo y Otto Daniel Alarcón Vera.

Avisos de: Servicio de Vivienda y Urbanización (2) y Servicio Nacional de Obras Sanitarias.

Junta de Gobierno de la República de Chile

DECRETOS LEYES

Ministerio del Interior

RECONOCE, POR GRACIA, TIEMPO SERVIDO POR DOÑA SONIA ELENA AHUMADA LAGOS

Santiago, 17 de Agosto de 1979.— Hoy se decretó lo que sigue:

Núm. 2.845.— Visto: Lo dispuesto en los decretos leyes N.os 1 y 128, de 1973; Nº 527, de 1974, y Nº 991, de 1976, y

Considerando: El informe favorable de la Comisión Especial de Beneficios por Gracia, creada por decreto supremo de Interior número 1.702, de 27 de Noviembre de 1973,

La Junta de Gobierno de la República de Chile ha acordado dictar el siguiente

Decreto ley:

Artículo único.— Reconócese, por gracia, a doña Sonia Elena Ahumada Lagos, para todos los efectos legales, el tiempo servido entre el 13 de Abril de 1959 y el 16 de Abril de 1960.

Las imposiciones correspondientes a dicho período serán de cargo de la interesada, y la Caja Nacional de Empleados Públicos y Periodistas procederá a recibirlas.

Regístrese en la Contraloría General de la República, publíquese en el Diario Oficial e insértese en la Recopilación Oficial de dicha Contraloría. — AUGUSTO PINOCHET UGARTE, General de Ejército, Presidente de la República.— JOSE T. MERINO CASTRO, Almirante, Comandante en Jefe de la Armada.— CESAR MENDOZA DURAN, General Director de Carabineros.— FERNANDO MATTHEI AUBEL, General del Aire, Comandante en Jefe de la Fuerza Aérea.— Sergio Fernández Fernández, Ministro del Interior.

Lo que transcribo a Ud. para su conocimiento.— Saluda a Ud.— Enrique Montero Marx, Coronel de Aviación (J), Subsecretario del Interior.

RECONOCE, POR GRACIA, TIEMPO SERVIDO POR DON GUILLERMO ARTURO MAC-PHERSON WOLLETER

Santiago, 17 de Agosto de 1979.— Hoy se decretó lo que sigue:

Núm. 2.846.— Visto: Lo dispuesto en los decretos leyes N.os 1 y 128, de 1973; Nº 527, de 1974, y Nº 991, de 1976, y

Considerando: El informe favorable de la Comisión Especial de Beneficios por Gracia, creada por decreto supremo de Interior número 1.702, de 27 de Noviembre de 1973,

La Junta de Gobierno de la República de Chile ha acordado dictar el siguiente

Decreto ley:

Artículo único.— Reconócese, por gracia, a don Guillermo Arturo Mac Pherson Wolleter, para todos los efectos legales, el tiempo servido entre el 5 de Enero y el 31 de Marzo de 1948, y desde el 31 de Enero y el 28 de Febrero de 1949.

Las imposiciones correspondientes a dichos períodos serán de cargo del interesado, y la Caja Nacional de Empleados Públicos y Periodistas procederá a recibirlas.

Regístrese en la Contraloría General de la República, publíquese en el Diario Oficial e insértese en la Recopilación Oficial de dicha Contraloría. — AUGUSTO PINOCHET UGARTE, General de Ejército, Presidente de la República.— JOSE T. MERINO CASTRO, Almirante, Comandante en Jefe de la Armada.— CESAR MENDOZA DURAN, General Director de Carabineros.— FERNANDO MATTHEI AUBEL, General del Aire, Comandante en Jefe de la Fuerza Aérea.— Sergio Fernández Fernández, Ministro del Interior.

Lo que transcribo a Ud. para su conocimiento.— Saluda a Ud.— Enrique Montero Marx, Coronel de Aviación (J), Subsecretario del Interior.

OTORGA, POR GRACIA, PENSION A DON HECTOR MARIO PLATA Y LEGUES

Santiago, 17 de Agosto de 1979.— Hoy se acordó lo que sigue:

Núm. 2.847.— Vistos: lo dispuesto en los decretos leyes Nºs. 1 y 128, de 1973; Nº 527, de 1974, y Nº 991, de 1976, y

Considerando: El informe favorable de la Comisión Especial de Beneficios por Gracia, creada por decreto supremo de Interior Nº 1.702, de 27 de Noviembre de 1973.

La Junta de Gobierno de la República de Chile ha acordado dictar el siguiente

Decreto ley:

Artículo único.— Otórgase, por gracia, a don Héctor Mario Plata y Legües, una pensión de dos sueldos vitales mensuales de la Región Metropolitana de Santiago.

El gasto que importe la aplicación del presente decreto ley se imputará al ítem de pensiones del presupuesto del Ministerio de Hacienda.

Regístrese en la Contraloría General de la República, publíquese en el Diario Oficial e insértese en la Recopilación Oficial de dicha Contraloría.— AUGUSTO PINOCHET UGARTE, General de Ejército, Presidente de la República.— JOSE T. MERINO CASTRO, Almirante, Comandante en Jefe de la Armada.— CESAR MENDOZA DURAN, General Director de Carabineros. — FERNANDO MATTHEI AUBEL, General del Aire, Comandante en Jefe de la Fuerza Aérea.— Sergio Fernández Fernández, Ministro del Interior.— Sergio de Castro Spikula, Ministro de Hacienda.

Lo que transcribo a Ud. para su conocimiento.— Saluda a Ud.— Enrique Montero Marx, Coronel de Aviación (J), Subsecretario del Interior.

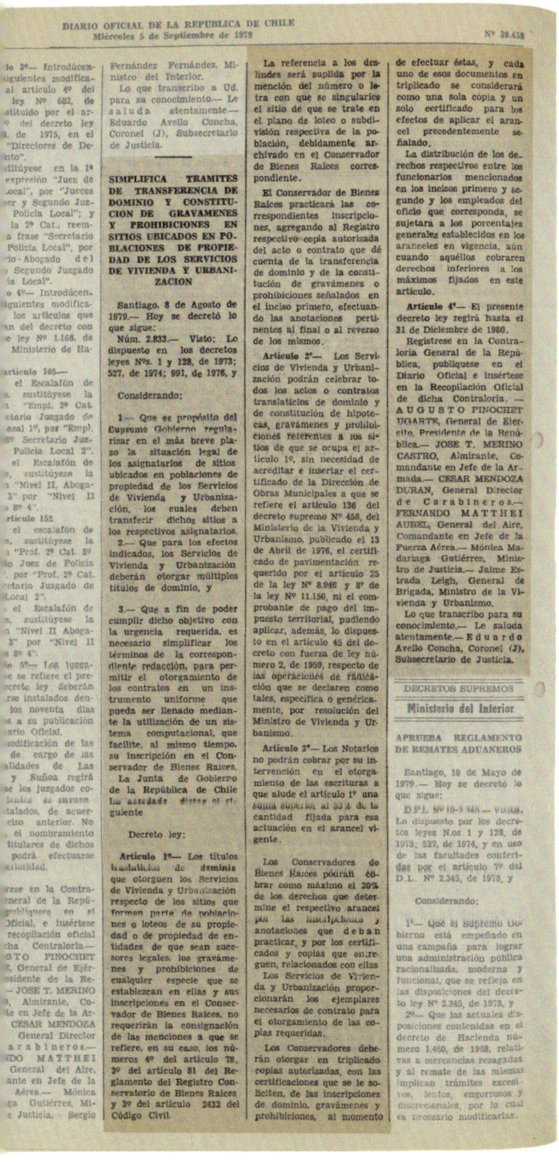
DIARIO OFICIAL DE LA REPUBLICA DE CHILE
Miércoles 5 de Septiembre de 1979
Nº 30.458

Fernández Fernández, Ministro del Interior.

Lo que transcribo a Ud. para su conocimiento.— Le saluda atentamente.— Eduardo Avello Concha, Coronel (J), Subsecretario de Justicia.

SIMPLIFICA TRAMITES DE TRANSFERENCIA DE DOMINIO Y CONSTITUCION DE GRAVAMENES Y PROHIBICIONES EN SITIOS UBICADOS EN POBLACIONES DE PROPIEDAD DE LOS SERVICIOS DE VIVIENDA Y URBANIZACION

Santiago, 8 de Agosto de 1979.— Hoy se decretó lo que sigue:

Núm. 2.833.— Visto: Lo dispuesto en los decretos leyes Nºs. 1 y 128, de 1973; 527, de 1974; 991, de 1976, y

Considerando:

1.— Que es propósito del Supremo Gobierno regularizar en el más breve plazo la situación legal de los asignatarios de sitios ubicados en poblaciones de propiedad de los Servicios de Vivienda y Urbanización, los cuales deben transferir dichos sitios a los respectivos asignatarios.

2.— Que para los efectos indicados, los Servicios de Vivienda y Urbanización deberán otorgar múltiples títulos de dominio, y

3.— Que a fin de poder cumplir dicho objetivo con la urgencia requerida, es necesario simplificar los términos de la correspondiente redacción, para permitir el otorgamiento de los contratos en un instrumento uniforme que pueda ser llenado mediante la utilización de un sistema computacional, que facilite, al mismo tiempo, su inscripción en el Conservador de Bienes Raíces.

La Junta de Gobierno de la República de Chile ha acordado dictar el siguiente

Decreto ley:

Artículo 1º— Los títulos translaticios de dominio que otorguen los Servicios de Vivienda y Urbanización respecto de los sitios que formen parte de poblaciones o loteos de su propiedad o de propiedad de entidades de que sean sucesores legales, los gravámenes y prohibiciones de cualquier especie que se establezcan en ellas y sus inscripciones en el Conservador de Bienes Raíces, no requerirán la consignación de las menciones a que se refiere, en su caso, los números 4º del artículo 78, 3º del artículo 81 del Reglamento del Registro Conservatorio de Bienes Raíces y 3º del artículo 2432 del Código Civil.

La referencia a los deslindes será suplida por la mención del número o letra con que se singularice el sitio de que se trate en el plano de loteo o subdivisión respectiva de la población, debidamente archivado en el Conservador de Bienes Raíces correspondiente.

El Conservador de Bienes Raíces practicará las correspondientes inscripciones, agregando al Registro respectivo copia autorizada del acto o contrato que dé cuenta de la transferencia de dominio y de la constitución de gravámenes o prohibiciones señalados en el inciso primero, efectuando las anotaciones pertinentes al final o al reverso de los mismos.

Artículo 2º— Los Servicios de Vivienda y Urbanización podrán celebrar todos los actos o contratos translaticios de dominio y de constitución de hipotecas, gravámenes y prohibiciones referentes a los sitios de que se ocupa el artículo 1º, sin necesidad de acreditar e insertar el certificado de la Dirección de Obras Municipales a que se refiere el artículo 136 del decreto supremo Nº 458, del Ministerio de la Vivienda y Urbanismo, publicado el 13 de Abril de 1976, el certificado de pavimentación requerido por el artículo 25 de la ley Nº 8.946 y 8º de la ley Nº 11.150, ni el comprobante de pago del impuesto territorial, pudiendo aplicar, además, lo dispuesto en el artículo 45 del decreto con fuerza de ley número 2, de 1959, respecto de las operaciones de radicación que se declaren como tales, específica o genéricamente, por resolución del Ministro de Vivienda y Urbanismo.

Artículo 3º— Los Notarios no podrán cobrar por su intervención en el otorgamiento de las escrituras a que alude el artículo 1º una suma superior al 30% de la cantidad fijada para esa actuación en el arancel vigente.

Los Conservadores de Bienes Raíces podrán cobrar como máximo el 20% de los derechos que determine el respectivo arancel por las inscripciones y anotaciones que deban practicar, y por los certificados y copias que entreguen, relacionados con ellas.

Los Servicios de Vivienda y Urbanización proporcionarán los ejemplares necesarios de contrato para el otorgamiento de las copias requeridas.

Los Conservadores deberán otorgar en triplicado copias autorizadas, con las certificaciones que se le soliciten, de las inscripciones de dominio, gravámenes y prohibiciones, al momento de efectuar éstas, y cada uno de esos documentos en triplicado se considerará como una sola copia y un solo certificado para los efectos de aplicar el arancel precedentemente señalado.

La distribución de los derechos respectivos entre los funcionarios mencionados en los incisos primero y segundo y los empleados del oficio que corresponda, se sujetará a los porcentajes generales establecidos en los aranceles en vigencia, aún cuando aquéllos cobraren derechos inferiores a los máximos fijados en este artículo.

Artículo 4º— El presente decreto ley regirá hasta el 31 de Diciembre de 1980.

Regístrese en la Contraloría General de la República, publíquese en el Diario Oficial e insértese en la Recopilación Oficial de dicha Contraloría.— AUGUSTO PINOCHET UGARTE, General de Ejército, Presidente de la República.— JOSE T. MERINO CASTRO, Almirante, Comandante en Jefe de la Armada.— CESAR MENDOZA DURAN, General Director de Carabineros.— FERNANDO MATTHEI AUBEL, General del Aire, Comandante en Jefe de la Fuerza Aérea.— Mónica Madariaga Gutiérrez, Ministro de Justicia.— Jaime Estrada Leigh, General de Brigada, Ministro de la Vivienda y Urbanismo.

Lo que transcribo para su conocimiento.— Le saluda atentamente.— Eduardo Avello Concha, Coronel (J), Subsecretario de Justicia.

DECRETOS SUPREMOS

Ministerio del Interior

APRUEBA REGLAMENTO DE REMATES ADUANEROS

Santiago, 10 de Mayo de 1979.— Hoy se decretó lo que sigue:

D.F.L. Nº 10-2.345.— Vistos: Lo dispuesto por los decretos leyes N.os 1 y 128, de 1973; 527, de 1974, y en uso de las facultades conferidas por el artículo 7º del D.L. Nº 2.345, de 1978, y

Considerando:

1º— Que el Supremo Gobierno está empeñado en una campaña para lograr una administración pública racionalizada, moderna y funcional, que se refleja en las disposiciones del decreto ley Nº 2.345, de 1978, y

2º— Que las actuales disposiciones contenidas en el decreto de Hacienda número 1.460, de 1968, relativas a mercancías rezagadas y al remate de las mismas implican trámites excesivos, lentos, engorrosos y discrecionales, por lo cual es necesario modificarlas.

Decree 2.833 published in the Official Journal of the Government of Chile, 5 September 1979

Official publishing of the Decree no. 2,833 of 8 August from the same year that "simplifies procedures of domain transference and encumbrances." In 1973 the constitution of 1925 is suspended, congress dissolved, and the state restructured according to a series of Law-Decrees (first in the form of official bans) focused, on the one hand, on promoting authoritarianism by the executive power and, on the other, on freeing the economy. One of the fundamental measures to accomplish this transformation was the restructuring of the city by Decrees such as no. 2,833, which simplified and accelerated the process of property transference from state agencies to private individuals. The Chilean case has the peculiarity that market liberations were established through an authoritarian government (strong executive power and an alienated judicial power) and not through democratic channels, clearing the way for the access of liberalism.

Publicación decreto de Ley No. 2.833 en *Diario Oficial*, 5 de septiembre, 1979
Source / Fuente: Biblioteca Nacional

Publicación oficial del Decreto de Ley No. 2.833 del 8 de agosto del mismo año que "simplifica trámites de transferencia de dominio y constitución de gravámenes". El año 1973 se suspende la constitución de 1925, se disuelve el Congreso y se reestructura el Estado mediante una serie de decretos de Ley (primero en forma de Bandos) enfocados, por un lado, a potenciar el autoritarismo del poder ejecutivo y, por el otro, a liberar la economía. Una de las medidas fundamentales para lograr esta transformación fue la reestructuración de la ciudad mediante decretos de Ley como el No. 2833, el cual simplificó y aceleró el proceso de transferencia de propiedad desde agencias del Estado a individuos privados. El caso chileno tiene la particularidad de que la liberación del mercado se instauró a través de un gobierno autoritario (un poder ejecutivo fuerte y un poder judicial alineado) y no mediante una vía democrática, despejando la vía de acceso del liberalismo.

Savings book for housing installments, Minvu

A firmly built single-family house with wooden blinds lies on a meadow with large trees in an almost rural environment. A neat, landscaped plot surrounds the house—a garden of shrubs and flowers. A stoned entryway paves the way to the built dream of a house of one's own. Besides a number and a name, these are the elements on the cover of the Savings Book distributed by the Housing Corporation and Chile's State Bank, as stated on the back cover next to the National Emblem. To be able to call a piece of the city their own, beneficiaries had to demonstrate savings of several instalments prior to being added to the list of those receiving their property titles. These were certified through a "Savings Book" identified with a number and the name of the dweller, and the location of their plot. Along with the name of the shantytown, other numbers were registered: that of the block and that of the plot itself. In the Savings Book, every paid instalment was registered with a stamp or signature, every line filled a step along the way to ownership.

Libreta de cuotas de ahorro para la vivienda, Minvu

Una casa unifamiliar de material sólido y persianas de madera yace sobre un prado y árboles grandes en un ambiente casi rural. Un cuidado tratamiento de paisaje rodea la casa y arma un jardín de arbustos y flores. Una entrada de piedras pavimenta el camino al sueño construido de la casa propia. Además de un número y un nombre, estos son los elementos de la tapa de la libreta de ahorro distribuida por la Corporación de la Vivienda y el Banco del Estado de Chile, como se imprime en la contratapa junto al escudo nacional. Para poder reclamar como propio un pedazo de ciudad, los beneficiarios debían demostrar el ahorro de una serie de cuotas antes de pasar a formar parte de la lista de quienes recibirían su título de propiedad. Estos se certificaban a través de esta 'Libreta de Ahorro', individualizando al poblador con un número, su nombre y la ubicación de su sitio. Junto al nombre de la población aparecen otros números: el de la manzana y el del sitio. En la libreta, cada cuota pagada se registraba con un timbre o firma; cada línea llena acortaba la distancia hacia la propiedad privada.

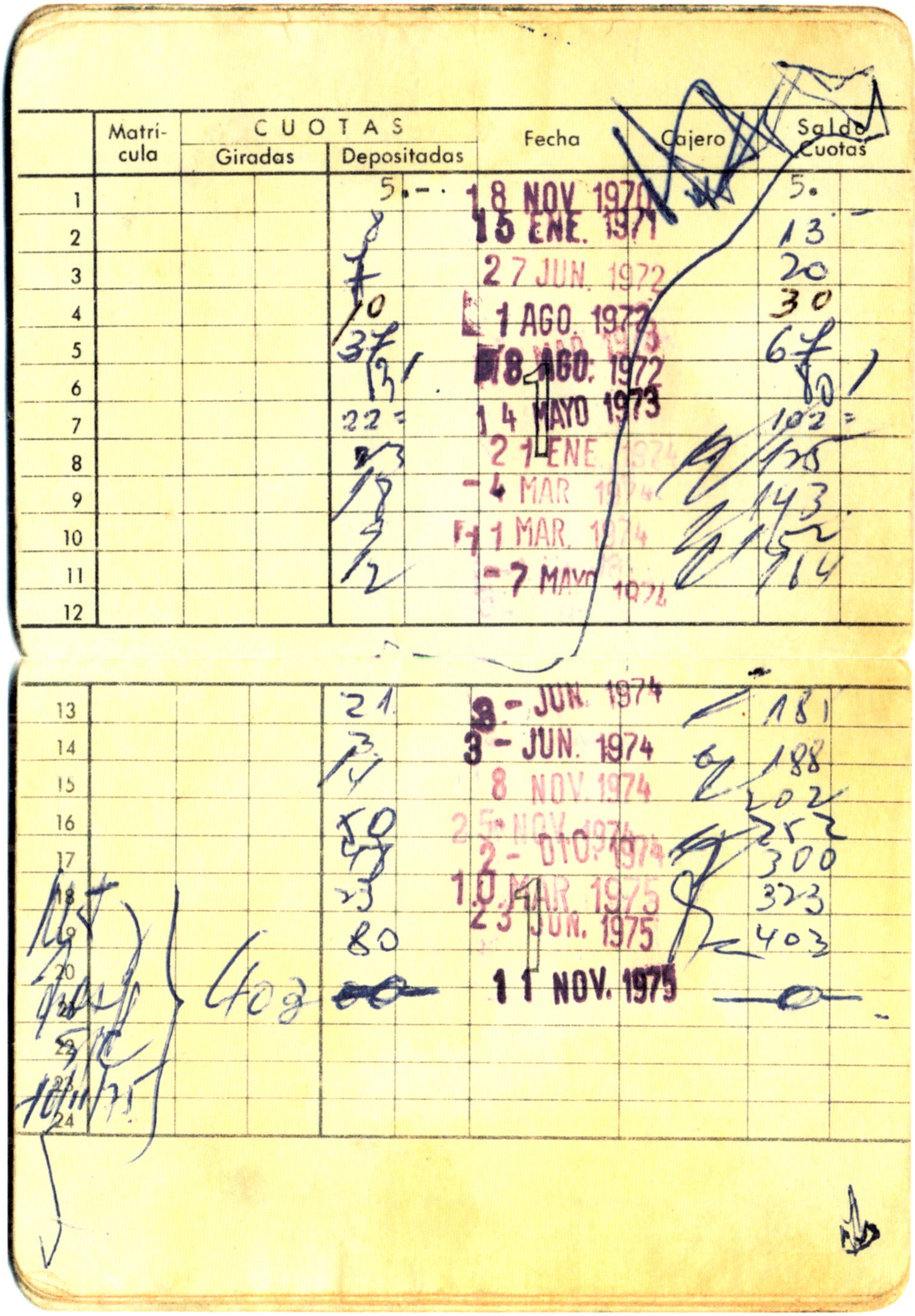

	Matrícula	CUOTAS Giradas	CUOTAS Depositadas	Fecha	Cajero	Saldo Cuotas
1			5.--	18 NOV. 1970		5.
2			8	15 ENE. 1971		13
3			7	27 JUN. 1972		20
4			10	1 AGO. 1972		30
5			37			67
6			13	18 AGO. 1972		80
7			22	14 MAYO 1973		102
8			23	21 ENE. 1974		125
9			18	4 MAR. 1974		143
10			9	11 MAR. 1974		152
11			12	7 MAYO 1974		164
12						
13			21	- JUN. 1974		181
14			7	3 - JUN. 1974		188
15			14	8 NOV. 1974		202
16			50	25 NOV. 1974		252
17			48	2 - DIC. 1974		300
18			23	10 MAR. 1975		323
19			80	23 JUN. 1975		403
20		403	—0—	11 NOV. 1975		—0—
21						
22						
23						
24	10/11/75					

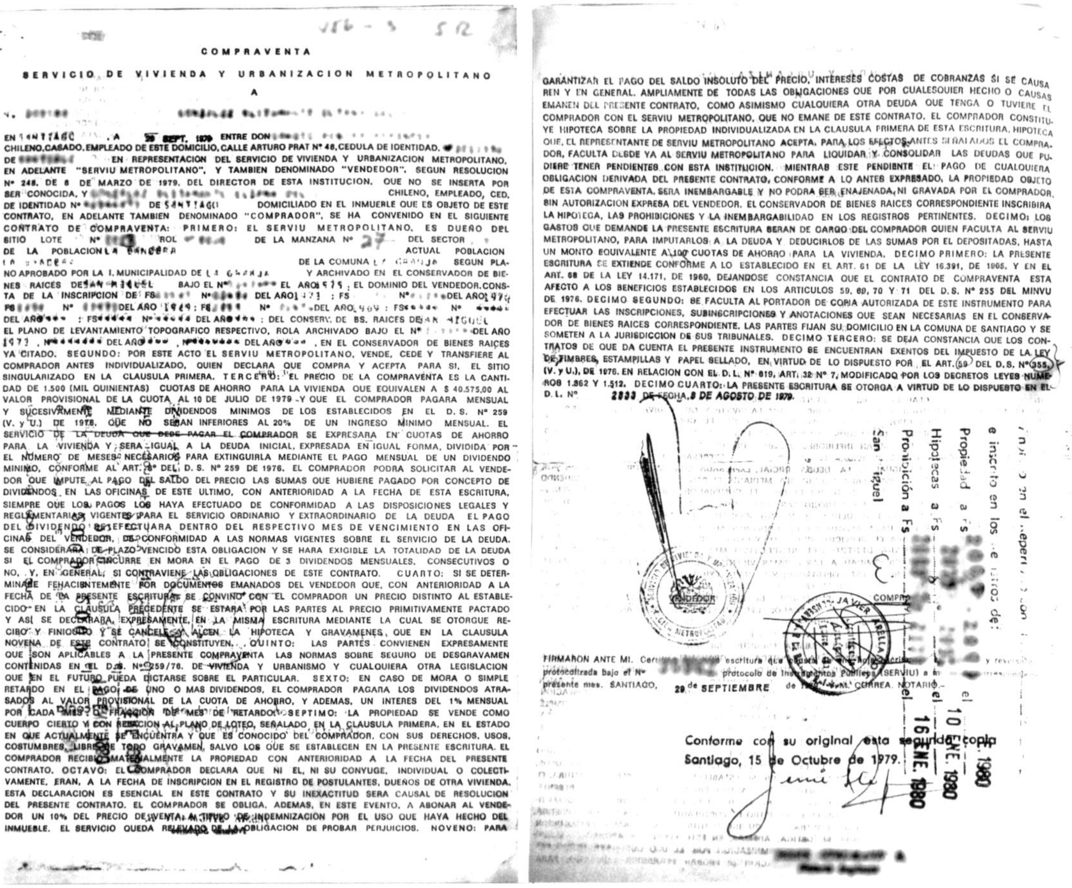

COMPRAVENTA

SERVICIO DE VIVIENDA Y URBANIZACION METROPOLITANO

A

EN SANTIAGO, A 29 SEPT. 1979 ENTRE DON [illegible] CHILENO, CASADO, EMPLEADO DE ESTE DOMICILIO, CALLE ARTURO PRAT Nº 48, CEDULA DE IDENTIDAD [illegible] DE [illegible] EN REPRESENTACION DEL SERVICIO DE VIVIENDA Y URBANIZACION METROPOLITANO, EN ADELANTE "SERVIU METROPOLITANO", Y TAMBIEN DENOMINADO "VENDEDOR", SEGUN RESOLUCION Nº 248, DE 8 DE MARZO DE 1979, DEL DIRECTOR DE ESTA INSTITUCION, QUE NO SE INSERTA POR SER CONOCIDA, Y [illegible] CHILENO, EMPLEADO, CED. DE IDENTIDAD Nº [illegible] DE SANTIAGO DOMICILIADO EN EL INMUEBLE QUE ES OBJETO DE ESTE CONTRATO, EN ADELANTE TAMBIEN DENOMINADO "COMPRADOR", SE HA CONVENIDO EN EL SIGUIENTE CONTRATO DE COMPRAVENTA: PRIMERO: EL SERVIU METROPOLITANO, ES DUEÑO DEL SITIO LOTE Nº [illegible] ROL [illegible] DE LA MANZANA Nº 27 DEL SECTOR DE LA POBLACION LA BANDERA ACTUAL POBLACION LA BANDERA DE LA COMUNA LA GRANJA SEGUN PLANO APROBADO POR LA I. MUNICIPALIDAD DE LA GRANJA Y ARCHIVADO EN EL CONSERVADOR DE BIENES RAICES DE SAN MIGUEL BAJO EL Nº [illegible] EL AÑO 1975, EL DOMINIO DEL VENDEDOR CONSTA DE LA INSCRIPCION DE FS [illegible] Nº [illegible] DEL AÑO [illegible]; FS [illegible] Nº [illegible] DEL AÑO [illegible]; FS [illegible] Nº [illegible] DEL AÑO [illegible]; FS [illegible] Nº [illegible] DEL AÑO [illegible]; FS [illegible] Nº [illegible] DEL AÑO [illegible]; FS [illegible] Nº [illegible] DEL AÑO [illegible]; DEL CONSERV. DE BS. RAICES DE SAN MIGUEL EL PLANO DE LEVANTAMIENTO TOPOGRAFICO RESPECTIVO, ROLA ARCHIVADO BAJO EL Nº [illegible] DEL AÑO 1973, Nº [illegible] DEL AÑO [illegible], Nº [illegible] DEL AÑO [illegible], EN EL CONSERVADOR DE BIENES RAICES YA CITADO. SEGUNDO: POR ESTE ACTO EL SERVIU METROPOLITANO, VENDE, CEDE Y TRANSFIERE AL COMPRADOR ANTES INDIVIDUALIZADO, QUIEN DECLARA QUE COMPRA Y ACEPTA PARA SI, EL SITIO SINGULARIZADO EN LA CLAUSULA PRIMERA. TERCERO: EL PRECIO DE LA COMPRAVENTA ES LA CANTIDAD DE 1.500 (MIL QUINIENTAS) CUOTAS DE AHORRO PARA LA VIVIENDA QUE EQUIVALEN A $ 40.575,00 AL VALOR PROVISIONAL DE LA CUOTA AL 10 DE JULIO DE 1979 Y QUE EL COMPRADOR PAGARA MENSUAL Y SUCESIVAMENTE MEDIANTE DIVIDENDOS MINIMOS DE LOS ESTABLECIDOS EN EL D. S. Nº 259 (V. y U.) DE 1976, QUE NO SERAN INFERIORES AL 20% DE UN INGRESO MINIMO MENSUAL. EL SERVICIO DE LA DEUDA QUE DEBE PAGAR EL COMPRADOR SE EXPRESARA EN CUOTAS DE AHORRO PARA LA VIVIENDA Y SERA IGUAL A LA DEUDA INICIAL, EXPRESADA EN IGUAL FORMA, DIVIDIDA POR EL NUMERO DE MESES NECESARIOS PARA EXTINGUIRLA MEDIANTE EL PAGO MENSUAL DE UN DIVIDENDO MINIMO, CONFORME AL ART. 8º DEL D. S. Nº 259 DE 1976. EL COMPRADOR PODRA SOLICITAR AL VENDEDOR QUE IMPUTE AL PAGO DEL SALDO DEL PRECIO LAS SUMAS QUE HUBIERE PAGADO POR CONCEPTO DE DIVIDENDOS EN LAS OFICINAS DE ESTE ULTIMO, CON ANTERIORIDAD A LA FECHA DE ESTA ESCRITURA, SIEMPRE QUE LOS PAGOS LOS HAYA EFECTUADO DE CONFORMIDAD A LAS DISPOSICIONES LEGALES Y REGLAMENTARIAS VIGENTES PARA EL SERVICIO ORDINARIO Y EXTRAORDINARIO DE LA DEUDA. EL PAGO DEL DIVIDENDO SE EFECTUARA DENTRO DEL RESPECTIVO MES DE VENCIMIENTO EN LAS OFICINAS DEL VENDEDOR, DE CONFORMIDAD A LAS NORMAS VIGENTES SOBRE EL SERVICIO DE LA DEUDA. SE CONSIDERARA DE PLAZO VENCIDO ESTA OBLIGACION Y SE HARA EXIGIBLE LA TOTALIDAD DE LA DEUDA SI EL COMPRADOR INCURRE EN MORA EN EL PAGO DE 3 DIVIDENDOS MENSUALES, CONSECUTIVOS O NO, Y, EN GENERAL, SI CONTRAVIENE LAS OBLIGACIONES DE ESTE CONTRATO. CUARTO: SI SE DETERMINARE FEHACIENTEMENTE POR DOCUMENTOS EMANADOS DEL VENDEDOR QUE, CON ANTERIORIDAD A LA FECHA DE LA PRESENTE ESCRITURA SE CONVINO CON EL COMPRADOR UN PRECIO DISTINTO AL ESTABLECIDO EN LA CLAUSULA PRECEDENTE SE ESTARA POR LAS PARTES AL PRECIO PRIMITIVAMENTE PACTADO Y ASI SE DECLARARA, EXPRESAMENTE, EN LA MISMA ESCRITURA MEDIANTE LA CUAL SE OTORGUE RECIBO Y FINIQUITO Y SE CANCELEN Y ALCEN LA HIPOTECA Y GRAVAMENES, QUE EN LA CLAUSULA NOVENA DE ESTE CONTRATO SE CONSTITUYEN. QUINTO: LAS PARTES CONVIENEN EXPRESAMENTE QUE SON APLICABLES A LA PRESENTE COMPRAVENTA LAS NORMAS SOBRE SEGURO DE DESGRAVAMEN CONTENIDAS EN EL D.S. Nº 259/76. DE VIVIENDA Y URBANISMO Y CUALQUIERA OTRA LEGISLACION QUE EN EL FUTURO PUEDA DICTARSE SOBRE EL PARTICULAR. SEXTO: EN CASO DE MORA O SIMPLE RETARDO EN EL PAGO DE UNO O MAS DIVIDENDOS, EL COMPRADOR PAGARA LOS DIVIDENDOS ATRASADOS AL VALOR PROVISIONAL DE LA CUOTA DE AHORRO, Y ADEMAS, UN INTERES DEL 1% MENSUAL POR CADA MES O FRACCION DE MES DE RETARDO. SEPTIMO: LA PROPIEDAD SE VENDE COMO CUERPO CIERTO Y CON RELACION AL PLANO DE LOTEO, SEÑALADO EN LA CLAUSULA PRIMERA, EN EL ESTADO EN QUE ACTUALMENTE SE ENCUENTRA Y QUE ES CONOCIDO DEL COMPRADOR, CON SUS DERECHOS, USOS, COSTUMBRES, LIBRE DE TODO GRAVAMEN, SALVO LOS QUE SE ESTABLECEN EN LA PRESENTE ESCRITURA. EL COMPRADOR RECIBIO MATERIALMENTE LA PROPIEDAD CON ANTERIORIDAD A LA FECHA DEL PRESENTE CONTRATO. OCTAVO: EL COMPRADOR DECLARA QUE NI EL, NI SU CONYUGE, INDIVIDUAL O COLECTIVAMENTE, ERAN, A LA FECHA DE INSCRIPCION EN EL REGISTRO DE POSTULANTES, DUEÑOS DE OTRA VIVIENDA. ESTA DECLARACION ES ESENCIAL EN ESTE CONTRATO Y SU INEXACTITUD SERA CAUSAL DE RESOLUCION DEL PRESENTE CONTRATO. EL COMPRADOR SE OBLIGA, ADEMAS, EN ESTE EVENTO, A ABONAR AL VENDEDOR UN 10% DEL PRECIO DE VENTA A TITULO DE INDEMNIZACION POR EL USO QUE HAYA HECHO DEL INMUEBLE. EL SERVICIO QUEDA RELEVADO DE LA OBLIGACION DE PROBAR PERJUICIOS. NOVENO: PARA GARANTIZAR EL PAGO DEL SALDO INSOLUTO DEL PRECIO, INTERESES COSTAS DE COBRANZAS SI SE CAUSAREN Y EN GENERAL, AMPLIAMENTE DE TODAS LAS OBLIGACIONES QUE POR CUALESQUIER HECHO O CAUSAS EMANEN DEL PRESENTE CONTRATO, COMO ASIMISMO CUALQUIERA OTRA DEUDA QUE TENGA O TUVIERE EL COMPRADOR CON EL SERVIU METROPOLITANO, QUE NO EMANE DE ESTE CONTRATO, EL COMPRADOR CONSTITUYE HIPOTECA SOBRE LA PROPIEDAD INDIVIDUALIZADA EN LA CLAUSULA PRIMERA DE ESTA ESCRITURA, HIPOTECA QUE, EL REPRESENTANTE DE SERVIU METROPOLITANO ACEPTA. PARA LOS EFECTOS ANTES SEÑALADOS EL COMPRADOR, FACULTA DESDE YA AL SERVIU METROPOLITANO PARA LIQUIDAR Y CONSOLIDAR LAS DEUDAS QUE PUDIERE TENER PENDIENTES CON ESTA INSTITUCION. MIENTRAS ESTE PENDIENTE EL PAGO DE CUALQUIERA OBLIGACION DERIVADA DEL PRESENTE CONTRATO, CONFORME A LO ANTES EXPRESADO, LA PROPIEDAD OBJETO DE ESTA COMPRAVENTA, SERA INEMBARGABLE Y NO PODRA SER ENAJENADA, NI GRAVADA POR EL COMPRADOR, SIN AUTORIZACION EXPRESA DEL VENDEDOR. EL CONSERVADOR DE BIENES RAICES CORRESPONDIENTE INSCRIBIRA LA HIPOTECA, LAS PROHIBICIONES Y LA INEMBARGABILIDAD EN LOS REGISTROS PERTINENTES. DECIMO: LOS GASTOS QUE DEMANDE LA PRESENTE ESCRITURA SERAN DE CARGO DEL COMPRADOR QUIEN FACULTA AL SERVIU METROPOLITANO, PARA IMPUTARLOS A LA DEUDA Y DEDUCIRLOS DE LAS SUMAS POR EL DEPOSITADAS, HASTA UN MONTO EQUIVALENTE A 100 CUOTAS DE AHORRO PARA LA VIVIENDA. DECIMO PRIMERO: LA PRESENTE ESCRITURA SE EXTIENDE CONFORME A LO ESTABLECIDO EN EL ART. 61 DE LA LEY 16.391, DE 1965, Y EN EL ART. 68 DE LA LEY 14.171, DE 1960, DEJANDOSE CONSTANCIA QUE EL CONTRATO DE COMPRAVENTA ESTA AFECTO A LOS BENEFICIOS ESTABLECIDOS EN LOS ARTICULOS 59, 69, 70 Y 71 DEL D.S. Nº 255 DEL MINVU DE 1976. DECIMO SEGUNDO: SE FACULTA AL PORTADOR DE COPIA AUTORIZADA DE ESTE INSTRUMENTO PARA EFECTUAR LAS INSCRIPCIONES, SUBINSCRIPCIONES Y ANOTACIONES QUE SEAN NECESARIAS EN EL CONSERVADOR DE BIENES RAICES CORRESPONDIENTE. LAS PARTES FIJAN SU DOMICILIO EN LA COMUNA DE SANTIAGO Y SE SOMETEN A LA JURISDICCION DE SUS TRIBUNALES. DECIMO TERCERO: SE DEJA CONSTANCIA QUE LOS CONTRATOS DE QUE DA CUENTA EL PRESENTE INSTRUMENTO SE ENCUENTRAN EXENTOS DEL IMPUESTO DE LA LEY DE TIMBRES, ESTAMPILLAS Y PAPEL SELLADO, EN VIRTUD DE LO DISPUESTO POR EL ART. 59 DEL D.S. Nº 355, (V. y U.), DE 1976, EN RELACION CON EL D. L. Nº 619, ART. 32 Nº 7, MODIFICADO POR LOS DECRETOS LEYES NUMEROS 1.362 Y 1.512. DECIMO CUARTO: LA PRESENTE ESCRITURA SE OTORGA A VIRTUD DE LO DISPUESTO EN EL D. L. Nº 2833 DE FECHA 8 DE AGOSTO DE 1979.

FIRMARON ANTE MI. [illegible] SANTIAGO, 29 de SEPTIEMBRE [illegible]

Conforme con su original esta segunda copia.
Santiago, 15 de Octubre de 1979.

Copy of property titles signed at the National Stadium in September 1979, handed over to owners in October 1979

Copia de títulos de dominio firmados en el Estadio Nacional y entregados a propietarios en octubre de 1979

The property title was not only a legal and symbolic document, but an instrument of debt with specific spatial coordinates. What was given that day at the Stadium was not a housing solution, but a piece of paper regularizing the piece of land dwellers were already occupying. The approximate value of each instalment to be paid was $700 monthly for an extension of 5 years, and the price was exactly the same for every plot regardless of location or urban development. If three or more instalments were missing, consecutively or not, the administration could requisition from the dweller the amount of the entire debt. A new tabula rasa for the neoliberal city was reified in 37,000 individual contracts.

El título de dominio no sólo era un documento legal y simbólico, sino también un instrumento de deuda con coordenadas espaciales específicas. Lo que se daba ese día en el estadio no era una solución habitacional, era un pedazo de papel que regularizaba un pedazo de tierra que los habitantes ya estaban ocupando. El valor aproximado de cada cuota a pagar era $700 mensuales por un período de cinco años, y el precio era exactamente el mismo para cada sitio, independiente de su ubicación o desarrollo urbano. Con tres o más cuotas impagas, consecutivas o no, la administración podía exigir al habitante el valor de la deuda completa. Una nueva *tabula rasa* para la ciudad neoliberal fue reificada en 37 mil contratos individuales.

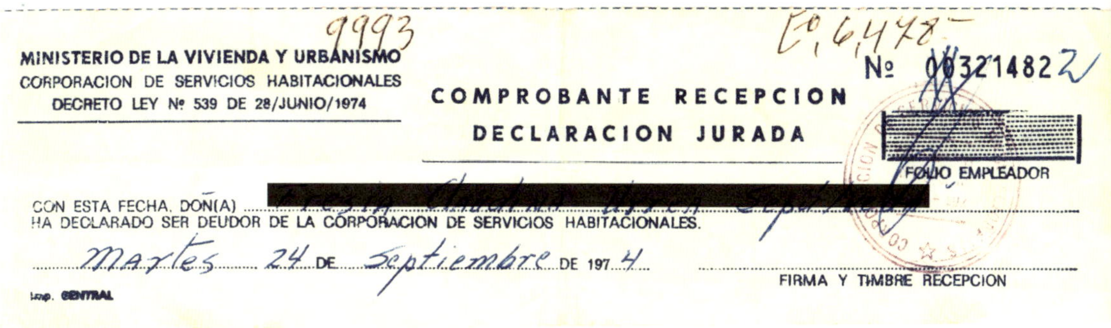
MINISTERIO DE LA VIVIENDA Y URBANISMO
CORPORACION DE SERVICIOS HABITACIONALES
DECRETO LEY Nº 539 DE 28/JUNIO/1974

COMPROBANTE RECEPCION
DECLARACION JURADA

Nº 003214822

FOLIO EMPLEADOR

CON ESTA FECHA, DON(A) ...
HA DECLARADO SER DEUDOR DE LA CORPORACION DE SERVICIOS HABITACIONALES.

Martes 24 DE Septiembre DE 1974

FIRMA Y TIMBRE RECEPCION

Imp. CENTRAL

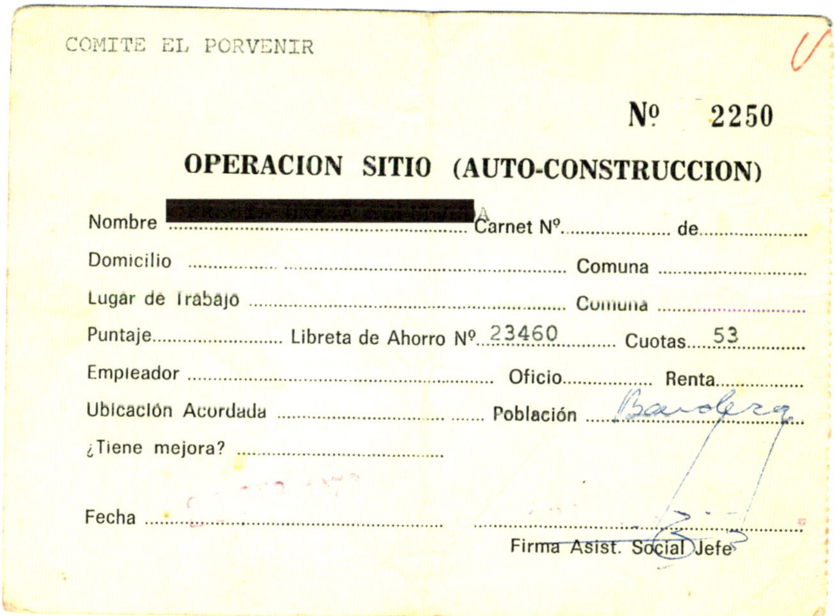
COMITE EL PORVENIR

Nº 2250

OPERACION SITIO (AUTO-CONSTRUCCION)

Nombre ... Carnet Nº ... de ...
Domicilio ... Comuna ...
Lugar de Trabajo ... Comuna ...
Puntaje ... Libreta de Ahorro Nº 23460 ... Cuotas 53 ...
Empleador ... Oficio ... Renta ...
Ubicación Acordada ... Población ...
¿Tiene mejora? ...
Fecha ...
Firma Asist. Social Jefe

Documentation that individualised occupants of a plot as debtors of Corhabit and assignees of *Operación Sitio*

Comprobantes que individualizaban a ocupantes del sitio como deudores de Corhabit y asignatarios de la operación sitio

POBLADOR DE OPERACION SITIO: ¡PROPIETARIO!

Acto en Estadio Nacional; Sábado 29; 9 hrs.

Sin tramitaciones, sin papeleos brujos, serás propietario del sitio que ocupas al firmar el sábado la escritura que te acreditará como auténtico dueño.
En adelante vivirás en lo propio. Tu mujer y tus hijos serán más felices.

RECOMENDACIONES:

– Lleva al Estadio Nacional la invitación que se te repartió a través de tu dirigente de la Junta de Vecinos; es intransferible;

– Lleva la cédula de identidad (carnet), sin la cual no podrías firmar la escritura.

– Ubica tu lugar en el Estadio Nacional atendiendo estrictamente a la señalización de comuna, población, sector y mesa que te corresponderá.

Amigo Poblador: Nos Encontramos en el Estadio Nacional este Sábado

POBLACIONES CUYOS ASIGNATARIOS OBTENDRAN EL TITULO DE DOMINIO DEFINITIVO EN EL ACTO DEL SABADO 29 DE SEPTIEMBRE EN EL ESTADIO NACIONAL

COMUNA	POBLACION	SECTOR
Conchalí	Pincoya	1
"	"	1 - A
"	"	2
"	"	4
"	Ampliación Conchalí	1
"	" "	2
"	Huechuraba	Norte
"	"	Sur
"	El Bosque	1
"	" "	2
"	Arquitecto O'Herens	
Renca	Huamachuco	1
"	La Quebrada	
"	Blanca Vergara	
"	Cerro Colorado	2
"	" "	3
Quilicura	Huamachuco	2
"	El Cortijo	4 - B
"	" "	5
Colina	Villa O'Higgins	
"	San Martín	
Puente Alto	Manuel Plaza	
Ñuñoa	Jaime Eyzaguirre	
"	Villa Los Guindos	
"	La Faena de Peñalolén	
"	Villa Lo Arrieta	
"	Lo Hermida	
"	Villa Pedro Lagos	
"	Villa O'Higgins	1 y 2
"	" "	3
"	" "	5

COMUNA	POBLACION	SECTOR
Ñuñoa	Villa Perú	
San Miguel	Francisco Encina	
" "	Joaquín Edwards Bello	
San Bernardo	Santa Marta	
" "	Tejas de Chena	
Buin	Manuel Plaza	
La Cisterna	José María Caro	
"	Baldomero Lillo	
"	Guatemala	
"	Los Acacios	
"	Santa Olga	
"	Santa Elena	
La Granja	Paraguay	
" "	Pablo de Rokha	
" "	Los Eucaliptus	
" "	21 de Mayo	
" "	Millalemu	
" "	El Tranque	
" "	La Bandera	
Maipú	Villa Kennedy	B
"	" "	A - 1
"	Villa Francia	G - 1
"	" "	G - 2
"	René Schneider	
Pudahuel	Santa Victoria	Sur
"	" "	Norte
"	" "	La Franja
"	Intendente Saavedra	
"	Cauquenes	
"	San Luis Beltrán	
"	Digna Rosa	

COMUNA	POBLACION	SECTOR
Pudahuel	Villa Carrascal	
"	Sara Gajardo	2
"	" "	3
"	Estrella de Chile	
"	" " "	5
"	" " "	6
"	Villa Libertad	
"	Villa Federico Santa María	
"	Pudahuel	Norte
"	"	Oriente
"	"	Poniente
"	Villa Resbalón	
"	Villa Nueva California	
"	Violeta Parra	2
"	" "	4
"	" "	5
Talagante	Las Palmeras	
Peñaflor	El Trapiche	
El Monte	El Monte	

(Si llueve el acto se postergará hasta nuevo aviso)

Ministerio de Vivienda y Urbanismo

Serviu Metropolitano

Advertisement for the event in *Las Últimas Noticias*, 27 September 1979

Publicidad del evento en *Las Últimas Noticias*, 27 de septiembre, 1979

'PROPIETOR!' is the largest printed word in the event's advertisements. The emphasis on private property as a source of happiness was part of the installation of a set of aspirations and ideologies. These two advertisements and invitations to the event account for the role of the printed press in the construction of an image: 'From now on, you'll live on your own property. Your wife and your kids will be happier'.... 'Without bureaucracy, without 'witch'-paperwork you'll be the owner of the site you occupy'. The press played a significant role; the operative—which had shortcomings and generated disapproval— was positively portrayed to a wide audience, becoming a useful political mechanism that paved the way to numerous actions derived from this first grand operation across the country.

Advertisement for the event in *La Tercera*, 29 September 1979

Publicidad del evento en *La Tercera* , 29 de septiembre, 1979

"¡PROPIETARIO!" es la palabra impresa más grande en la publicidad del evento. El énfasis en la propiedad privada como fuente de felicidad fue parte de la instalación de una serie de aspiraciones e ideologías. Estos dos avisos publicitarios e invitaciones al evento dan cuenta del rol de la prensa impresa en la construcción de una imagen: "De ahora en adelante, usted vivirá en su propia propiedad. Su esposa e hijos serán más felices" ... "Sin burocracia, sin papeleo 'embrujado' usted será el dueño del sitio que ocupa". La prensa jugó un papel significativo, el operativo —aun cuando tenía imperfecciones y generó descontento— fue retratado positivamente a una audiencia amplia, volviéndose un mecanismo político útil que pavimentó el camino a numerosas acciones derivadas de esta primera gran operación a lo largo del país.

The Recording

La nota de prensa

VIDEO PRIOR TO THE EVENT (TVN)
28 September 1979

Our country's Sports Stadium will be full of dwellers who will become owners of the plots they now inhabit. It is the largest procedure in Chilean history. 37,000 workers will receive their title deeds. All of them heads of households currently living in *operaciones sitio* within Santiago's metropolitan area, located in 59 shantytowns of 81 sectors.

For such a massive transfer of property titles, a modification had to be made to an old law that stated that property deeds had to be handwritten. These property titles were made with computers, therefore eliminating bureaucratic procedures; this hand-out will take only 3 hours—what previously would have taken 3 years. After receiving their property titles, these people—these families—will have free use of their property. They will be able to lease, sell, transfer, mortgage, in short, to actually use this good as any other that is of their full tenure. While the act of title delivery takes place, dwellers will have the opportunity to enjoy a great artistic show, featuring the best local artists.

You must attend the Stadium with your ID card and the invitation, provided to you by your Neighbourhood Committee. At the National Stadium entrance, there is a large floorplan indicating in which sector you should be located, and if you still have any doubts, there will be 2,000 officers from the Ministry of Housing who can help you find your location.

VIDEO ANTICIPATORIO [TVN]
28 de septiembre, 1979

El estadio deportivo de nuestro país estará colmado de pobladores que se convertirán en propietarios del terreno que hoy habitan. Es el operativo más grande de la historia de Chile. 37 mil trabajadores recibirán sus títulos de dominio. Todos son jefes de hogar que actualmente viven en operaciones sitio del gran Santiago situadas en 59 poblaciones de 81 sectores.

Para esta entrega masiva de títulos de dominio ha sido necesario modificar una antigua ley que señalaba que las escrituras de propiedad debían ser hechas de forma manuscrita. Estos títulos de dominio fueron confeccionados mediante computadores, es decir, eliminándose trámites burocráticos, esta entrega demorará sólo tres horas, lo que en otro tiempo tardaría tres años. Después de recibir su título de dominio, estas personas —estas familias— van a tener el libre uso de su bien. Podrán arrendar, vender, transferir, testar, hipotecar, en fin, usar realmente este bien como cualquier otro que es de su plena propiedad. Mientras se realice el acto de entrega de títulos, los pobladores tendrán la oportunidad de presenciar un gran espectáculo artístico, con las mejores figuras del ambiente nacional.

Usted deberá asistir al estadio con su carnet de identidad y su invitación que le ha sido entregada a través de las juntas de vecinos. A la entrada del Estadio Nacional hay un gran plano que le indicará en qué sector debe usted ubicarse, y si aún tiene alguna duda, habrá 2 mil funcionarios del Ministerio de la Vivienda que podrán ayudarle a encontrar su ubicación.

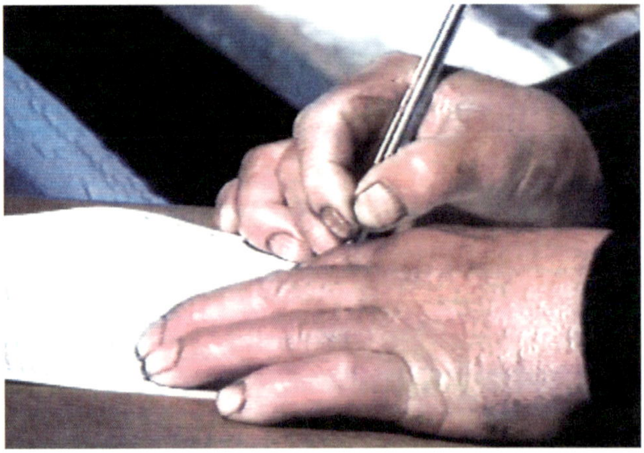

Stills from the reportage broadcasted on 29 September 1979 on TVN (National Television of Chile)

Cuadros de nota periodística del evento emitida el 29 de septiembre de 1979 por TVN [Televisión Nacional de Chile]
Source / Fuente: Archivo TVN

Stills from the reportage broadcasted on 29 September 1979 on TVN

Cuadros de nota periodística del evento emitida el 29 de septiembre de 1979 por TVN
Source / Fuente: Archivo TVN

EL MINISTERIO DE
VIVIENDA Y URBANISMO
SALUDA A LOS
37.000 NUEVOS PROPIETARIOS

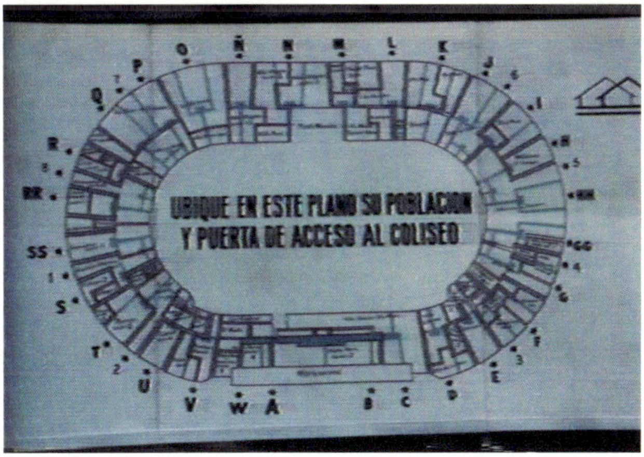
UBIQUE EN ESTE PLANO SU POBLACION
Y PUERTA DE ACCESO AL COLISEO

EVENT VIDEO (TVN)

29 September 1979

[Background music: Antonio Vivaldi, Mandolin Concerto in C Major, I.Allegro]

It was close to noon, when over 37,000 families received the property titles of the plot they currently occupy. At the same time, similar acts were carried out in all of the country's regions, adding up to 70,000 titles being delivered during September. The plan aims to benefit 230,000 families before December 1980.

The President arrived at the National Stadium shortly before noon, accompanied by the First Lady, the Minister of Housing—General Jaime Estrada—and other authorities from the State Secretariat. The show, in which solo artists and national folkloric groups performed, stopped while the President and his wife handed over the titles to representatives of the Santiago communes. A gesture of deep social content was thus symbolized, one which will benefit over a million Chileans who for years lacked the possibility of owning the plot they live in.

To carry out such an initiative, the Government issued Decree no. 2,833, which simplified the procedures for granting and registering titles. Many people and entities collaborated to make this possible, not least thanks to the assistance provided by the Ministry of Justice. Filled with affection, dwellers thanked President Pinochet. When the President had delivered these 17 title deeds, as a symbol for all of those who will receive them today, hands were lifted in the air, waving flags and handkerchiefs as a sign of gratitude.

VIDEO EVENTO [TVN]

29 de septiembre, 1979

[Suena de fondo: Antonio Vivaldi, concierto para Mandolina en C Mayor, I.Allegro]

Cerca del mediodía cuando más de 37 mil familias recibieron los títulos de propiedad del sitio que ocupan. Paralelamente actos similares se realizaban en cada una de las regiones del país, totalizando la entrega de 70 mil títulos durante el mes de septiembre. El plan contempla beneficiar a 230 mil familias antes de diciembre de 1980.

Poco antes del medio día llegó al Estadio Nacional el presidente de la República, acompañado por la primera dama de la Nación, Ministro de la Vivienda —general de brigada Jaime Estrada— y otras autoridades de esa secretaría de Estado. El espectáculo en que participaron solistas y grupos folclóricos nacionales se detuvo mientras el mandatario y su esposa entregaban sus títulos a representantes de las comunas de Santiago. Se simbolizaba así una medida de hondo contenido social, que beneficiará a más de un millón de chilenos postergados durante años de la posibilidad de ser dueños del sitio en que habitaban.

Para llevar a cabo la iniciativa el gobierno dictó el Decreto de Ley No. 2.833, que facilitó los trámites de otorgamiento y de inscripción de los títulos. Muchas personas y edentidades colaboraron para que ello fuera posible, destacando la ayuda entregada por el Ministerio de Justicia. Con afecto, los pobladores agradecieron esa ayuda al presidente Pinochet. Cuando ya el presidente de la República ha entregado estas 17 escrituras, como un símbolo para todos los

[Augusto Pinochet]: Authorities, ladies, gentlemen, Chileans all. [Whistles can be heard] I want to greet you all today in this event that is transcendental for the government's activities. Right now, you all are going to be property owners. 35,000 [sic] people will receive titles and become proprietors of your land, in consequence… [applause] In consequence, along with congratulating you, I can tell you that this government is not offering anything, but is doing everything that others did not do, who offered freedom and many other things. We do things without offering! Goodbye, and thank you very much.

[Journalist: Julio López Blanco]: And what does the husband say?

[Mrs. 1]: Nothin' happy, the funny thing is that the site was his, and when they delivered the papers [...] I went to sign them, that's why the site is now in my name.

[J L Blanco]: That means you are the boss now ... you can kick the gentleman out whenever you want.

[Mrs. 1]: Not yet, don't you see that we still have to pay for the instalments, but then [laughs] once they hand me the rest of the papers, then yes.

que recibirán hoy día, las manos se levantan agitando banderolas, agitando pañuelos en signo de agradecimiento a este hecho.

[Augusto Pinochet]: Autoridades, señoras, señores, chilenos todos. [Se escuchan un par de pifias]. Quiero saludarlos el día de hoy con motivo de este acto, transcendental en las actividades del gobierno. Ustedes en este momento van a ser propietarios. 35 mil personas (sic) reciben títulos, siendo dueños de su propiedad, en consecuencia [aplausos] (…) en consecuencia, junto con felicitarlos, les puedo decir que, ¡este gobierno no está ofreciendo nada, pero está haciendo todo lo que otros no hicieron, y que ofrecieron libertad y muchas cosas más! ¡Nosotros hacemos cosas sin ofrecer! Hasta luego, y muchas gracias.

[Periodista Julio López Blanco]: ¿Y qué dice el marido?

[Señora 1]: Na' feliz, lo divertido es que estaba a nombre de él el sitio, y cuando entregaron los papeles de (…) fui yo a firmar, si por eso salió a nombre mío el sitio.

[J. L. Blanco]: O sea usted es la que manda ahora… lo puede echar cuando se le antoje al caballero.

[Señora 1]: Todavía no, no ve que hay que pagar letras todavía, pero después [ríe] cuando le entreguen el otro papel, ahí sí.

[Mr. 2]: Now we're fine ...

[J L Blanco]: Build a little house there ... ?

[Mr. 2]: Thank God. Finally having something of my own.

[J L Blanco]: Nobody is going to kick you out from there.

[Mr. 2]: *No po'.* On the contrary, we are going to be even better.

[J L Blanco]: Whoever enters, you kick them out now! [laughs]

[Mrs. 3] You, Mr. Julio, you're the friendliest among the humble ones on television, I want—through you—to send my regards to the Government and the First Lady. Because we are from Villa Federico Santa María, and in that shantytown Mr. Julio—proud, as a Chilean woman I tell you—there are children attending university, there are children in the navy, something which had not been achieved under any other government. And since I know you are a noble person and the kindest one, as I said, I want, Mr. Julio, that you—through you—these words get to her, because we cannot say them to her personally.

[J L Blanco]: They're going to get to her ... I'm just asking everybody to keep it going.

[Mrs. 3]: Yes, Mr. Julio, because here we have to work, those who are resentful are the crooks, the lazy ones, those Mr. Julio—but work, if you look for it, you find Mr. Julio.

[J L Blanco]: Happy House!

[Señor 2]: Ahora estamos bien…

[J. L. Blanco]: ¿Hacer el ranchito ahí ...?

[Señor 2]: Gracias a Dios. De algún día tener algo propio.

[J. L. Blanco]: No lo va a echar nadie de ahí.

[Señor 2]: No po'. Al contrario, vamos a estar mejor aún.

[J. L. Blanco]: Al que se le meta, a patás pa' afuera [ríe].

[Señora 3] Usted don Julio que es el más paleta con los humildes de la televisión, yo quiero —por intermedio suyo— darle el saludo al gobierno y a la primera dama. Porque nosotros somos de la Villa Federico Santa María, y en esa población don Julio, con todo orgullo, como chilena se lo digo, hay hijos en la universidad, hay hijos en la Armada, lo que con ningún gobierno se había conseguido. Y yo como sé que usted es una persona correcta y que es el más paleta… Ahí quiero, don Julio, que usted, por intermedio suyo, lleguen estas palabras a ella ya que nosotros no podemos dárselas personalmente.

[J. L. Blanco]: Van a llegar ... yo lo único que les pido es que sigamos tirando para arriba.

[Señora 3]: Sí, don Julio, porque aquí hay que trabajar, los que están disconformes son los sinvergüenzas, los flojos, esos don Julio. Pero trabajo, si usted busca, encuentra, don Julio.

[J. L. Blanco]:¡Feliz casa!

(...)

[Mrs. 5]: When one is renting, they ask you for the house back, and now at least we'll be able to live in peace.

[Mrs. 6]: What we achieved with this is very important, we are very happy, excited, for having this title, we have lived here for twelve years and had not achieved it until now.

[Mr. 7]: It is great, because no one has done what is being done now.

(...)

[Mrs. 9]: Happy, so happy because this is for my daughters.

[Mr. 10]: I am happy, because with own property we are already set ... finally!

[J L Blanco]: Now you have to build the house for ...

[Mr. 10]: Obviously! Now we go for the second half, as we Chileans like to say, we are going for the other half.

[J L Blanco]: Keep it going!

[Mr. 10]: Keep it going, thank you very much.

(...)

[Señora 5]: Desde que uno anda arrendado, que le piden la casa, y ahora por lo menos vamos a poder vivir tranquilos.

[Señora 6]: Lo que nosotros logramos con esto es muy importante, estamos muy felices, emocionados por haber tenido este título que hace doce años que vivimos y no lo hemos conseguido.

[Señor 7]: Estuvo estupendo, porque ningún hombre ha hecho lo que se está haciendo ahora.

(...)

[Señora 9]: Feliz, contenta porque esto es para mis hijas.

[Señor 10]: Yo estoy feliz porque ya con lo propio estamos... ¡Por fin!

[J. L. Blanco]: Ahora hay que hacer la casita para...—

[Señor 10]: ¡Lógico! Ahora vamos por la segunda pata como decimos los chilenos, vamos a la segunda pata.

[J. L. Blanco]: Tirar para arriba.

[Señor 10]: Tirar para arriba, Muchas gracias.

A 10 — Santiago de Chile, Domingo 30 de Sept

37 Mil Pobladores

(De la página A 1)

A partir de las 8.30 en Estadio Nacional

37 mil pobladores se convierten en propietarios de sus viviendas

En 360 equipos, que ocuparán otras tantas mesas, se distribuirán los funcionarios del Ministerio de la Vivienda y Urbanismo y del SERVIU, para atender a 37 mil pobladores que hoy llegarán al Estadio Nacional a recibir sus títulos de dominio.

La atención de público comenzará a las 8.30 horas y los pobladores deberán ingresar por las puertas de la Avenida Grecia.

Cada persona, carnet de identidad en mano, deberá dirigirse al lugar reservado a su población y sector, para lo cual existirá la señalización respectiva.

Los beneficiados, personas de modestos recursos, vivían en casas de la "Operación sitio".

A partir de hoy se convierten en propietarios. Para ello deberán firmar la escritura de propiedad, documento que el Ministerio de Vivienda enviará luego al Conservador de Bienes Raíces para su registro pertinente.

Periodistas preparan

37.000 Títulos de Domi

(De la página C 1)

En representación de pobladores de las comunas de Santiago, 17 dirigentes de Juntas de Vecinos recibieron de manos del Presidente de la República, General Augusto Pinochet, el Título de Dominio de los sitios que ocupan, en un acto masivo efectuado en el Estadio Nacional.

Las 37 mil familias participantes en el sistema "Operación Sitio" que pasaron a ser propietarios de los mismos, recibieron el saludo del Jefe de Estado, quien en su breve intervención manifestó que éste era un Gobierno de realización y no de promesas y resaltó el significado de este proceso habitacional.

En la jornada estuvo presente también el Ministro de la Cartera, General de Brigada Jaime Estrada Leigh, quien señaló que ése "era un acto administrativo de grandes proporciones

Ocupantes de las operaciones sitio destacan cumplimiento del Gobierno

"ESO ES D[...] HOMBRE"

"El Presidente lo dijo y lo hizo... Hoy seremos propietario[...]"

2 — LAS ULTIMAS NOTICIAS — Domingo 30 de Septiembre de 1979

Recibieron títulos de dominio ayer

Sacan Pecho 37 Mil Nuevos Propietarios

● Masiva ceremonia con asistencia del Jefe de Estado y la Primera Dam[...] el Estadio Nacional.

The event in the press: clippings from September 1979. Official Press: *La Tercera, El Mercurio, La Nación,* and *Las Últimas Noticias*

El evento en los periódicos: *Collage* recortes de septiembre, 1979. Prensa oficial: *La Tercera, El Mercurio, La Nación y Las Últimas Noticias*

aquí al próximo año

230.000 FAMILIAS ERAN PROPIETARIAS

000 títulos se entregarán mañana en el Estadio Nacional

(Inf. Pág. 5)

CUERPO C

37.000 Títulos De Dominio Entrega Hoy El Gobierno

- Acto masivo se llevará a cabo esta mañana en el Estadio Nacional desde las 9.30
- Ministerio de la Vivienda y Urbanismo otorgará las escrituras a los poseedores de terrenos de la Operación Sitio del período 1964-1970, según informó ayer el Ministro del ra-

T. Rivera

RECIBE SU TITULO.— La señora María Sánchez, de la población "Digna Rosa", de la comuna de Pudahuel, con su pequeña hija en brazos, recibe la escritura que la acredita como propietaria definitiva del sitio que ocupa. Ella fue una de los 37.000 participantes de Operaciones Sitio, en el período 1964-1973, que recibieron ayer su título de dominio en un acto realizado en el Estadio Nacional

Entregarán 164.505 títulos de dominio durante este año

Ciento sesenta y cuatro mil quinientos cinco títulos de dominio definitivo serán entregados a igual número de familias en todo el país durante este año, en cum-

vienda y Urbanismo indicó que al suscribir la escritura de compraventa pertinente, los asignatarios tendrán la calidad efectiva de propietarios de su sitio y, consecuentemente, podrán disfrutar de todas las ventajas de ser dueño, como vender, arrendar, hipotecar y testar.

Las invitaciones fueron distribuidas a través de las juntas de vecin dose que ca deberá llevar identidad par documento leg teriormente s en el Consevad Raíces.

En los próx del año se con mil 513 entreg de dominio e Metropolitana

37 Mil Pobladores Recibieron sus Títulos de Dominio

- Ayer, durante el acto en el Estadio Nacional, el Presidente de la República reiteró que el Gobierno no hace promesas, pero cumple
- Diecisiete de los beneficiados expresaron sus opiniones a "El Mercurio" (Información en página C 2)

En un colorido acto realizado en el Estadio Nacional, cuyas localidades se vieron copadas, el Ministerio de la Vivienda entregó 37.000 títulos de dominio a otros tantos pobladores. A la ceremonia asistieron el Presidente de la República y la Primera Dama de la Nación.

La entrega de las escrituras, que regularizan la posesión de los terrenos que ocupan estas personas, corres-

títulos de dominio a 17 pobladores, que representaron a otras tantas comunas metropolitanas, en el sector de la tribuna presidencial. Los dirigentes que recibieron el documento fueron Osvaldo Valdebenito, por Maipú; Carlos Véliz del Campo, por Pudahuel; Eduardo Pérez Donaire, por Talagante; María Edelmira Manzo Espinoza, por El Monte; Ana María Gárate Silva, por Peñaflor; Eduardo

Barraza Torres, por Conchalí; Hipólito Urzúa, por Quilicura, y Carlos Alberto Sepúlveda González, por Renca.

Posteriormente, en todo el estadio, personal especializado hizo entrega de los títulos de dominio a cada uno de los 37 mil pobladores. La persona, previa firma y comprobación de su carnet de identidad, recibía la copia de la escritura, ya que el original tiene que ser inscrito primero en el Con-

templa un reajuste de sueldos que fluctúa entre un 27

va de Vivienda.

Uno de los dirigentes

a medio millón de dólares mensuales.

"Operación Sitio" Beneficia A un Millón de Ciudadanos

El Ministro de la Vivienda y Urbanismo, general (R) Jaime Estrada Leigh, señaló que en la actualidad en el país existe un millón de ciudadanos "que vive en un sitio que es suyo, pe-

y se llegó a una cifra "impactante": "están en situación de ser regularizadas 236.266 propiedades, lo que reveló que un millón de ciudadanos vivía en un sitio que era suyo, pero que en

cas pendientes; compraventas y otros asuntos", reveló el general Estrada.

"Mañana, añadió, esos pobladores no serán meros ocupantes. Detrás de ellos está el respaldo de la Ley

ción Sitio" regularizará su situación, anunció Ministro de la Vivienda

n millón de chilenos vive en n sitio que no les pertenece

tro de la Vivienda y Urbanismo, general Estrada Leigh, en la actualidad existe un millón anos "que vive que es suyo, pero

tario de Estado on los periodis-

tario de la Vivienda, Arthur Clark; el director de Comunicación Social, Luciano Vásquez, y los directores de los medios informativos de la capital.

El titular de la Vivienda explicó que en el resto del país otros 55 mil 900 pobladores recibirán sus res-

situación de ser regularizadas 236.266 propiedades, lo que reveló que un millón de ciudadanos vivía en un sitio que era suyo, pero que en el fondo no son suyos".

Agregó que durante este año el Ministerio a su cargo pretende regularizar

Santiag

Satisfacción por Empezar A Vivir en Sitio Propio

- Expresaron a "El Mercurio" diecisiete pobladores consultados ayer en el Estadio Nacional

General satisfacción porque finalmente van a vivir en lo propio y deseos de ampliar o mejorar lo ya hecho, además de reconocer la seriedad del procedimiento, fueron las respuestas casi unánimes de 17 pobladores consultados al azar ayer por "El Mercurio" en el Estadio Nacional, luego de recibir las escrituras de sus sitios. Sus respuestas fueron las siguientes:

Lucila Arroyo, población Las Palmeras, Talagante: "Muy lindo este acto. No me imaginaba que iban a hacer este recibimiento tan lindo. Soy ca-

ra; no nos atrevíamos a construir porque no sabía en qué íbamos a quedar. Me imagino que es una cosa seria porque si viene del Gobierno no puede ser una chacota".

María Luisa González Olivares, Villa O'Higgins, La Florida: "Muy lindo y muy bueno porque ya llevábamos casi diez años y no teníamos ninguna esperanza. Le doy gracias a Dios y a todos los que nos han ayudado. Hay que confiar en Dios y en los gobernantes y nada más".

José Flores, población Las

Sabino Bustamante, población Herminda La Victoria, Pudahuel: "Lo encuentro bastante bien y veo que es una buena labor del Gobierno que estábamos esperando tantos años y no nos llegaba. Yo espero terminar de construir una casita".

Arturo Ramos, población Sara Gajardo, Pudahuel: "Bastante bueno porque hacía tiempo que lo estábamos esperando. Ahora que el sitio es mío pienso construir. Esto tiene mucha importancia para los que sabemos comprender".

Elba Orellana Sarmiento,

Buscando un lugar en la pobreza...

POBLADORES

Título con condiciones

* *Nuevos propietarios buscan ahora cómo pagar sus sitios*

POR MANUEL DEL

Los 70 mil pobladores que firmar en t... el país una copia de la esc tura

Operació títulos de

SERGIO WILSON

Foto Raul Monte

En el Estadio.

La realidad poblacional

SERGIO WILSON PETIT

Después de plantear el problema de la concentración urbana en Chile y el desarrollo a que llegaron las organizaciones poblacionales, se constata aquí el deterioro organizacional producido en los últimos años y las nuevas formas de organización —en muchos casos con ayuda de la Iglesia— que se van creando, a pesar de los verdaderos "territorios sin ley" o zona de ajuricidad en que va quedando el sector poblacional urbano.

The event in the press: clippings from September 1979. Opposition press: *Revista Hoy, Revista Mensaje,* and *Revista Solidaridad*

El evento en los periódicos: Collage recortes de septiembre de 1979. Prensa de oposición: *Revista Hoy, Revista Mensaje* y *Revista Solidaridad*

BLACIONAL

n el estadio nacional

PROPIETARIOS CON DUDAS

LAS POBLACIONES

n año estable

sitio y minio

monseñor Enrique Alvear, los pob
res presentan su problema ante el I
dente Metropolitano, general Ro
Garay. Piden se les pague la inden
ción a que tienen derecho. El Inte
te se compromete a solucionar el p
ma a través de algún instrumento
dico. Asegura además que todos
tendrán su carácter de propietarios

En los últimos días de septiemb
una ceremonia gigantesca en el E
n varias ciudad
no entrega títul

nando

POBLADORES

Visión desde abajo

** Encuesta revela que menos de la mitad de quienes viven en La Bandera no tienen trabajo y caen en la neurosis y el alcoholismo*

Las dificultades del campamento Nueva La Bandera –amenazado de quedar a oscuras por no pagar las cuentas de luz, y de ser erradicado a corto plazo– son sólo una parte de los muchos asuntos que preocupan al

POBLADORES

La toma de La Bandera

** Problemas de los sin casa agravó relaciones Iglesia Católica-gobierno, cuando funcionarios de seguridad cercaron sede de Vicaría Sur*

Abruptamente, el domingo 27 varió el panorama de la toma de terrenos que cinco días antes protagonizaron 250 familias en un sector de la población La Bandera, en el paradero 28 de Santa Rosa. La ocupación –al sur de Santiago– duró desde las seis hasta las diez de la mañana, cuando carabineros expulsaron drásticamente a la gente.

El domingo, a las tres de la tarde, la sede de la Vicaría Sur del Arzobispado de San-

cías uniformados y de civil. Busc
"un sospechoso", el cual –se acusó–
instigado las tomas de terrenos. I
del local se iba a efectuar una reuni
pobladores para ver las posibles solu
que podían deducirse de la entrevi
cardenal Raúl Silva Henríquez con
nistro de la Vivienda, general (R)
Estrada.

El vicario Manuel Camilo Vial r
el procedimiento empleado, qu

LA PLANTA

THE PLAN

Writing the Intimate Geographies of the City

Escribiendo las geografías íntimas de la ciudad

Marina Lathouri

"A dictionary begins when it no longer gives the meaning of words, but their tasks."
—Georges Bataille, *"L'Informe,"* 1929

"The Plan is the generator. Without a plan, you have lack of order, and willfulness. The Plan holds in itself the essence of sensation. The great problems of to-morrow, dictated by collective necessities, put the question of 'plan' in a new form. Modern life demands, and is waiting for, a new kind of plan both for the house and for the city."
—Le Corbusier, *Vers une Architecture*, 1923

Plan is a noun and a verb; it implies an intention as well as a specified course of action. It has remained through history the most compact description of the architectural idea as well as working instrument to trace precedents and imagine and set spatial arrangements to come. It is precisely the analytical and projective capacity that made the plan since the Italian Renaissance in the fifteenth and sixteenth centuries constitutive in the formation of the professional identity of the architect and the conceptualization of architecture as spatial technique and part of a complex social practice.

One way to grasp the historical specificity of the plan, and more specifically, its role in the production of discourse on the city is to understand the key terms in which it is discussed. The attempt to work with the terms arises from an assumption expressed succinctly by Manfredo Tafuri in his essay "The Historical Project."

"Un diccionario comienza cuando ya no entrega el significado de las palabras, sino sus tareas".
—Georges Bataille, *L'Informe*, 1929

"El plan es el generador. Sin plan, sólo hay desorden y arbitrariedad. El plan lleva en sí la esencia de la sensación. Los grandes problemas del futuro, dictados por las necesidades colectivas, presentan de nuevo la cuestión del plan. La vida moderna exige, espera, un nuevo plan para la casa y para la ciudad".
—Le Corbusier, *Vers une Architecture*, 1923

Plan, la palabra francesa en la raíz de 'plano' o 'planta', es un sustantivo y un verbo; implica una intención, así como un curso de acción específico. Ha perdurado a través de la historia como la descripción más compacta de una idea arquitectónica, así como un instrumento de trabajo para rastrear precedentes e imaginar y establecer configuraciones espaciales por venir. Precisamente esta capacidad analítica y proyectiva hizo de la planta, desde el Renacimiento italiano en el siglo XV y XVI, constitutiva en la formación de la identidad profesional del arquitecto y en la conceptualización de la arquitectura como técnica espacial y parte de una elaborada práctica social.

Una forma de entender la especificidad histórica de la planta, y más específicamente, su rol en la producción del discurso sobre la ciudad, es comprender los términos fundamentales de su discusión. La tentativa de trabajar con las palabras surge de una suposición, expresada concisamente por

Tafuri writes, "history is viewed as a 'production,' in all senses of the term: the production of meanings, beginning with the 'signifying traces' of events; an analytical construction that is never definite and always provisional; … The language of history therefore implies and assumes the languages and the techniques that act and produce the real: it 'contaminates' those languages and those techniques and, in turn, is 'contaminated' by them."[1]

Focusing on this rather complex territory between 'the languages and the techniques that act and produce the real' and languages of history, within which things are constantly interrogated, language itself acts as a frontier. It extends across and cuts through meanings, practices and realities, which often pass unnoticed yet interfere with institutions, social and economic procedures and specific political tactics. The significance of our encounter with this historical process lies not so much in tracing any specific meaning the term plan might have, but rather in what has become its disciplinary and social function.

In the pages of *De re Aedificatoria (On the Art of Building)*, Alberti distinguishes the architect from the craftsman, excluding manual labour from the claimed new practice of the "art of building." The exclusion is at the same time a founding act of a form of knowledge, which no longer relies on direct observation, memory and

1 Manfredo Tafuri, *The Sphere and the Labyrinth* (Cambridge, MA: The MIT Press, 1990), 3. He concludes: "With the fading away of the dream of knowledge as a means to power, the constant struggle between the analysis and its objects—their irreducible tension—remains. Precisely this tension is 'productive'."

Manfredo Tafuri en "El proyecto histórico". "La historia", escribe Tafuri, "se ve como un 'producir', con todas las articulaciones del término. Producción de significados, a partir de las 'huellas significantes' de los acontecimientos, construcción analítica, nunca definitiva y siempre provisional (…) Por ello, el lenguaje de la historia implica y asume los lenguajes y las técnicas que actúan en la producción de lo real: 'ensucia' aquellos lenguajes y aquellas técnicas y es 'ensuciado' por ellos".[1]

Al concentrarse en este territorio de cierta complejidad, entre "los lenguajes y las técnicas que actúan en la producción de lo real" y los lenguajes de la historia, dentro de los cuales las cosas son constantemente interrogadas, el lenguaje mismo actúa como una frontera. Se extiende entre y atraviesa significados, prácticas y realidades, que suelen pasar desapercibidas, aunque interfieren con instituciones, procedimientos sociales y económicos, y tácticas políticas específicas. La importancia de nuestro encuentro con este proceso histórico no radica en rastrear algún significado específico que el término 'planta' pueda adquirir, sino más bien lo que se ha convertido en su función disciplinar y social.

En las páginas de *De re Aedificatoria,* Alberti distingue al arquitecto del artesano, excluyendo al trabajo manual de la aclamada

1 Manfredo Tafuri, *The Sphere and the Labyrinth* (Cambridge, MA: The MIT Press, 1990), 3. Tafuri concluye: "Desvanecido el sueño de un saber que se identifique inmediatamente con un poder, queda la lucha constante entre el análisis y sus objetos, su tensión irreductible. Esta tensión es exactamente 'productiva'". Según traducción al castellano de la edición de Francesc Serra Cantarell de *La Esfera y el Laberinto* (Barcelona: Gustavo Gili, 1984)

speech, but on *inventio* (the conception of an idea) and the definition through drawing and writing of principles and a method to actualize the idea. The drawing becomes the main tool to document and render sensible this primarily intellectual process; its command is in fact what above all sets the architect apart from the building trades. It is the only part of the process of building production over which, architects retain absolute and exclusive control. Thus the drawing, and in particular the plan, affirms the 'ideal field' upon which the limits of the new disciplinary and professional practice are inscribed and the imaginary boundaries of a society, its territories and forms of civil life are projected. The drawing of a plan, itself nothing but a convention of signs—lines, numbers and words, expresses in 'a form of visual rhetoric' an ideal: not how the building (and the city) *is* but how it *will*, or, *ought* to be.

This particular role assigned to the plan is closely modelled on underlying aesthetic forces, technologies, societal changes and political aspirations. The following excerpt from Alberti's treatise alludes to it:

> All the power of invention, all the skill and experience in the art of building, are called upon in compartition; compartition alone divides up the whole building into the parts by which it is articulated, and integrates its every part by composing all the lines and angles into a single, harmonious work that respects utility, dignity, and delight. If (as the philosophers maintain) the city is like some large house, and the house is in turn like some small city, cannot the various parts

nueva práctica del "arte de edificar". La exclusión es a la vez un acto fundador de una forma de conocimiento que ya no descansa en la observación directa, la memoria y el habla, sino en *inventio* (la concepción de una idea) y la definición a través del dibujo y la escritura de los principios y del método para realizarla. El dibujo se convierte en la herramienta principal para documentar y volver visible un proceso sustancialmente intelectual; su control es, sobre todo, lo que separa al arquitecto de los demás sectores de la construcción. Es la única parte del proceso de producción de edificios sobre la cual los arquitectos retienen un control absoluto y exclusivo. Así el dibujo, y en particular la planta, afirma el "campo ideal" sobre el que se inscriben los límites de la nueva práctica disciplinar y profesional y sobre el que se proyectan los límites imaginarios de una sociedad, sus territorios y formas de vida civil. El dibujo de una planta, que en sí mismo no es sino una convención de signos —líneas, números y palabras—, expresa un ideal en "una forma de retórica visual", es decir, no cómo 'es' el edificio y la ciudad, sino como el edificio (y la ciudad) 'será' o 'deber ser'.

Este rol particular que se asigna a la planta está modelado siguiendo de cerca las fuerzas estéticas, tecnologías, cambios sociales y aspiraciones políticas subyacentes. El siguiente extracto del tratado de Alberti alude a esto:

> Toda la inteligencia, la experiencia y el conocimiento del oficio de construir se plasma en la subdivisión. En efecto, dicha subdivisión confronta a la vez

of the house—atria, xysti, dining rooms, porticoes, and so on—be considered miniature buildings?[2]

The vision of unity expressed in these words, of a harmonious whole carried out by means of composition and geometrical correspondences, is part of a broader civil ideal, which, in this case, must be placed in the historical context of the renaissance city. The part of the house, the building or the city is conceived as "a political tool in the sense that its design becomes a demonstration of shifting forms of political authority and jurisdiction but also of new ideal representations."[3] It is the principle of analogy here that links the production of built form to the world of objects at different scales. Nonetheless, viewed from this perspective, one can discern a continuous development connecting a system of aesthetic principles and a drawing technique to the constitution of a civil body. At this juncture, the plan becomes invested with pervading (and not only symbolic) power, for it seizes and encodes a particular set of formal and political relationships as a meaningful and legible entity. Hence it projects not only rules that produce the promises of order—aesthetic, structural, political, and civil but also sets of values.

The continued relevance of the plan is asserted by Robin Evans in his

2 Leon Battista Alberti, *On the Art of Building in Ten Books*, trans. Joseph Rykwert, Neil Leach and Robert Tavernor (Cambridge, MA: The MIT Press, 1988), 23.

3 Manfredo Tafuri, *Interpreting the Renaissance:* Princes, Cities, Architects, trans. Daniel Sherer (London; New Haven, CT: Yale University Press; Cambridge, MA: Harvard University Graduate School of Design, 2006), 25. Originally published in Italian in 1992.

las partes del edificio entero, la conformación completa de cada una de las partes, el acuerdo y coherencia de las líneas y ángulos en un organismo unitario, teniendo en cuenta la funcionalidad, el decoro y la belleza. Y si, conforme al parecer de los filósofos, la ciudad es una especie de casa enorme y si, por el contrario, la casa es una especie de ciudad en pequeño, ¿por qué no decir que los componentes de las ciudades son una especie de viviendas en pequeño? Como es el caso del atrio, los paseos, el comedor, el pórtico, etcétera.[2]

La visión de unidad expresada en estas palabras —de un todo armónico ejecutado mediante la composición y las correspondencias geométricas— es parte de un ideal civil más amplio, que, en este caso, es necesario situar en el contexto histórico de la ciudad renacentista. La parte de la casa, del edificio o de la ciudad se concibe como "una herramienta política en el sentido que su diseño se vuelve una demostración de las cambiantes formas de autoridad política y jurisdicción, pero también de nuevas representaciones ideales".[3] Es el principio de la analogía lo que aquí vincula la producción de formas construidas con el mundo de los objetos a distintas escalas. Sin embargo, visto desde

2 Leon Battista Alberti, *On the Art of Building in Ten Books*, trad. Joseph Rykwert, Neil Leach y Robert Tavernor (Cambridge, MA: The MIT Press, 1988), 23.

3 Manfredo Tafuri, *Interpreting the Renaissance: Princes, Cities, Architects*, trad. Daniel Sherer (Londres; New Haven, CT: Yale University Press; Cambrdige, MA: Harvard University Graduate School of Design, 2006), 25. Originalmente publicado en italiano en 1992.

almost canonical text *Figures, Doors, Passages*, where plan is read as a process of transcription and translation of social relationships into a 'principle of composition'.[4] If in his analysis of eighteenth century spaces, the jurisdiction of the plan expands to include an array of newly emerged areas of social experience, it is also the case that it acquires syntactic powers. Functional relationships between spatial and social constituents are decoded in the lines of the plan to draw out the meaning of the arrangement of architectural ensembles and various forms of movement. For Evans, this is primarily an arrangement of actions. It is also a configuration that fits human actions, patterns of inhabitation and social facts together and allows them to be presented as a whole. The plan is here invoked as a tool useful for exposing hidden relationships between spatial and social processes, a device to register but also a mechanism to alter, obliterate, and potentially foster new forms of living and social interaction.

The conflation of the private with the social and indeed the equality of all within the factual veracity of the plan, signals its role as essential instrument of the architecture of dwelling and at the same time of urban administration. At once specific and general, the plan comes to recast and distribute a schema of life within the building and across the entire social body.

4 Robin Evans, *Translations from Drawing to Building and Other Essays* (London: AA Documents, 1996).

esta perspectiva, es posible discernir un desarrollo continuo que conecta un sistema de principios estéticos y una técnica de dibujo con la constitución de un cuerpo civil. En esta coyuntura, la planta es investida de un poder extensivo (y no sólo simbólico), ya que captura y codifica un conjunto particular de relaciones formales y políticas como una entidad significativa y legible. Por lo tanto, no sólo proyecta las reglas que producen promesas de orden —estético, estructural, político y civil—, sino también conjuntos de valores.

La sostenida relevancia de la planta es aseverada por Robin Evans en su texto cuasi-canónico "Figuras, puertas, pasajes", donde la planta es leída como un proceso de transcripción y traducción de relaciones sociales en un "principio de composición".[4] Si en sus análisis de los espacios del siglo XVIII la jurisdicción de la planta se expande para incluir una serie de áreas emergentes de la experiencia social, en este caso también adquiere poderes sintácticos. Las relaciones funcionales entre componentes espaciales y sociales son decodificadas en las líneas de la planta para extraer de ellas el significado de la disposición de conjuntos arquitectónicos y de diversas formas de movimiento. Para Evans, esto es principalmente una disposición de acciones. Es además una configuración que acomoda las acciones humanas, los patrones de habitación y los hechos sociales en conjunto y permite que se presenten como un todo. Se recurre a la planta como una herramienta útil para revelar relaciones ocultas entre procesos espaciales y sociales,

4 Robin Evans, *Translations from Drawing to Building and Other Essays* (Londres: AA Documents, 1996).

Indeed, the development of urban planning as a modern profession derives, in large measure, from the necessity to distribute large groups of population, to divide and manage the occupation of land and to regulate growth and future expansion. Moreover, as Françoise Choay points out, the terms 'plan' and 'planning,' and, the emergent in the nineteenth century terms 'urban' and 'urbanism,' do not simply describe the spaces of the expanding metropolis; they project a new relationship between the inhabitant and space, and between the individual and an ever-growing multitude.[5] In other words, the meaning of planning comprises a deep and intimate mode of relationship not only among buildings and territories but also among patterns of occupation, activity and space. If detachment and synoptic vision engender the very concept of planning—as distanced prospect—then perhaps, too, planning precipitates a point of view from within the complex realities, which it is bound into and at the same time it conditions. This becomes the real significance of planning; everything from the tiniest physical entity to the scale of the territory can be arranged, put in a certain order and hence reshaped and governed.

These telescopic observations of the various scales appeal to the modernist imagery and remain essential part of its vocabulary. Le Corbusier often draws direct links between

5 "The citizen in the process of inhabiting his city is integrated into the structure of a given society at a specific moment in time, and every plan that might exist corresponds implicitly to that structure which it both institutes and controls." Françoise Choay, *The Modern City: Planning in the 19th Century* (New York, NY: George Braziller, 1969), 7.

un dispositivo para registrar, pero además un mecanismo para alterar, obliterar y potencialmente acoger nuevas formas de vida e interacción social.

La fusión de lo privado con lo social, y precisamente la equivalencia de todo dentro de la veracidad factual de la planta, señala su rol como instrumento esencial de la arquitectura de la vivienda y al mismo tiempo de la administración urbana. Específica y general a la vez, la planta viene a reformular y distribuir un esquema de vida dentro del edificio y a través de todo el cuerpo social.

De hecho, el desarrollo de la planificación urbana como profesión moderna se deriva, en gran medida, de la necesidad de distribuir grandes grupos de población, de dividir y gestionar la ocupación territorial y de regular el crecimiento y la futura expansión. Asimismo, como señala Françoise Choay, los términos 'planta' y 'planificación', y los términos emergentes en el siglo XIX 'urbano' y 'urbanismo', no se limitan simplemente a la descripción de los espacios de la metrópolis en expansión; proyectan una nueva relación entre el habitante y el espacio, y entre el individuo y una multitud en constante expansión.[5] En otras palabras, el significado de la planificación comprende un modo profundo e íntimo de relacionar no sólo edificios y territorio, sino también patrones de ocupación, actividades y espacios. Si el

5 "En el proceso de habitar su ciudad, el ciudadano se integra en la estructura de una sociedad determinada y en un momento específico, y cada planta que pueda existir corresponde implícitamente a la estructura que instituye y controla". Ver: Françoise Choay, *The Modern City: Planning in the 19th Century* (Nueva York, NY: George Braziller, 1969), 7.

details of a landscape, the plan of a city, the layout of dwelling 'cellular units' and the human body's entrails. In *Urbanisme*, published in 1925 and dedicated to the description of his visions for the future city—*City of To-morrow* was the title of the English translation, closes with four anatomical sketches depicting the organs and functions of the body. And in *Aircraft* published in 1935, a hymn to the aeroplane as the pinnacle of modern technological achievement and "clearness of function," the bird's eye view is called the "new standard of measurement." "The eye," he says, "now sees in substance what the mind formerly could only subjectively conceive. It is a new function added to our senses. It is a new standard of measurement. It is a new basis of sensation."[6] The effects of these considerations are potentially global and also claim to clear the city of any vice, dirt and disorder. Any part—technical, structural, formal, social—is comprehended in relation to its positioning and function within a broader system and can be designed and thus reconfigured as the elementary functional unit of the (new) whole. That also means that the whole does not imply an overarching principle of composition, but is a structural and formal organization which governing principles are to be decoded in its individual parts.

The organic metaphor, corroborated by the invention of optical devices 'for seeing things faraway as if they were nearby,' can be found, as it has already been pointed out by historians, in life sciences of the seventeenth and eighteenth centuries, and

6 Le Corbusier, *Aircraft: The New Vision* (London: Trefoil Publications, 1935), 96.

desapego y la visión sinóptica dan origen al concepto mismo de planificación —una perspectiva distante—, entonces tal vez la planificación también produce un punto de vista desde el interior de las realidades complejas a las que está atada y que, al mismo tiempo, condiciona. Esto se convierte en el verdadero sentido de la planificación: todo, desde la entidad física más pequeña hasta la escala del territorio, puede organizarse, colocarse en cierto orden y, por lo tanto, ser reformado y gobernado.

Estas observaciones telescópicas de diversas escalas apelan al imaginario modernista y se mantienen como parte esencial de su vocabulario. Le Corbusier a menudo establece vínculos directos entre los detalles de un paisaje, la planta de una ciudad, el diseño de "unidades celulares" habitacionales y las entrañas del cuerpo humano. En *Urbanisme*, publicado en 1925 y dedicado a la descripción de sus visiones para la ciudad futura —y traducido al inglés como *City of To-morrow* [ciudad del mañana]—, cierra con cuatro bocetos anatómicos que representan los órganos y funciones del cuerpo. Y en *Aircraft* de 1935, himno al avión como la cúspide del logro tecnológico moderno y la "claridad de la función", la vista a vuelo de pájaro es definida como el "nuevo estándar de medición". "El ojo", escribe, "ahora ve en sustancia lo que antes la mente sólo podía concebir subjetivamente. Es una nueva función añadida a nuestros sentidos. Es un nuevo estándar de medición. Es un nuevo principio perceptual".[6] Los efectos de estas consideraciones son

6 Le Corbusier, *Aircraft: The New Vision* (Londres: Trefoil Publications, 1935), 96.

in particular the concept of (living/animal) economy, which comprises both the visible configuration of the various organs and the invisible order of functions and circulations. In both his *Dictionnaire Raisonné* and his *Histoire de l'habitation humaine*,[7] Viollet-le-Duc suggests the building as an animated organism and describes the arrangement of its constituent parts in terms reminiscent of the eighteenth-century anatomist Georges Cuvier's explanation of the arrangement of organs in a body.[8] In 'The New World,' published in 1926, the Swiss architect Hannes Meyer describes the city as "the most complex biological agglomeration," an agglomeration, which "must be consciously regulated and constructively shaped by man."[9] And Karel Teige, in his study on The Minimum Dwelling, writes: "housing types will develop organically, and thus provide the rationale for the proper spatial articulation of the settlement as a whole."[10] In this connection between internal functioning, social patterns, dwelling typologies and conditions of production of the city "all kinds of institution find

7 Eugène Emmanuel Viollet-le-Duc, *L'architecture raisonnée: extraits du Dictionnaire de l' architecture française* (Paris: Éditions Hermann, 1978) *[Dictionnaire raisonné de l'Architecture Francaise du XI. au XVI. siècle* (Paris, 1858-68) 10 vol.]; *Histoire de l'Habitation humaine depuis les temps préhistoriques jusqu'à nos jours* (Paris: Hetzel, 1875).

8 See Marina Lathouri, "'The Necessity of the Plan': Visions of Individuality and Collective Intimacies," in: *Intimate Metropolis: Urban Subjects in the Modern City*, Edited by Vittoria di Palma, Marina Lathouri and Diana Periton (London: Routledge, 2008).

9 Hannes Meyer, "The New World" (1926), in: *Architecture and Design 1890–1939: An International Anthology of Original Articles*, eds. Tim and Charlotte Benton with Dennis Sharp, (New York: Whitney Library of Design, 1975), 108.

10 Karel Teige, *The Minimum Dwelling*, trans. Eric Dluhosch (Cambridge, MA: The MIT Press, 2002), 320.

potencialmente globales y también aseguran liberar a la ciudad de cualquier vicio, suciedad y desorden. Cualquier parte —técnica, estructural, formal, social— está comprendida en relación a su posición y funciones dentro de un sistema mayor y puede ser diseñada y, por lo tanto, configurada como la unidad funcional elemental del (nuevo) todo. Eso también significa que el todo no implica un principio general de composición, sino que es una organización estructural y formal cuyos principios regidores han de ser decodificados en sus partes individuales.

La metáfora orgánica, corroborada por la invención de dispositivos ópticos "para ver cosas lejanas como si estuviesen cerca", se puede encontrar, como ya han señalado historiadores, en las ciencias de la vida del siglo XVII y XVIII y, en particular, en el concepto de economía (viviente/animal) que comprende tanto la configuración visible de la serie de órganos, como el orden invisible de funciones y circulaciones. Tanto en el *Dictionnaire raisonné* como en *Histoire de l'habitation humaine*,[7] Viollet-le-Duc propone el edificio como un organismo animado y describe la disposición de sus partes constituyentes en términos reminiscentes de la explicación del anatomista del siglo XVIII Georges Cuvier respecto a la disposición de los

7 Eugène Emmanuel Viollet-le-Duc, *L'architecture raisonnée: extraits du Dictionnaire de l' architecture française* (Paris: Éditions Hermann, 1978) *[Dictionnaire raisonné de l'Architecture Francaise du XI. au XVI. siècle* (Paris, 1858-68) 10 vol.]. También: Eugène Emmanuel Viollet-le-Duc, *Histoire de l'Habitation humaine depuis les temps préhistoriques jusqu'à nos jours* (Paris: Hetzel, 1875).

simultaneous expression: religious, legal, moral, and economic,"[11] and several normative orders are encompassed. The production of larger spatial and social structures, the scale of the intimate and the scale of the urban or even national territory, all coalesce within the distinct visual economy of the plan. The local circumstances and the general outline collapse within a continuous view.

From the old foundation rites of a town, where the conceptual model of the city is drawn through an elaborate ceremonial on the ground, to establish the 'sacred and inviolate' boundary of the future city, the plan maintains its conceptual and notional validity.[12] It is not impossible to conclude that the plan always indicates ways of conceptualizing the city through architectural practices that connect the conceptual to the physical and the individual part to a larger system. At once a technique, a language and a practice, the plan develops its own history, which is a process of accumulation of various functions, meanings and scales. It becomes nothing but the site of articulation of complex relations between 'intimate distributions', political formations, institutional mechanisms, state policies and regulations, legal procedures and customary practices. In this respect, the plan is not to represent a well-defined, bound space.

11 Marcel Mauss, *The Gift: Forms and Functions of Exchange in Archaic Societies* (London: Cohen & West, 1954), 1.

12 As Rykwert notes: 'statistical forecasting is a schematized form of divination'. See: Joseph Rykwert, *The Idea of a Town*, (Cambridge, MA: The MIT Press, 1988), 32.

órganos en un cuerpo.[8] En "The New World", publicado en 1926, el arquitecto suizo Hannes Meyer describe la ciudad como "la aglomeración biológica más compleja", una aglomeración que "debe ser regulada conscientemente y moldeada constructivamente por el hombre".[9] Y Karel Teige, en su estudio sobre la vivienda mínima, escribe: "las tipologías de vivienda se desarrollarán orgánicamente, proporcionando así las lógicas para la adecuada articulación espacial de los asentamientos como un todo".[10] En esta conexión entre el funcionamiento interno, los patrones sociales, las tipologías habitacionales y las condiciones de producción de la ciudad, "toda clase de instituciones encuentra simultáneamente expresión: religiosa, legal, moral y económica",[11] abarcando varios órdenes normativos. La producción de estructuras espaciales y sociales mayores, la escala de lo íntimo y la escala de lo urbano o incluso del territorio nacional, confluyen en la inconfundible economía visual de la planta. Las circunstancias locales y el esquema general se desintegran dentro de una vista continua.

8 Ver: Marina Lathouri, "'The Necessity of the Plan': Visions of Individuality and Collective Intimacies". En: *Intimate Metropolis: Urban Subjects in the Modern City*, eds. Vittoria di Palma, Marina Lathouri y Diana Periton (Londres: Routledge, 2008).

9 Hannes Meyer, "The New World" (1926). En: *Architecture and Design 1890-1939: An International Anthology of Original Articles*, eds. Tim y Charlotte Benton con Dennis Sharp, (Nueva York: Whitney Library of Design, 1975), 108.

10 Karel Teige, *The Minimum Dwelling*, trad. Eric Dluhosch (Cambridge, MA: The MIT Press, 2002), 320.

11 Marcel Mauss, *The Gift: Forms and Functions of Exchange in Archaic Societies* (Londres: Cohen & West, 1954), 1.

Instead, it is the graphic inscription of a process that enables the production of a particular geography (and history) of positional relations, in which individual bodies and collective dispositions can establish their relevance.

Desde los antiguos ritos fundacionales de una aldea, donde el modelo conceptual de la ciudad se dibuja a partir de un elaborado ceremonial en el terreno, para establecer el límite "sacro e inviolable" de la futura ciudad, la planta mantiene su validez conceptual y notacional.[12] No es imposible concluir que la planta siempre indica formas de conceptualizar la ciudad a partir de prácticas arquitectónicas que conectan lo conceptual con lo físico y la parte individual con un sistema más extenso. Una técnica, un lenguaje y una práctica a la vez, la planta desarrolla su propia historia: un proceso de acumulación de diversas funciones, significados y escalas. Se vuelve nada menos que el sitio donde se articulan relaciones complejas entre 'distribuciones íntimas', formaciones políticas, mecanismos institucionales, regulaciones y políticas estatales, procedimientos legales y prácticas habituales. En este sentido, la planta no está para representar un espacio bien delimitado y confinado. Es, en cambio, la inscripción gráfica de un proceso que permite la producción de una geografía (e historia) particular de relaciones posicionales, en donde los cuerpos individuales y las disposiciones colectivas pueden establecer su relevancia.

12 Como señala Rykwert, "la predicción estadística es una forma esquematizada de adivinación". Ver: Joseph Rykwert, *The Idea of a Town* (Cambridge, MA: The MIT Press, 1988), 32.

1962 World Cup Semi Final Ticket for the match played between Chile and Brazil on the 13 June 1962. Courtesy of Camilo Guerrero del Río / ©FIFA

Boleto del partido semifinal de la Copa del Mundo de 1962 entre Chile y Brasil el 13 de junio de 1962. Cortesía de Camilo Guerrero del Río / ©FIFA

Forward–facing of the ticket to the National Stadium during the 1962 World Cup with a plan of the building indicating accesses and grandstands: *Andes, Chacabuco, Pacífico,* and *Maipú.* Courtesy of Camilo Guerrero del Río / ©FIFA

Anverso de la entrada al Estadio Nacional durante el Mundial de 1962 con una planta del edificio indicando accesos y tribunas: Andes, Chacabuco, Pacífico y Maipú. Cortesía de Camilo Guerrero del Río / ©FIFA

Codes, Notes, and Scripts

Códigos, notas y guiones

Alejandra Celedón

Architectural drawings, particularly the precise and coded nature of plans, are powerful descriptive tools. Abstraction capacity as well as the sense of the whole they offer, that of dominance and control given by the synoptic single glance, are also part of their instrumentality. Because buildings cannot ever be apprehended at once, plans offer a view impossible to actually see, representing a powerful vision through their power to synthetize and describe a building. With the emergence of the modern city, and the questions and problems it raised for architecture, the drawing of the ground plan of a building became the most direct and possibly the most efficient way of architecturally representing and addressing the larger territory. This is confirmed in the plan of the Stadium for the event in 1979, where the intricate relationship between the scale of the building and the scale of the city overlapped in one drawing.

The meaning of the word "plan" is elusive and manifold with widespread connotations. Such polysemy becomes clear when the word is translated to Spanish. it could be either translated as "el plan" (the idea), "el plano" (the drawing), or "la planta" (the actual floor plan). The same word refers to the concept, the means, and the materialization. A plan shows the entire building, and in this sense is not a view, but a comprehensive drawn inventory of that building's content. In particular, the plans that follow are able to describe and render the image of a city, and thus are examined both as drawing and concept, as mode of architectural representation but also as tool for visualizing principles and strategies of organization for Santiago. Like

El dibujo arquitectónico, en particular el carácter preciso y codificado de la planta, es una poderosa herramienta de descripción. Su capacidad de abstracción, así como el sentido de totalidad que ofrece —un sentido de dominio y control provisto por una única mirada sinóptica— son también parte de su instrumentalidad. Dado que los edificios nunca pueden ser aprehendidos de una sola vez, la planta ofrece una vista que es, en realidad, imposible de ver, y que representa una mirada potente gracias a su poder para sintetizar y describir un edificio. Con el surgimiento de la ciudad moderna, junto a las preguntas y problemas que ésta planteó para la arquitectura, el diseño de la planta del edificio se convirtió en la forma más directa y tal vez más eficiente de representar y abordar el territorio en términos arquitectónicos. Esto se confirma en la planta del Estadio Nacional para el evento de 1979: mediante la intrincada relación entre la escala del edificio y la escala de la ciudad que se superponen en un sólo dibujo.

El significado de la palabra 'planta' es esquivo y múltiple, con extensas connotaciones. Tal polisemia se hace patente al traducir la palabra al español: *plan*, en inglés, puedes ser tanto 'el plan' (la idea) como 'el plano' (el dibujo), o 'la planta' (un piso material del edificio). La misma palabra refiere al concepto, el medio y la materialización. Una planta muestra el edificio en su totalidad; en este sentido, no es una vista, sino un inventario exhaustivo del contenido del edificio manifiesto en un dibujo. En particular, las plantas a continuación son capaces de describir y representar la imagen de una ciudad y, por tanto, se analizan como dibujo y concepto, como un modo de

music scores or theater scripts, the plan is a code able to narrate a plot, to describe a site, referring to an abstract, unwritten vision—the idea of a building or an urban ensemble. Plans thus act as historical registers while also playing a central role in the formation of disciplinary discourse. As ideological vehicles, they influence modes of architectural production and thinking. ○

representación arquitectónica, pero también como herramienta para visualizar principios y estrategias de la organización de Santiago. Al igual que una partitura o un guión de teatro, la planta es un código capaz de narrar un argumento o describir un lugar haciendo referencia a una visión abstracta no verbal —la idea de un edificio o un conjunto urbano—. La planta actúa entonces como registro histórico que a la vez juega un papel central en la formación del discurso disciplinar. Como vehículo ideológico, influye en los modos de pensamiento y producción de la arquitectura. ○

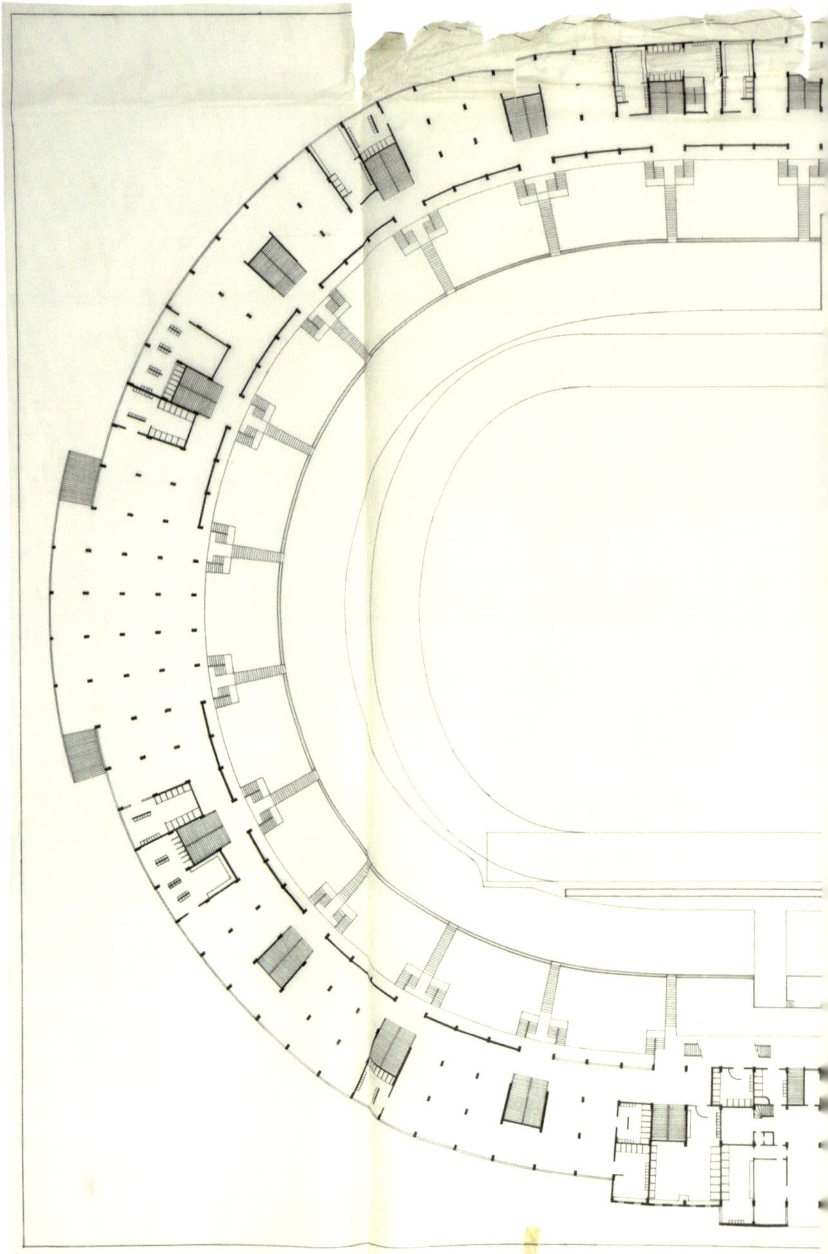

Floor plan of the National Stadium

The set of three plans that follow were found in the SERVIU Archive. These are the three original layers that overlaid made up the plan that circulated in the press. The first is a hand drawing of 104 x 150 centimeters of the Stadium galleries and bleachers in 1:200 scale. Drawn in black ink on tracing paper, it abstracts the building to its minimal expression: a sort of degree zero of the stadium typology. From simple flat tracks near hills for spectators to have views to elongated U-shapes with seating on three sides in the ancient stadiums, from central circular amphitheatres with surrounding seating to D-shape circus, from rectangular stages to the dominant oval shape, the typology has increased in complexity while persisting as a machine for viewing. In Mary Beard's words, "the amphitheatre subsists as an enclosure designed to give a maximum number of onlookers the closest possible view of a kill."

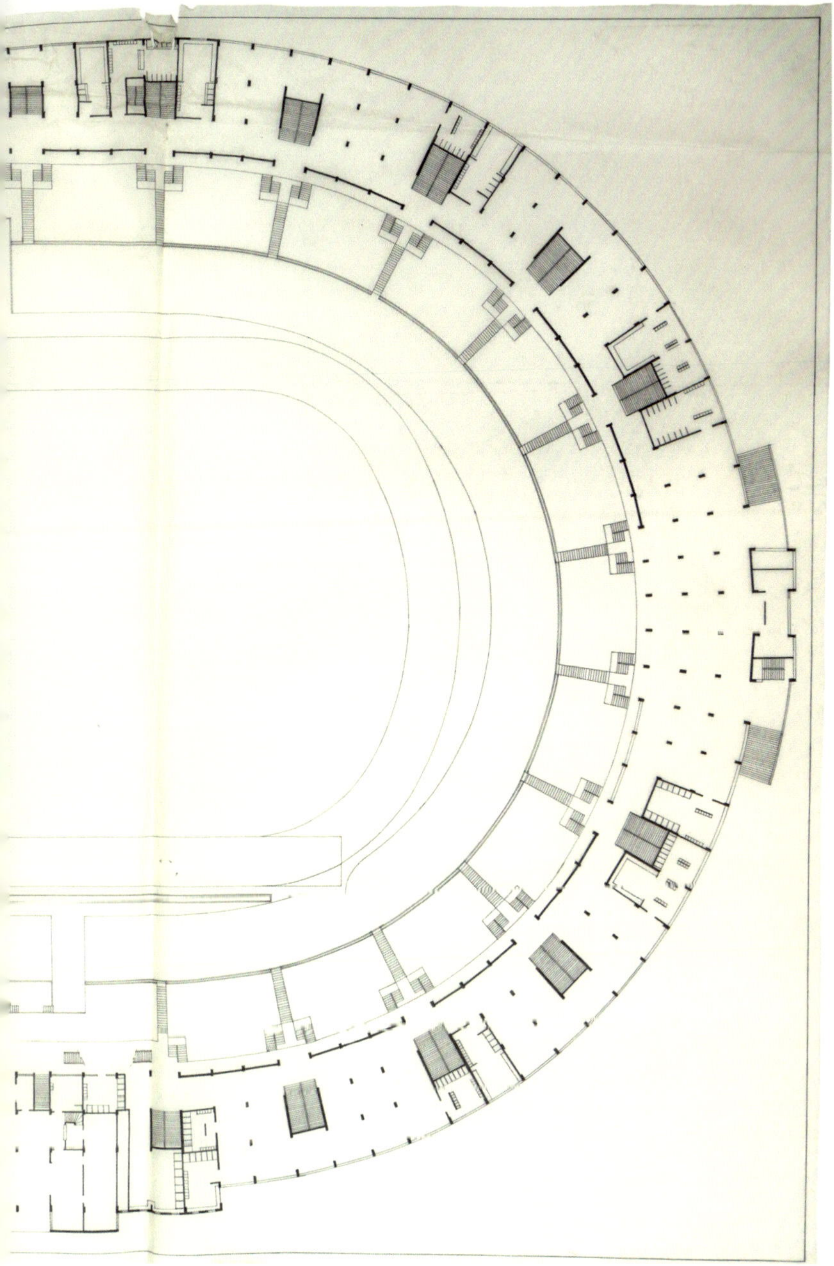

Planta del Estadio Nacional
Source / Fuente: Archivo Serviu RM

Las tres plantas a continuación fueron encontradas en el archivo del Servicios de Vivienda y Urbanización (Serviu). Son las tres capas originales que, superpuestas, construyen la planta que circuló en la prensa. El primero es un dibujo a mano de 104 x 150 centímetros de las galerías y tribunas del estadio a escala 1:200. Hecho en tinta negra sobre papel de calcar, abstrae el edificio a su mínima expresión: una especie de grado cero de la tipología de estadio. Desde los simples senderos planos cerca de las colinas para permitir la vista de los espectadores, hasta las formas en U alargadas con asientos en tres de sus lados, propias de los estadios antiguos, desde los anfiteatros de planta circular centralizada con asientos perimetrales hasta el circo en forma de D, desde los escenarios rectangulares hasta la forma oval dominante, la tipología ha crecido en complejidad mientras persiste como una máquina de visualización. En palabras de Mary Beard, "el anfiteatro subsiste como un recinto diseñado para dar al máximo número de espectadores la visión más cercana posible de una muerte".

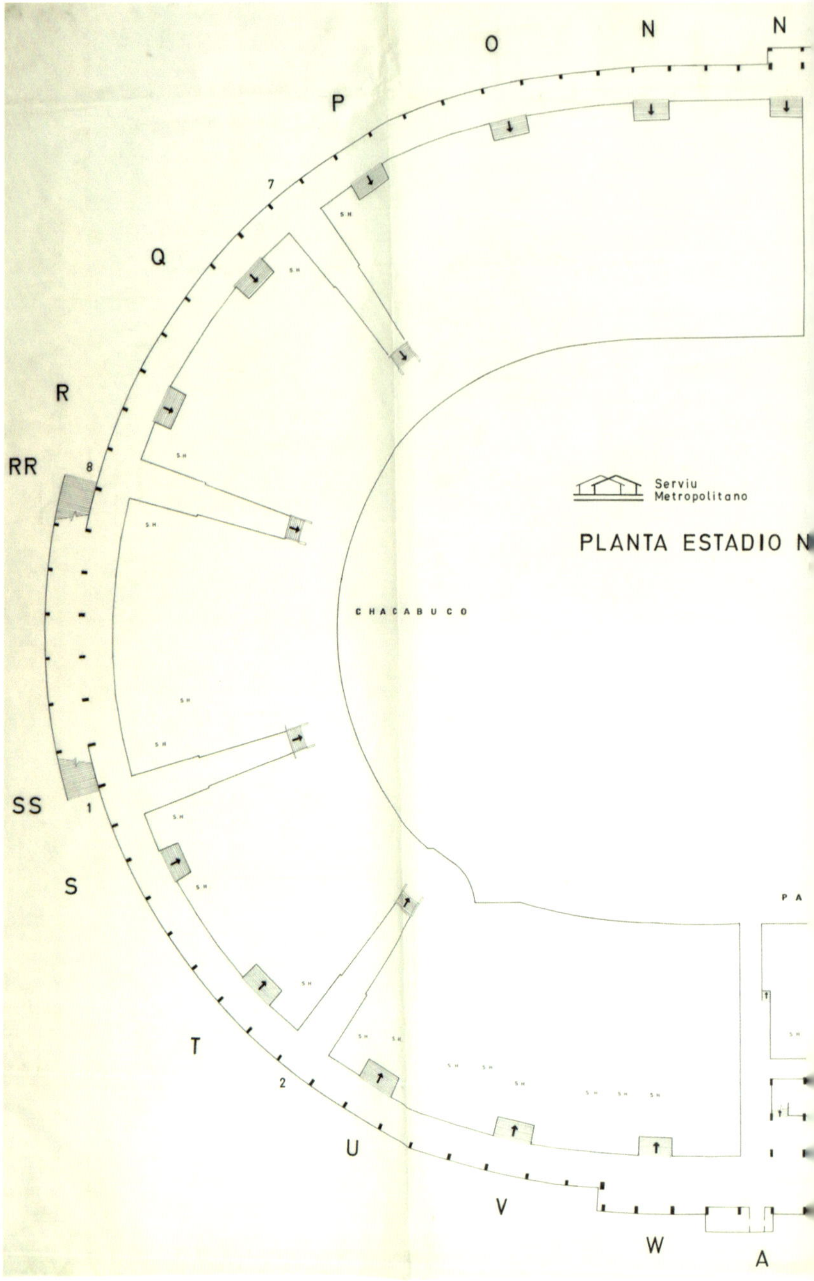

Floor plan of the National Stadium

The second layer reduces the Stadium to scaffolding: outline, structure, and entrances operate as a tabula rasa for the administration of the city. The plan becomes the site for abstraction, where the essential form of an idea ought to emerge: the place for planning the housing operative through an act of editing a building plan, of writing and re-writing in layers of tracing paper. More than a reference to a finalised form, the diagram dictates the constraint for the combinatorial rules to take place in the abstract and generic space of the stadium typology. This hand-drawn plan of the Stadium laid "the scaffold for the spectacle," but could almost be the plan of any stadium at 1:200 scale. Abstracted from its external reality, the Stadium is deprived of its autonomous particular existence and therefore begins operating only in relation to a collective idea of what a stadium is. The diagram drawn in black ink on 104 x 150 centimeters of tracing paper becomes—after receiving the stamp of the institution—the approved regulatory game board to organise views and viewers.

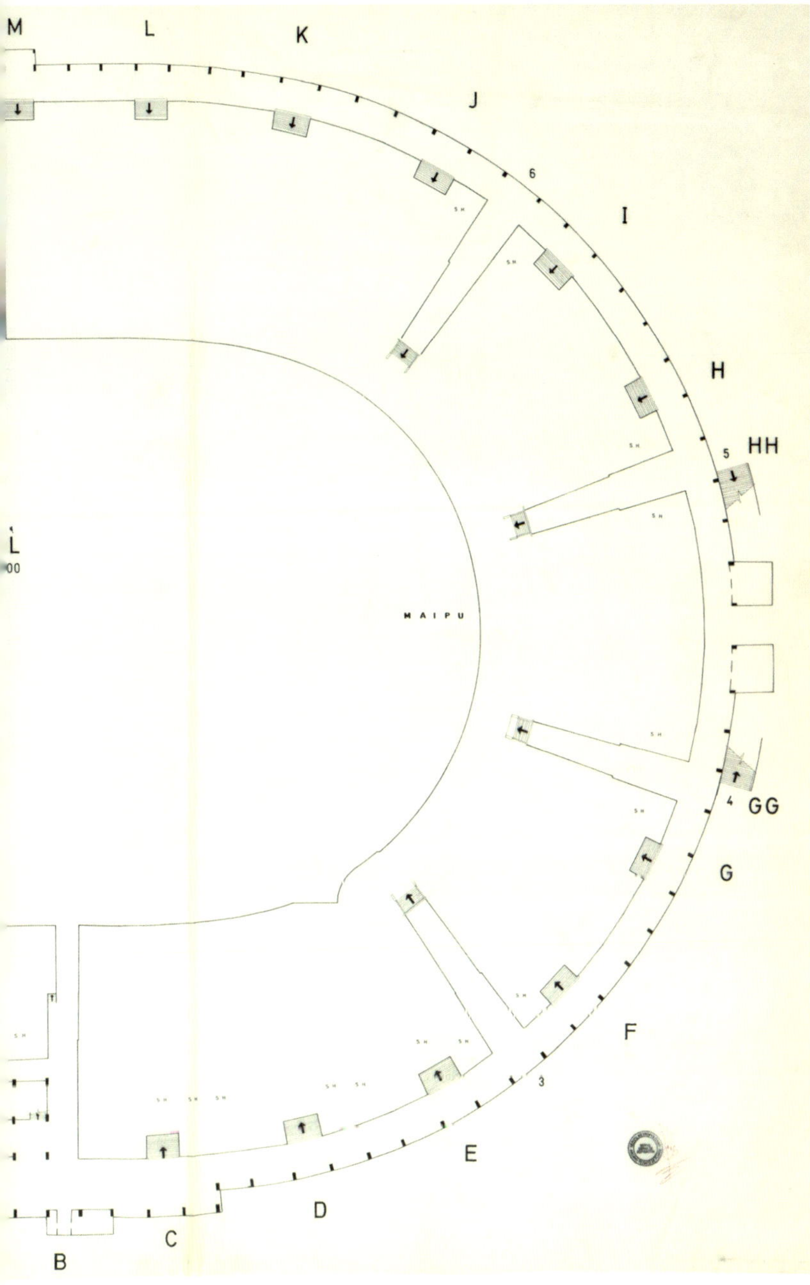

Planta del Estadio Nacional
Source / Fuente: Archivo Serviu RM

La segunda capa reduce el estadio a un andamiaje: el perímetro, la estructura y los accesos funcionan como *tabula rasa* para la administración de la ciudad. La planta se convierte en el lugar de la abstracción, donde surge la forma esencial de una idea: el lugar donde planificar el operativo de vivienda a través del acto de edición de la planta de un edificio, de dibujar y redibujar en capas de papel de calcar. Más que la referencia a una forma final, el diagrama impone las construcciones de las reglas combinatorias que tendrán lugar en el espacio abstracto y genérico de la tipología del estadio. Esta planta del estadio, dibujada a mano, instaló "el andamio para el espectáculo", pero podría ser la planta de casi cualquier estadio a escala 1:200. Abstraído de su realidad exterior, el Estadio Nacional se ve privado de su existencia particular autónoma y, por lo tanto, comienza a operar sólo en relación a la idea colectiva de lo que un estadio es. El diagrama dibujado en tinta negra sobre papel de calcar de 104 x 150 centímetros se convierte, después del timbre de la institución, en el tablero regulatorio aprobado para organizar miradas y espectadores.

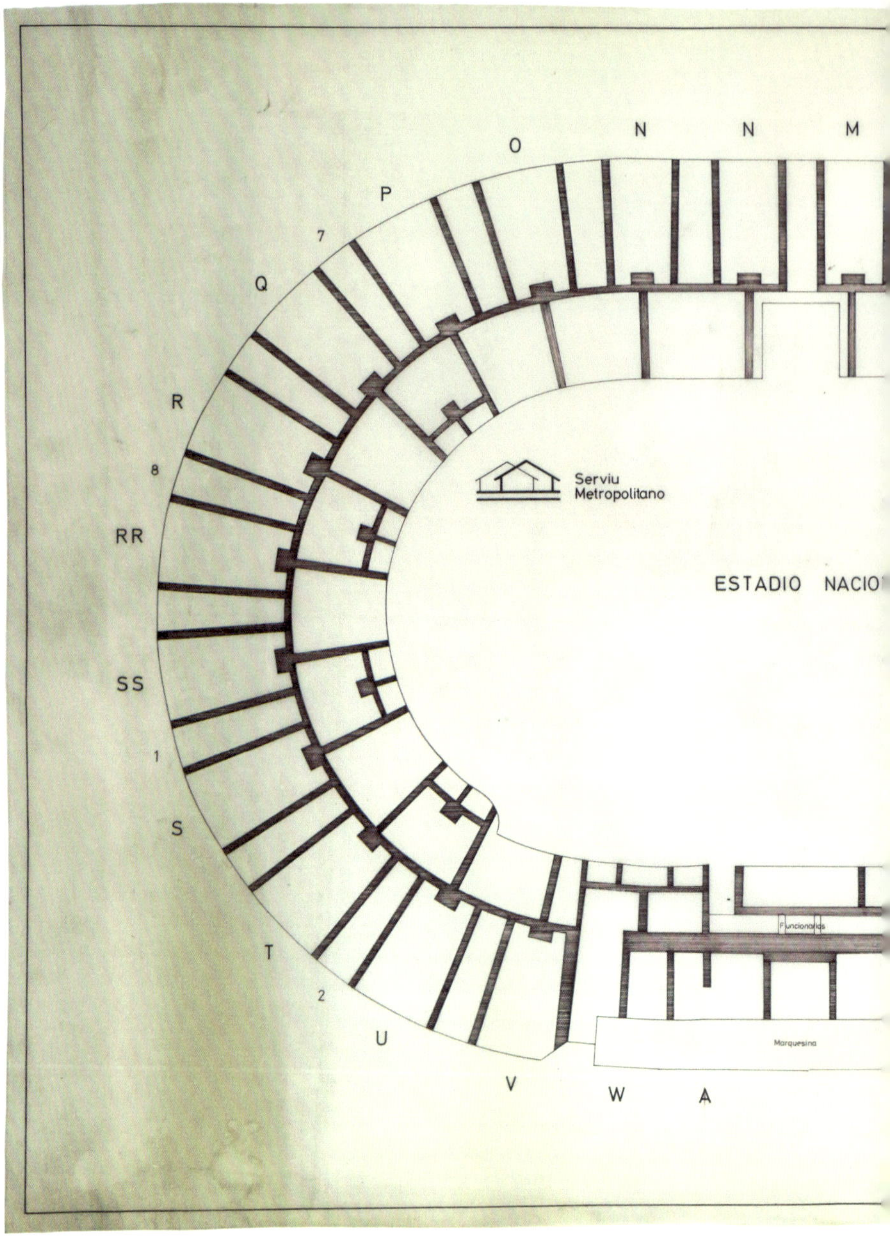

Floor plan of the National Stadium

Divisions, partitions, enclosures of various size, distributions and entrances are the elements for the art of composition undertaken in the plan. Black ink on 64.5 x 102 centimeters tracing paper with no scale account: a diagram rather than a plan. Represented ona flat surface, composition becomes an art of systematic and diagrammatic combination to fit a city into a building, to transport the condemned-summoned bodies from the periphery into the centre. The resemblance of this drawing with the penitentiary diagram of perfect surveillance exposes the building as a control dispositive, an "abstract machine" to be occupied by an observer (in the Stadium's specific history, a role taken on by figures of power from Pinochet to the Pope), who takes the body as object and target of power, controlled within a building and administered by a city. The plan's synthetic potential becomes an ekphrastic description that is not simply a direct transference from a diagram of administration to the plan of a building, but a translation from one discourse to another, from drawing to building, from conceptualisation to materialisation, from words to objects, from the discourse on architecture to that on the city.

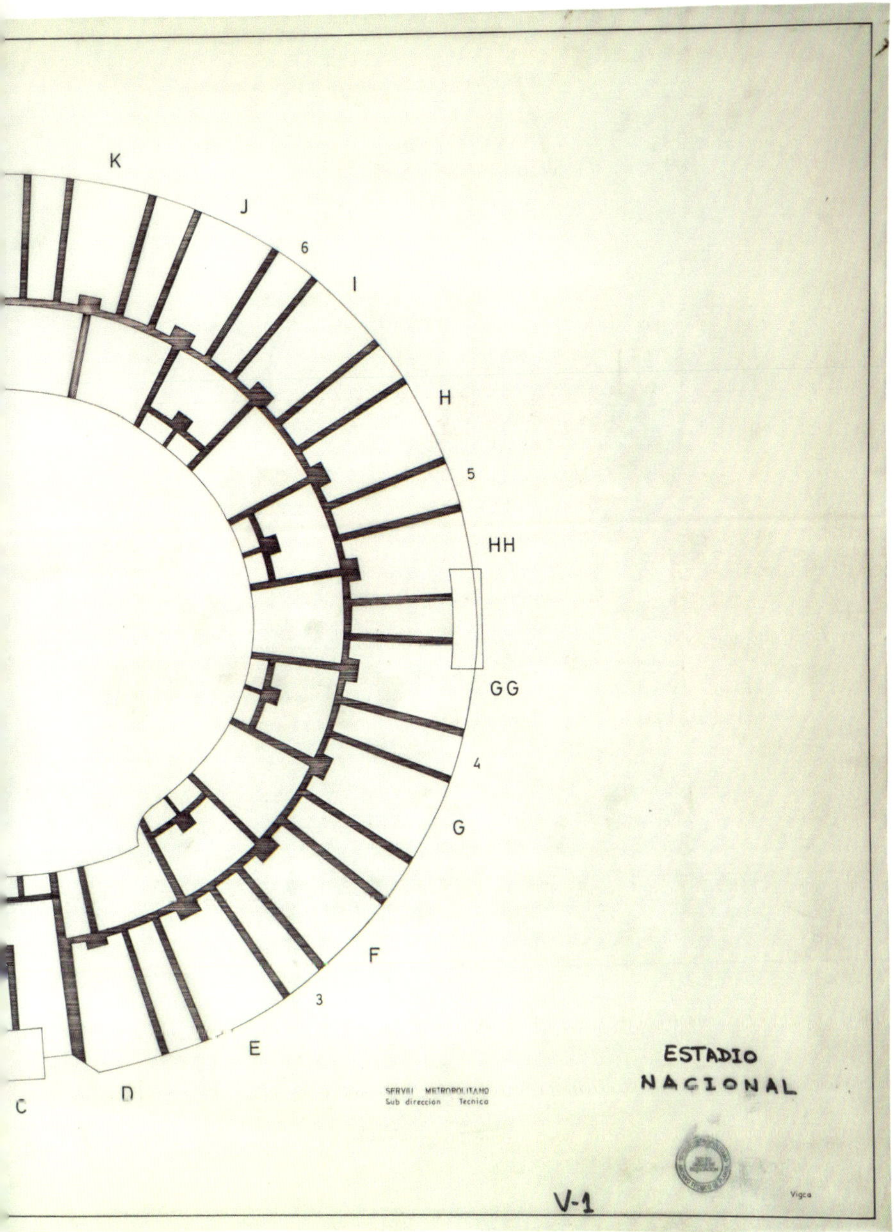

Planta del Estadio Nacional
Source / Fuente: Archivo Serviu RM
Divisiones, particiones, recintos de diversos tamaños, distribuciones y accesos son los elementos para el arte de la composición que se despliega en la planta. Tinta negra sobre un papel de calcar de 64,5 x 102 centímetros sin informar su escala: un diagrama en lugar de una planta. Representada sobre una superficie plana, la composición se convierte en el arte de las combinaciones sistemáticas y diagramáticas para adaptar una ciudad a un edificio, para trasladar los cuerpos convocados —condenados— desde la periferia al centro. La semejanza de este dibujo con el diagrama penitenciario de la vigilancia perfecta revela al edificio como un dispositivo de control, una "máquina abstracta" para ser ocupada por un observador (un papel asumido en la historia específica del estadio por figuras de poder, de Pinochet al Papa) y que asume al cuerpo como objeto y blanco del poder, controlado dentro de un edificio y administrado por una ciudad. El potencial de síntesis de la planta se convierte en una descripción ecfrástica que no es la simple transferencia directa del diagrama de administración a la planta del edificio, sino una traducción de un lenguaje a otro, del dibujo al edificio, de la conceptualización a la materialización, de la palabra al objeto, del discurso de la arquitectura al de la ciudad.

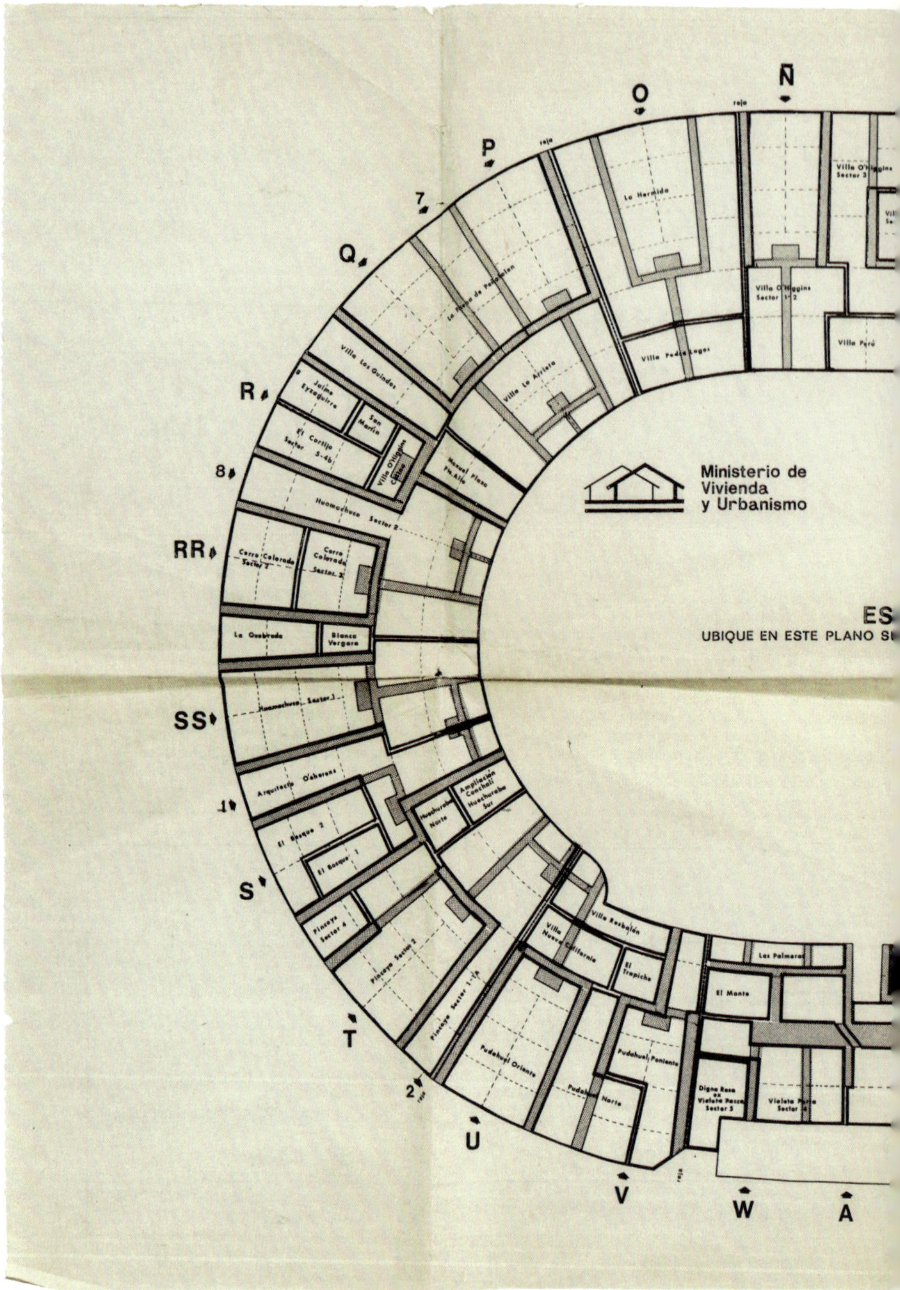

Plan that circulated in the booklet published by Minvu

Circulating in the official press the days before the event, this plan is constructed by a superposition of the three former ones. Each partition corresponds to a neighbourhood with a precise access door in the stand identified by a letter or number: the spatialisation of the names and places described in the sixty-page booklet where the plan was inserted. A synoptic view of 37,000 people, of 60 peripheral shantytowns, of three hours of paperwork signing is deployed. People, documents, neighbourhoods, communes are indexed in numbers and letters into a grammar and aesthetic code connecting the building with the city, the *Coliseo* with the *Población*. In addition to the entrances, the legend of the plate shows only two categories: *población* and circulation, preventing the effects of imprecise distribution, uncontrolled movement, or diffuse circulation, tactics for eliminating desertion, wandering, or concentration.

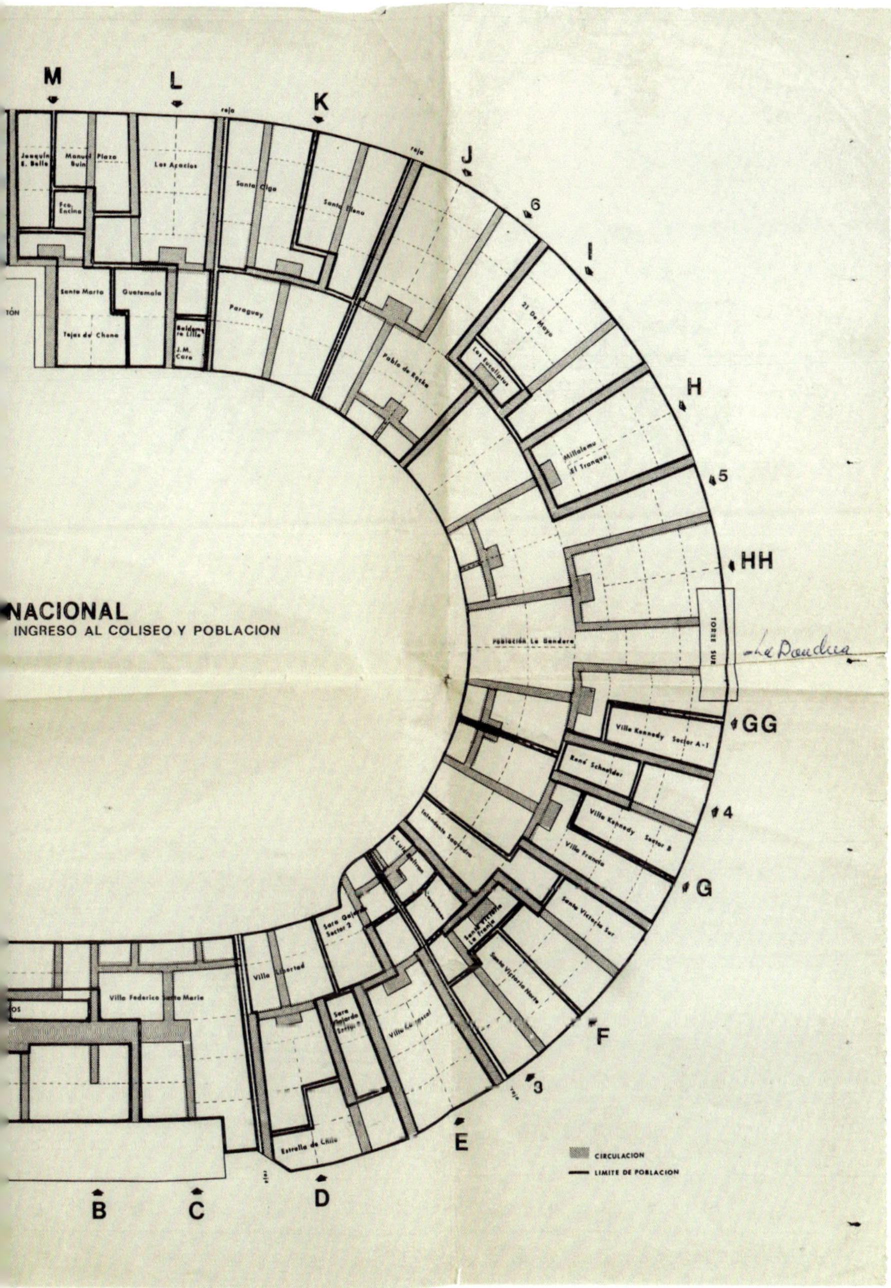

Planta que circuló en el fascículo publicado por el Minvu
Source / Fuente: Biblioteca Nacional de Chile

Puesta en circulación por la prensa oficial durante los días previos al evento, esta planta se construye mediante la superposición de las tres anteriores. Cada fragmento corresponde a un barrio, con una puerta de acceso precisa identificada con una letra o número: la espacialización de los nombres y lugares descritos en el folleto de sesenta páginas donde se incluía la planta. Despliega una visión sinóptica de 37 mil personas, de 60 barrios periféricos, de 3 horas de firma de documentos. Personas, documentos, barrios y comunas se indexan mediante números y letras en una gramática y un código estético que conecta el edificio con la ciudad: el "Coliseo" con la "Población". Además de los accesos, la leyenda de la lámina contiene sólo dos categorías: población y circulación, previniendo los efectos de distribuciones imprecisas, movimientos incontrolados o circulaciones difusas, tácticas para eliminar la deserción, la deriva o la concentración.

STADIUM Plan

The Chilean Pavilion derives from a plan sketched in 1979, a diagram executed for the organisation of an event in the National Stadium. The exhibition retrieves the original plan and reinstates a new drawing, 40 years later. After a cartographic research and drawing task, the different sectors of the original plan were filled with the urban fabric plans of the 60 cases summoned that day. A palimpsest of Santiago transports the original plan into a new epistemological site, rendering an image of the current city layout. Less a representation of the Stadium, this plan is registering a mode of thinking about the building and the city: an unresolved contradiction between public and private spheres. The celebration of individual property ownership and of the privatised city took place in one of Santiago's most public buildings. Aristotle began the discussion on Politics by distinguishing the management of a household (private) from that of the state (public): "the sciences of politics and economics differ as widely as a household and a city," he argued. In the classical sense, *oikos* represented the opposite of the polis, and *oikonomia* the contrary of *politikon*. In a modern sense, however, these distinctions gradually became blurred, and the administration of the house becomes an instrument for the management of the city.

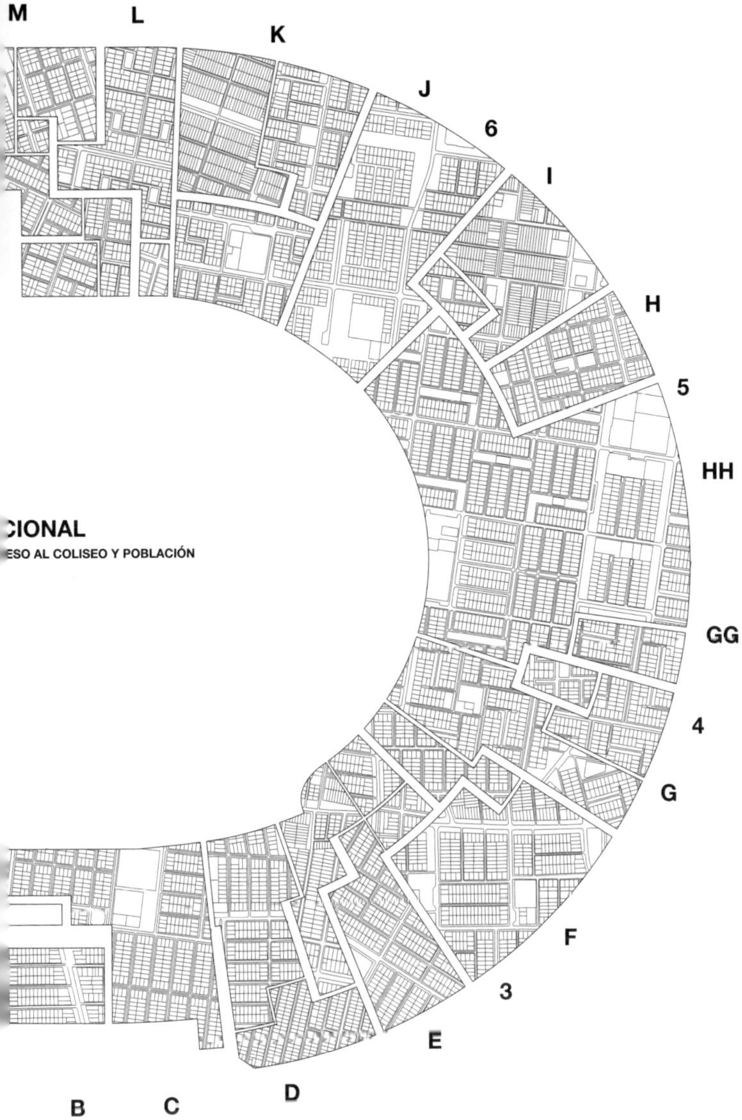

Planta STADIUM

El Pabellón de Chile parte de una planta trazada en 1979, un diagrama ejecutado para la organización de un evento en el Estadio Nacional. La muestra recupera la planta original e instala un nuevo dibujo, cuarenta años después. Luego de una enorme tarea de investigación y redibujo cartográfico, los diferentes sectores de la planta original se llenaron con las plantas del tejido urbano de los sesenta casos convocados ese día. El palimpsesto de Santiago traslada la planta original a un nuevo lugar epistemológico, que representa la imagen del trazado actual de la ciudad. Antes que una representación del estadio, la planta registra un modo de entender el edificio y la ciudad: una contradicción no resuelta entre las esferas pública y privada. La celebración de la propiedad individual y de una ciudad privatizada tuvo lugar en uno de los edificios más públicos de Santiago. Aristóteles comenzaba la discusión sobre política distinguiendo la gestión del hogar (privado) de la del Estado (público): “las ciencias de la política y la economía difieren tanto entre sí como un hogar de una ciudad”, argumentaba. En el sentido clásico, *oikos* representaba lo opuesto a la *polis*, y *oikonomia* lo contrario de *politikon*. En un sentido moderno, sin embargo, esta distinción se volvió borrosa gradualmente y la administración de la casa se convirtió en un instrumento para la administración de la ciudad.

STADIUM by booklet: STADIUM pieces organised following the order in the booklet

As framed by the Stadium partitioning, the city pieces here recall Piranesi's fragments of Rome's map: traces of an incomplete city to be reconstructed by archaeology. Extracted from their whole and presented as islands, the fragments allow to see the areas as if for the first time. The collection of city pieces are organised in this drawing as they appear announced in the booklet, drawn at the same scale and framed by the building sectors in its plan. This offers a common framework for comparison and reflection in which the Stadium becomes a visualiser of city differences, a device for mapping historical inflexions. Having an image of Santiago's sprawl condensed in an autonomous and compact building functions as an indexical mode of understanding and procuring knowledge about our city.

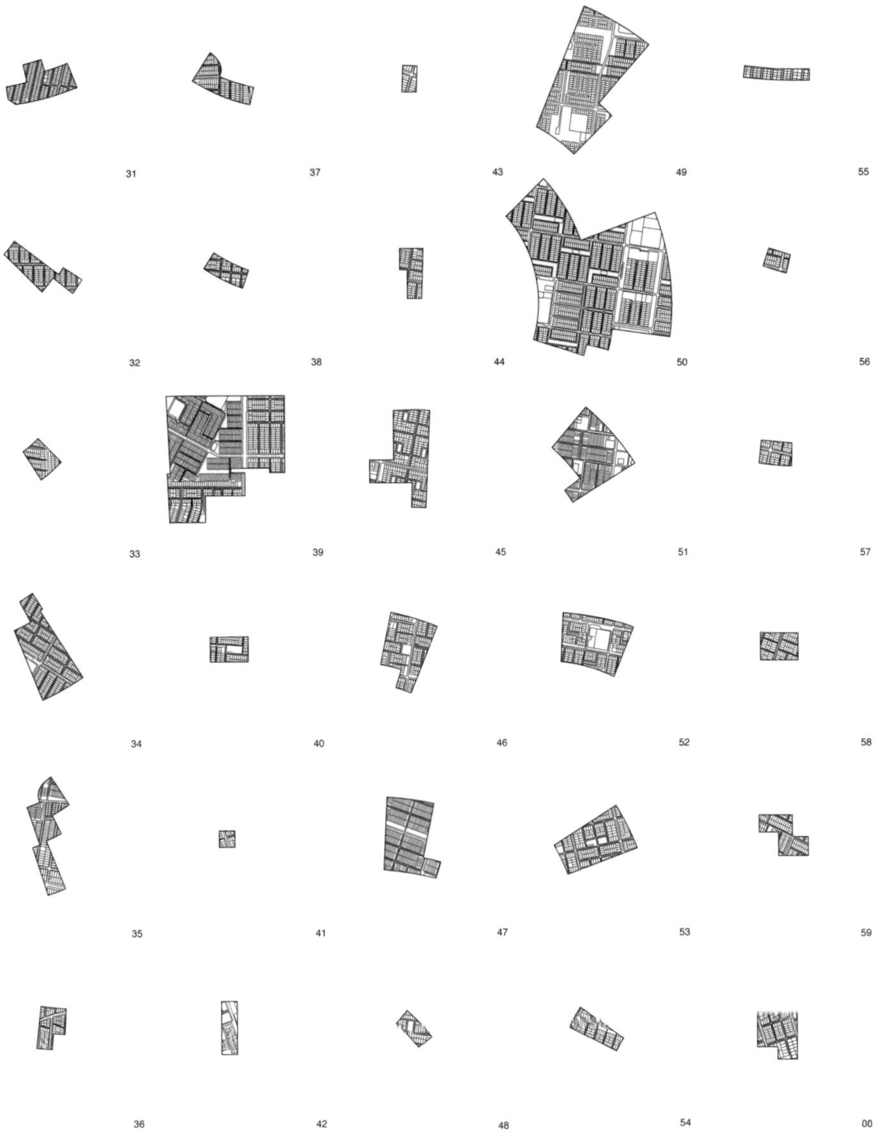

STADIUM según fascículo: Piezas de STADIUM organizadas siguiendo el orden del fascículo

Como son enmarcados por las divisiones del estadio, las partes de la ciudad recuerdan a los fragmentos del plano de Roma de Piranesi: vestigios de una ciudad incompleta a ser reconstruida por la arqueología. Extraídos del conjunto y presentados como islas, los fragmentos permiten ver las distintas áreas como por primera vez.
La colección de fragmentos de ciudad se organiza siguiendo el orden de aparición en el folleto, dibujados a la misma escala y enmarcados siguiendo los sectores de la planta del edificio. Esto ofrece un marco común para la comparación y reflexión donde el estadio permite la visualización de las diferencias urbanas, un dispositivo para mapear inflexiones históricas. La imagen del crecimiento de Santiago, condensada en un edificio autónomo y compacto, funciona al modo de un índice para la comprensión y producción de conocimiento urbano.

City by booklet: STADIUM pieces replaced by the urban layout of the shantytowns they represented

Redrawing buildings (and their parts), cities (and their neighbourhoood) at the same scale and under the same form of visualisation enables comparison, classification and categorization—a precondition of knowledge. From pieces of cities in the stadium this drawing makes the transition to these pieces as found in the city itself.

Ciudad según fascículo: Piezas de STADIUM reemplazadas por la trama urbana de la población que representaron

Redibujar edificios (y sus partes), ciudades (y sus barrios) en la misma escala y bajo la misma forma de visualización permite la comparación, clasificación y categorización, una precondición para su conocimiento. Desde piezas de ciudades en el estadio, este dibujo hace la transición a como se encuentran éstas piezas en la ciudad misma.

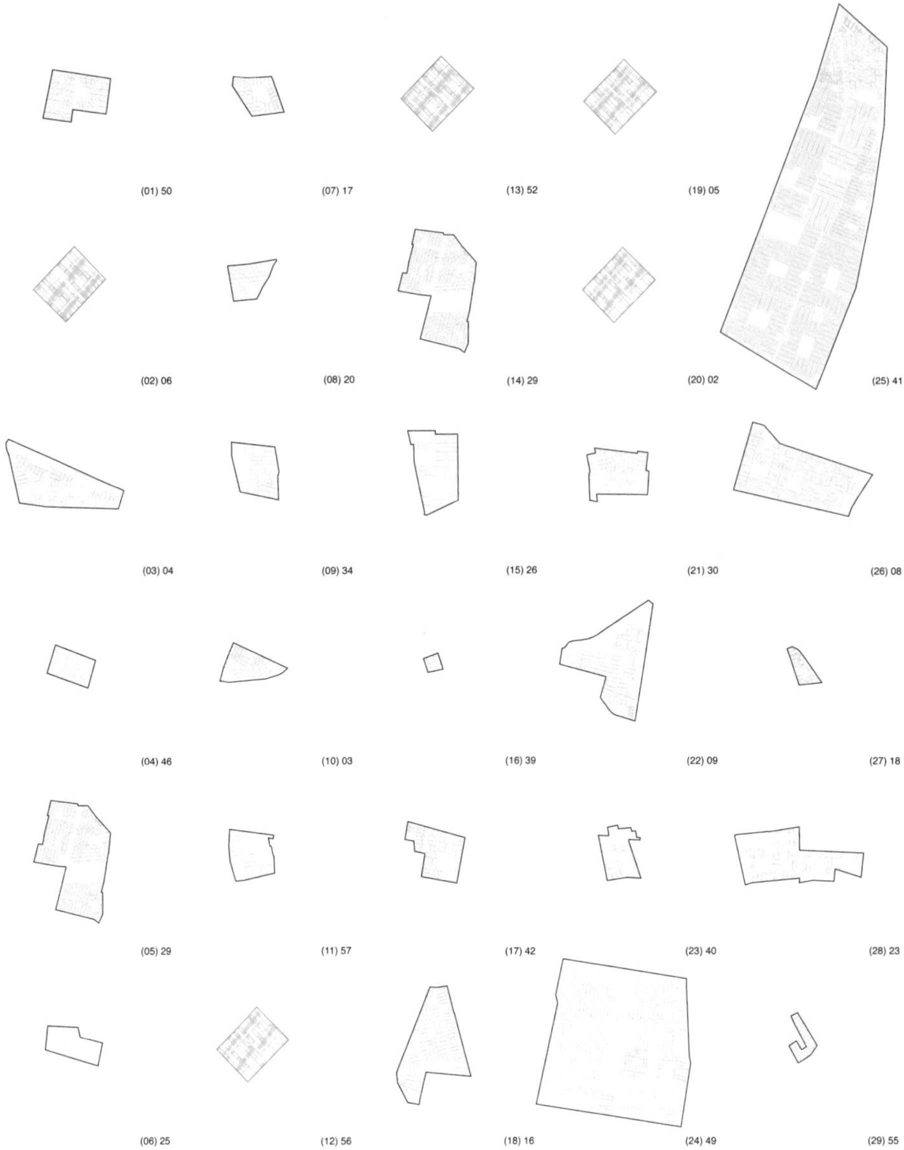

City by booklet

A sample of 60 shantytowns coming from *operación sitio* in the late 1960s are formalised on a day in the late 1970s, and reassessed in the late 2010s. The collection of city fragments reveals a tension between a generic city based on 9 x 18 meters plots with scarce infrastructure and insufficient urbanisation, and the specific stories of places with their own development and identities. Whereas the original conceptions of drawing (as described in the myth of *The Origin of Painting* by Allan in 1773, and Schinkel in 1830) implied a function of recording an existing object, in this plan drawing acquires an instrumental role of sizing, scaling, editing, and transcribing, and furthermore a projective role, as it can be used to develop the design of a future building or city. Arranged here alphabetically, following the most common criterion for ordering things, what these neighbourhoods, *villas,* and *poblaciones* have in common are their origins as *tomas* (illegal occupation of land) and subjects of *operación sitio* (semi-urbanised 9 x 18 meters plots).

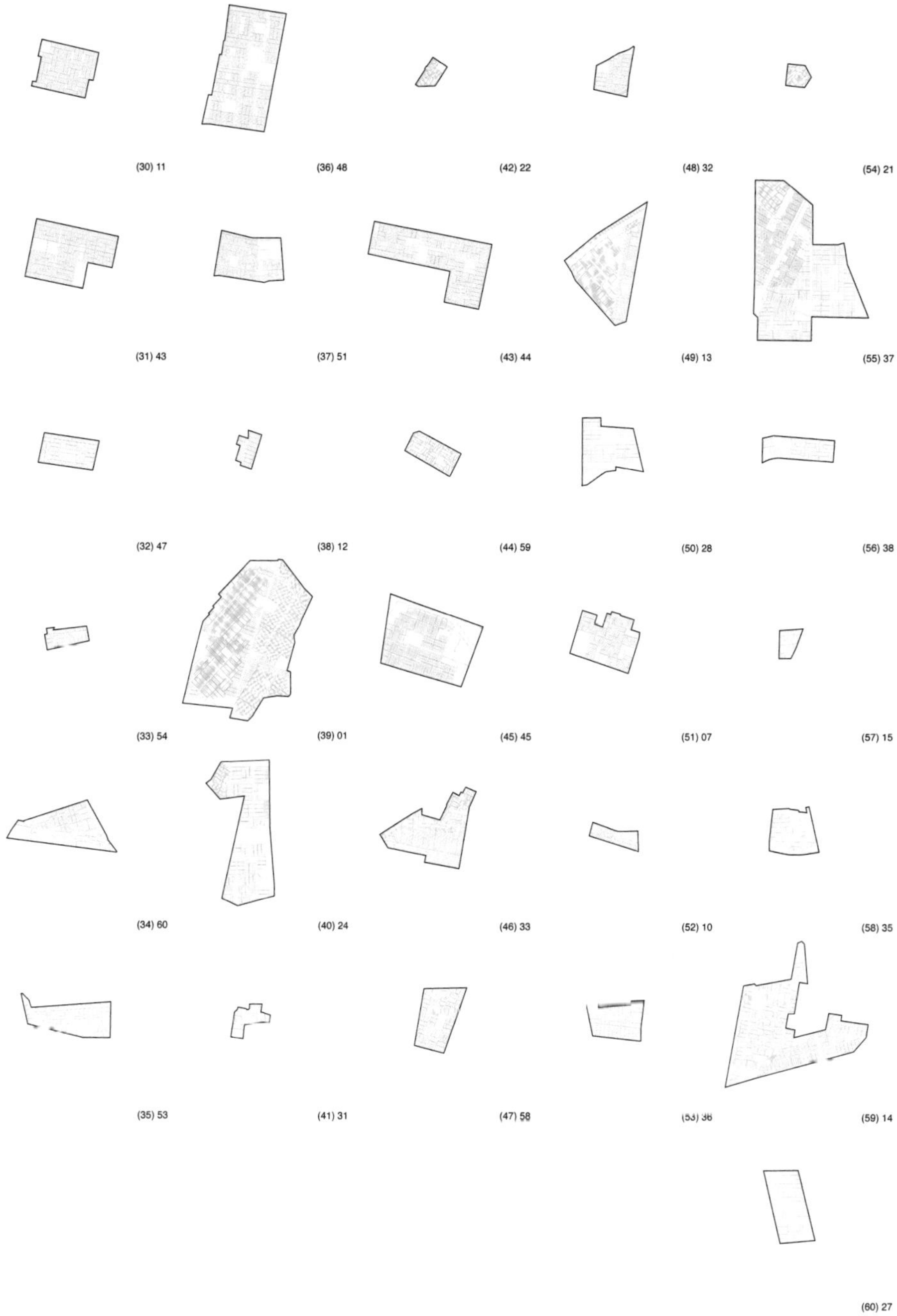

Ciudad según abecedario

Una muestra de sesenta poblaciones originadas en la llamada “operación sitio” de fines de la década del sesenta fueron formalizadas en un solo día a fines de la década del setenta y revisitadas a fines de 2010. La colección de fragmentos urbanos revela la tensión entre una ciudad genérica, basada en sitios de 9 x 18 metros con escasa infraestructura y urbanización insuficiente, y las historias específicas de lugares con un desarrollo e identidad propia. Mientras que la noción original de dibujo (tal como describe el mito de *El origen de la pintura* de Allan en 1773 y de Schinkel en 1830) implicaba la función de registro de un objeto existente, en esta planta el dibujo adquiere un papel instrumental de dimensionamiento, escalado, edición y transcripción, junto con un rol proyectual —dado que puede usarse en el desarrollo del diseño de un edificio o ciudad futuro—. Ordenado aquí siguiendo uno de los criterios más comunes para ordenar cosas —el alfabético— lo que estos barrios, villas y poblaciones tienen en común es su origen en ‘tomas’ (ocupación ilegal de tierras) sujetas a la operación sitio (lotes semi-urbanizados de 9 x 18 metros).

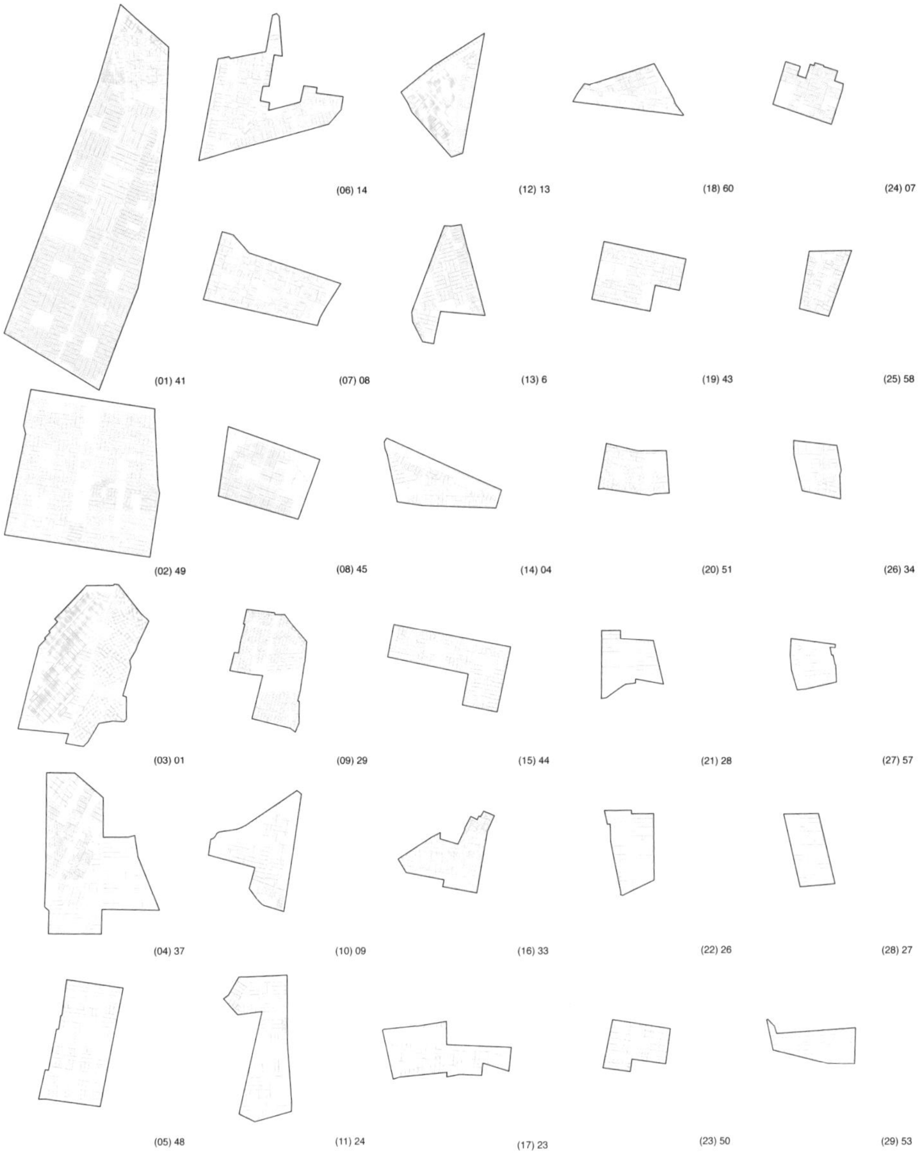

City by shantytown size

The pieces of the city represented that day, organised from the largest area to the smallest. Largest area: J.M Caro—371 hectares—3.71 square kilometers. Middle range area: El Bosque— 17.59 hectares— 175,900 square kilometers. Smallest area: Fco. Encina— 2.77 hectares—27,700 square kilometers.

Ciudad según tamaño de población

Las piezas de la ciudad representadas ese día, organizadas desde la zona más grande hasta la más pequeña. Área más grande: J.M. Caro – 371 hectáreas – 3,71 kilómetros cuadrados. Área media: El Bosque – 17,59 hectáreas – 175.900 metros cuadrados. Área más pequeña: Fco. Encina – 2,77 hectáreas – 27.700 metros cuadrados.

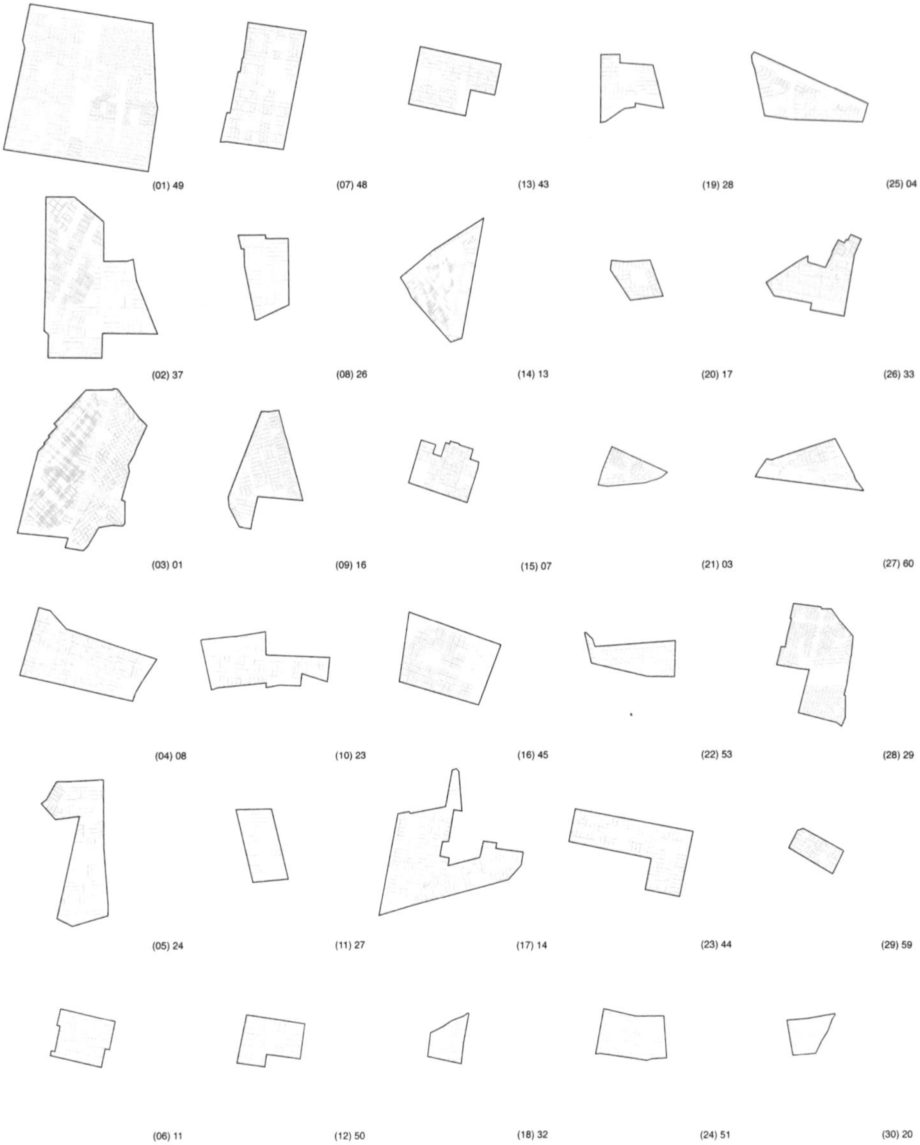

City by number of property titles handed out at the Stadium event

The pieces of the city represented that day, organized by the amount of property titles signed on the day of the event, from the largest to the smallest number. Largest amount: La Bandera—3,118 titles. Medium amount: El Cortijo—354 titles. Smallest amount: El Traque—3 titles.

Ciudad según cantidad de títulos entregados en el evento de 1979

Las piezas de la ciudad representadas ese día, organizadas por la cantidad de títulos de propiedad entregadas en el día del evento, desde el número más grande al más pequeño. Mayor cantidad: La Bandera – 3.118 títulos. Cantidad media: El Cortijo – 354 títulos. Menor cantidad: El Traque – 3 títulos.

EL EDIFICIO

THE BUILDING

Stadiums of a City

Estadios de una ciudad

Valentina Rozas-Krause

Built by the Chilean State to be used frequently by the people, the National Stadium articulated a double condition early on: that of a metropolitan landmark and, simultaneously, a national reference. What STADIUM proposes is to recreate this double condition: to imagine that the city of Santiago fits in the 40,000 square metres of the National Stadium, and that the building is a monumental miniature of the political, social, and cultural processes of the past eighty years of Chilean history.

Three characteristics of the National Stadium are essential to articulate this reading. First, and at least with regards to the twentieth century, there was no other mass venue in the country capable of representing the ideal of a pluri-classist space, a place where sports, political, and cultural spectacles were able to summon a socially diverse public. Second, it has been a building with the necessary versatility to house an impressive heterogeneity of activities. Third, the radical experiences that have taken place there form a very wide spectrum, with sports situated at its center. On one end, there is the stadium as a refugee camp for Europeans escaping Nazism and the stadium as a shelter for victims of natural disasters. On the other end, there is the stadium as an extermination facility.[1] Between these two ends we find the event evoked by STADIUM. The segregated circulations of the National Stadium, characteristic of a massive football venue, served that

1 More information on this historical spectrum and the details of the different uses of the National Stadium can be found in: Valentina Rozas-Krause, *Ni tan elefante, ni tan blanco: arquitectura, urbanismo y política en la trayectoria del Estadio Nacional* (Santiago: RIL editores, 2014).

Construido por el Estado chileno para que la sociedad lo utilizara intensamente, el Estadio Nacional articuló desde temprano una doble condición: como hito metropolitano y, al mismo tiempo, como referencia nacional. Lo que nos propone STADIUM es recrear esta dualidad: imaginar que en los 40 mil metros cuadrados del Estadio Nacional cabe la ciudad de Santiago y que este edificio es una miniatura monumental de procesos políticos, sociales y culturales de los últimos ochenta años de la historia chilena.

Tres de las características del Estadio Nacional son cruciales para articular esta lectura. Primero, y al menos en lo que respecta al siglo XX, no hubo en el país otro recinto de masas capaz de representar el ideal del espacio pluriclasista: un lugar en donde los espectáculos deportivos, políticos y culturales fueran capaces de convocar a un público transversal. Segundo, ha sido uno de los recintos con la versatilidad necesaria como para alojar una impresionante heterogeneidad de actividades. Tercero, la radicalidad de las experiencias que ahí se han desarrollado forman un arco muy extenso en cuyo centro está el deporte. En un extremo está el estadio como espacio de refugio para europeos perseguidos por el nazismo o como albergue para damnificados después de catástrofes climáticas. En el otro, está el estadio como centro de exterminio.[1] Entre ambos, se encuentra el evento que evoca STADIUM, aquel día 29 de septiembre

1 Más información sobre este arco histórico y los detalles de los distintos usos del Estadio Nacional pueden ser consultados en: Valentina Rozas-Krause, *Ni tan elefante, ni tan blanco: arquitectura, urbanismo y política en la trayectoria del Estadio Nacional* (Santiago: RIL editores, 2014).

day to reinforce the urban segregation of a militarized Santiago. The event was a milestone for a new housing policy that overturned the urban integration efforts carried out by previous governments, in order to expand the city of Santiago and concentrate the most deprived sectors in its periphery. While that day the National Stadium accommodated the working-class peripheries of Santiago, ever since its construction it has played the role of the model and the stage for multiple versions of one city: the modern, the popular, the militarized, the neoliberal, and the memorial. The immutability of the Stadium's concrete walls is only apparent; its history reflects that it is a building capable of transforming along with the city that surrounds it. In other words, there are as many stadiums as there are versions of Santiago: the modern stadium, the popular stadium, the militarized stadium, the neoliberal stadium, and the memorial stadium.

The Modern Stadium

In 1938, at the time it was inaugurated by President Arturo Alessandri Palma (1932–38), the Stadium was the largest building in the capital, and as such, the role it played for the city surpassed its use as a sports venue. The National Stadium was a symbol and an instrument for the modernization of the state as well as the city. Originally, the building was the centerpiece of a national project of physical and moral regeneration. As such, the Stadium was part of an educational program that promoted sports to champion an ideal "Chilean race." As the largest monument in Santiago, the

de 1979, cuando pobladores de distintas comunas de la capital de Chile se dirigieron al Estadio Nacional para recibir sus títulos de propiedad de manos del Estado. La segregación de circulaciones del coliseo, propia de un recinto masivo de fútbol, sirvió entonces para reforzar la segregación urbana de un Santiago militarizado. El evento fue un hito de una nueva política de vivienda que revirtió los esfuerzos de integración urbana que se habían desarrollado durante gobiernos anteriores con el fin de extender la ciudad de Santiago y concentrar a los sectores menos favorecidos en su periferia. Si bien ese día el Estadio Nacional albergó la periferia obrera de Santiago, desde su creación ha sido modelo y escenario de múltiples versiones de la ciudad: la moderna, la popular, la militarizada, la neoliberal y la memorial. La inmutabilidad de los muros de concreto del Estadio Nacional es aparente: la historia de este edificio refleja que es capaz de transformarse junto con la ciudad que lo rodea. En otras palabras, existen tantos estadios como versiones de Santiago: el estadio moderno, el estadio popular, el estadio militarizado, el estadio neoliberal y el estadio memorial.

El estadio moderno

Cuando fue inaugurado en 1938 por el presidente Arturo Alessandri Palma (1932-1938), el Estadio Nacional fue el edificio más grande de la capital y, como tal, tuvo un rol para la ciudad que excedía su uso deportivo. Fue un símbolo y una herramienta de modernización del Estado, así como de la ciudad. Originalmente, el

National Stadium was envisioned as a stage for modern mass culture, and a trophy that would demonstrate Chile's commitment to modernization *vis-à-vis* the rest of Latin America. Simultaneously, it was conceived as a laboratory for the modern citizen, and therefore contained reformist aspects that were thought to stimulate the mind and body of its visitors.[2] Besides addressing a national debt in sports infrastructure and functioning as an educational space, the Stadium was conceived as an urbanization agent. Consequently, the construction of the stadium had major repercussions in the neighborhood in which it was implanted. Designed as part of an urban complex that comprised modern housing, a bacteriological institute, a university campus, a school, and a new tree-lined avenue, the National Stadium would constitute a modern model neighborhood for the rising middle class.

The Popular Stadium

Although the neighborhood that developed around the National Stadium was oriented towards the middle classes, the site was, since its creation, a place of encounter with the other, an urban space that in its density and appeal was a representation of the characteristic social melting pot of Santiago. In addition, the Stadium was a sought-after place for mass politics: From the inauguration of the building to the breakdown of democracy in 1973, all of the republic's presidents—with the sole exception of Juan Antonio Ríos (1942–46)—used the National Stadium to

2 *Revista Crack* (Editorial Zig-Zag), no. 61 (December 9, 1938).

edificio fue la pieza central de un proyecto nacional de regeneración física y moral, que formaba parte de un programa educativo que promovía los deportes que buscaban defender una "raza chilena" ideal. Como el monumento más grande de Santiago, el estadio fue imaginado como un escenario para la cultura de masas moderna y un trofeo que demostraría el compromiso de Chile con la modernización frente al resto de América Latina. Al mismo tiempo, se concibió como un laboratorio para el ciudadano moderno y, por lo tanto, contenía aspectos reformistas que se pensaron para estimular el cuerpo y la mente de quienes lo visitaban.[2] Además de saldar la deuda en infraestructura deportiva y de funcionar como un espacio educativo, el estadio se concibió como un agente de urbanización. De este modo, su construcción tuvo enormes repercusiones en el barrio en el que fue implantado. Diseñado como un conjunto urbano compuesto por viviendas modernas, un instituto bacteriológico, un campus universitario, un colegio y una nueva avenida arbolada, el Estadio Nacional conformaría un barrio modelo de modernidad para la clase media.

El estadio popular

Aunque el barrio que se desarrolló en torno al Estadio Nacional estaba orientado a las clases medias, el recinto fue, desde su creación, un lugar de encuentro con el otro, un espacio urbano que por densidad

2 *Revista Crack* (Editorial Zig-Zag), no. 61 (9 de diciembre, 1938).

address the country. The *Unidad Popular* (UP) [Popular Unity], Allende's government coalition, pushed this model further and politicized the National Stadium with greater intensity than any of the preceding governments, organizing political congresses, celebrations, and acts within its walls. The panorama during the four years of the UP government presented a stadium reddened and conquered by the popular masses. Its large seating capacity and symbolism turned the building into a megaphone to address Chile—and in Allende's case, the world as well. Allende's government transformed the National Stadium into the most public and influential tribune of the country.

The Militarized Stadium

The dictatorship not only used the National Stadium as a detention, torture, and extermination camp during the first two months of its regime, but made it into one of its main stages of political promotion. The closely interwoven relationship of the venue with the nation's presidential office, and in particular its political conversion during Allende's government, made the building an irresistible stage to be conquered by the military dictatorship. During the first 58 days of the regime, the Stadium stopped being a sports field

y convocatoria presentaba un característico crisol social santiaguino. Fue, además, el lugar predilecto para la política de masas: desde su construcción hasta el quiebre de la democracia, todos los presidentes de la República, a excepción de Juan Antonio Ríos Morales (1942-1946), utilizaron el Estadio Nacional para dirigirse al país. La Unidad Popular (UP) —la coalición de gobierno de Salvador Allende Gossens (1970-1973)— exacerbó este modelo y politizó el recinto con una intensidad mayor a cualquier gobierno anterior, organizando en el predio congresos políticos, fiestas y actos. El panorama durante los cuatro años de la UP presentó un estadio enrojecido y conquistado por las clases populares. Aforo y simbolismo convirtieron el edificio en un micrófono para dirigirse a Chile y, en el caso de Allende, también al mundo. Por estas razones, el Estadio Nacional se transformó en esos años en la tribuna política más pública e influyente con la que contó el país.

El estadio militarizado

La dictadura no sólo utilizó el Estadio Nacional como campo de detención, tortura y exterminio durante los dos primeros meses de su régimen, sino que también hizo de él uno de los escenarios principales de su promoción política. La estrecha relación del recinto con el presidencialismo y, en particular, su transformación política durante el gobierno de Allende, hicieron que el edificio se presentara como un escenario atractivo a ser conquistado por la dictadura militar. Durante los primeros 58 días del régimen, el estadio dejó de ser

and instead received the 10,000[3] victims and the perpetrators of a dictatorship that would be in power for 17 years.[4] To dismantle the modern ideals of the National Stadium, the military used the venue both in its functional and symbolic dimensions. The spatial layout of the building was functional for its conversion into a prison camp: the dark hatches and multiple compartmentalized dressing rooms, the panoptical control that could be exerted from the marquee across the whole venue, together with the segregation of the movement of people, contributed to the transformation of the Stadium into a military camp.[5] Nevertheless, it was the Stadium's visibility, its preeminent role within the city and its recognition as a place for recreation, entertainment, and spectacle, which comprised the symbolic reasons to transform the sports venue into a concentration camp in order to intimidate the opposition. Functionalism and symbolism were combined to form

un campo de deportes, recibiendo a 10 mil víctimas[3] y a los perpetradores de una dictadura que permanecería en el poder durante 17 años.[4] Para desmantelar los ideales modernos del Estadio Nacional, los militares emplearon el recinto tanto en sus dimensiones funcionales como simbólicas. El diseño espacial del estadio fue funcional para su conversión en campo de prisioneros: las oscuras escotillas y múltiples camarines compartimentados, el control panóptico que se podía realizar de todo el recinto desde la marquesina, junto con la segregación del movimiento de personas, contribuyeron a la transformación del edificio en un campo militar.[5] Pero su visibilidad, su papel como protagonista dentro de la ciudad, y la identificación del sitio como lugar de recreación, diversión y espectáculo, fueron las razones simbólicas para transformar el Estadio Nacional en un campo de concentración con el fin de amedrentar a los opositores de la Junta Militar. Funcionalismo y simbolismo

3 There are different calculations for the number of prisoners who were held at the National Stadium. The exact number is still uncertain. Based on official prisoner's entry lists published by the former head of the National Intelligence Directorate (DINA), Manuel Contreras, at least 10,000 people were imprisoned at the stadium during the first 58 days of the military regime. However, other authors estimate 12,000 or even 14,000 prisoners for the same period of time. See: Manuel Contreras, *La verdad histórica: el ejército guerrillero: primer período de la guerra subversiva, abril de 1967 al 10 de setiembre de 1973* (Santiago: Ediciones Encina, 2000).

4 Adolfo Cozzi, *Estadio Nacional* (Santiago: Editorial Sudamericana, 2000); Jorge Montealegre, *Frazadas del Estadio Nacional* (Santiago: LOM Ediciones, 2003).

5 For more information on the use of the National Stadium as a prison, torture, and extermination camp, see: Pascale Bonnefoy, *Terrorismo de estadio: prisioneros de guerra en un campo de deportes* (Santiago: Chile-América Cesoc, 2005).

3 Existen diferentes cálculos para la cantidad de prisioneros que pasaron por el Estadio Nacional. El número exacto aún es incierto. En base a las listas oficiales de ingreso de prisioneros publicadas por el ex jefe de la Dirección Nacional de Inteligencia (DINA) Manuel Contreras, al menos 10 mil personas fueron encarceladas en el recinto durante los primeros 58 días del régimen militar. Sin embargo, otros autores estiman 12 mil o incluso 14 mil presos para el mismo período de tiempo. Ver: Manuel Contreras, *La verdad histórica: el ejército guerrillero: primer período de la guerra subversiva, abril de 1967 al 10 de setiembre de* 1973 (Santiago: Ediciones Encina, 2000).

4 Adolfo Cozzi, *Estadio Nacional* (Santiago: Editorial Sudamericana, 2000); Jorge Montealegre, *Frazadas del Estadio Nacional* (Santiago: LOM Ediciones, 2003).

5 Para más detalles sobre el uso del Estadio Nacional como campo de prisión, tortura y exterminio, consultar: Pascale Bonnefoy, *Terrorismo de estadio: prisioneros de guerra en un campo de deportes* (Santiago: Chile-América Cesoc, 2005).

the largest prison camp operated by the military regime. As a visual example of military authority, the building's transgression was largely amplified through speeches, images, and films within the country and abroad.[6] The public visibility of the prison camp installed within the National Stadium gradually attracted more and more detainees' relatives, who gathered in front of the compound's gates hoping for news from their loved ones. This is how the stadium's built perimeter, especially the ticket booths located at the main access towards Avenida Grecia, became a landscape of resistance for the victims' relatives. These groups of relatives, constituted predominantly by women, originated the memorial rite of the *velatón*[7] [candle-lighting], observed until today every September 11th—the day of the military coup—in front of the northern entrance of the National Stadium.

se combinaron para formar el campo de prisioneros más grande operado por el régimen. Como ejemplo visual de la autoridad militar, la transgresión del edificio fue amplificada a través de discursos, imágenes y películas en todo el país y en el extranjero.[6] La visibilidad pública del campo de prisioneros instalado allí fue atrayendo, progresivamente, a más y más familiares de detenidos que se reunían frente a las rejas del recinto en búsqueda de sus seres queridos. Es así como el perímetro construido del estadio, en especial las casetas de las boleterías por el acceso principal de avenida Grecia, se convirtieron en un paisaje de resistencia para los familiares de las víctimas. Estos grupos de familiares, predominantemente constituidos por mujeres, originaron el rito memorial de la "velatón"[7] que hasta hoy se celebra cada 11 de septiembre —el día del Golpe de Estado— frente al acceso norte.

The Neoliberal Stadium

Even though the military occupation of the National Stadium lasted only 58 days, it

El estadio neoliberal

Aunque la ocupación militar del Estadio Nacional duró sólo 58 días, fue una

6 *Missing*. Directed by Costa-Gavras. Universal City, CA: Universal Pictures, 1982, http://catalog.stanford.edu/view/5736386; Marcelo Montecino, *Con sangre en el ojo* (Ciudad de México: Editorial Nueva Imagen, 1981); Koen Wessing, *Fotografía: el arte de visibilizar la pregunta* (Santiago: LOM Ediciones, 2011).

7 During the *velatones* the relatives of the victims of the dictatorship, survivors, and activists organize an activity in memory of the victims of the National Stadium and the dictatorship in general. At the center of the commemoration, which takes place on the night of September 11th, is the lighting of candles in honor of the deceased, which are placed along the perimeter wall of the stadium. In addition, the rite is accompanied by poetry readings, speeches, music, and art exhibitions.

6 *Missing*. Dirigida por Costa-Gavras. Universal City, CA: Universal Pictures, 1982, http://catalog.stanford.edu/view/5736386; Marcelo Montecino, *Con sangre en el ojo* (Ciudad de México: Editorial Nueva Imagen, 1981); Koen Wessing, *Fotografía : el arte de visibilizar la pregunta* (Santiago: LOM Ediciones, 2011).

7 Durante las "velatones" los familiares de las víctimas de la dictadura, sobrevivientes y activistas organizan una actividad en memoria de los martirizados en el Estadio Nacional y de la dictadura en general. En el centro de la conmemoración, que se realiza durante la noche del 11 de septiembre, está el encendido de velas en honor a los muertos, que se depositan a lo largo del muro perimetral del estadio. Este rito se acompaña de lecturas de poemas, discursos, música y exhibiciones artísticas.

was a disruption that set off a long period of urban deterioration and obsolescence of the entire site, as well as its main building. The neoliberal economic model deployed by the military dictatorship brought with it a profound discreditization of urban planning that materialized in the opening of the urban limits of the city of Santiago, the de-territorialization of subsidies that disarticulated the link between communities and their territories, and the exemption of land taxes, among other measures. The National Stadium became a mirror image of the new urban model.[8] Hence, during the 1980s, the 64 hectares of the compound began to be fragmented into smaller independent lots, divided by fences and walls. For the first time in the history of the National Stadium, the building and its premises were no longer planned as a whole urban complex, and instead, were subdivided into various publicly and privately managed sub-lots. Simultaneously, an unprecedented growth transformed the Stadium between 1990 and 2000, more than ten projects were carried out to improve existing infrastructure as well as to create new buildings. Nevertheless, most of these projects were not inscribed within a plan for the totality of the sports complex.[9]

interrupción que inició un largo período de deterioro urbano y obsolescencia de todo el sitio, así como del edificio principal. El modelo económico neoliberal puesto en marcha por la dictadura trajo consigo un profundo descrédito por la planificación urbana, manifestado en la apertura de los límites urbanos de la ciudad de Santiago, la desterritorialización de subsidios que desarticuló el vínculo entre comunidades y sus territorios, y la exención de impuestos territoriales, entre otras medidas. El Estadio Nacional se convirtió en un fiel reflejo del nuevo modelo urbano.[8] Es así como durante los años ochenta, las 64 hectáreas del predio del estadio se comenzaron a fragmentar en lotes independientes divididos por rejas y muros. Por primera vez en su historia, el edificio y su predio se dejaron de planificar como un conjunto urbano, subdividiéndose en diversas concesiones públicas y privadas. Al mismo tiempo, el crecimiento del estadio adquirió un impulso casi sin precedentes —entre los años 1990 y 2000 se realizaron más de diez proyectos de mejoras de la infraestructura existente y creación de nuevos edificios—, no obstante, la mayoría de ellos no estaba inscrito dentro de una planificación total del predio deportivo.[9]

8 Pablo Trivelli, "Reflexiones en torno a la política nacional de desarrollo urbano," *Revista EURE*, vol. 8, no. 22 (1981). See: http://www.eure.cl/index.php/eure/article/view/921 (accessed January 8, 2014).

9 Rozas-Krause, *Ni tan elefante, ni tan blanco*, 87–180.

8 Pablo Trivelli, "Reflexiones en torno a la política nacional de desarrollo urbano", *Revista EURE*, vol. 8, no. 22 (1981). Ver: http://www.eure.cl/index.php/eure/article/view/921 (consultada, 8 de enero, 2014).

9 Rozas, *Ni tan elefante, ni tan blanco*, 87-180.

The Memorial Stadium

The restoration of democracy had no immediate effect on the National Stadium. Although the uses of the compound were democratized, the venue continued its path of material obsolescence initiated during the military dictatorship. Democracy was installed in the building by the 1989 referendum that marked the end of the dictatorship. The following year, Amnesty International organized a mega-concert at the Stadium, with the attendance of groups of relatives of the *Detenidos Desaparecidos* [Disappeared Detainees]. That same year, newly elected President Patricio Aylwin (1990–94) celebrated his commencement with a massive purifying event at the National Stadium, during which a Chilean flag of monumental proportions was unfolded over the field. Despite these symbolic events, the National Stadium and its past were institutionally forgotten. For almost a decade it remained in a dormant state with almost no visible traces of its history, until the year 2003, when a series of community initiatives, public policies, and urban projects joined efforts to rediscover the building.[10] That same year the Council of National Monuments declared the National Stadium to be a "National Historical Monument," which triggered a series of commemoration and renovation projects, both public and private, that were debated across the country in newspapers

10 Valentina Rozas-Krause, "Tres maneras de explicar la presencia de graderías antiguas en un estadio remodelado," *Revista Bifurcaciones,* no. 14 (2013). See: http://www.bifurcaciones.cl/2013/10/graderias-antiguas-en-un-estadio-remodelado/

El estadio memorial

La recuperación de la democracia no tuvo efectos inmediatos sobre el Estadio Nacional. Si bien se democratizaron los usos del complejo, el recinto siguió la trayectoria de obsolescencia iniciada durante la dictadura. La democracia se instaló en el edificio a través del plebiscito de 1989 que marcó el término de la dictadura. Al año siguiente, Amnistía Internacional organizó un mega concierto en el estadio con la presencia de agrupaciones de familiares de detenidos desaparecidos. El mismo año, el nuevo presidente electo Patricio Aylwin Azócar (1990-1994) celebró su ascensión al gobierno con un masivo evento 'purificador' en la cancha principal, durante el cual se desplegó una bandera chilena de dimensiones monumentales. A pesar de estos eventos simbólicos, el Estadio Nacional y su pasado fueron institucionalmente olvidados. Durante casi diez años permaneció en un estado aletargado casi sin marcas visibles de su historia, hasta que el año 2003 una serie de iniciativas ciudadanas, políticas públicas y proyectos urbanos se alinearon para redescubrir el edificio.[10] Ese mismo año, el Consejo de Monumentos Nacionales lo declaró Monumento Histórico Nacional, detonando una serie de proyectos de conmemoración y renovación, tanto públicos como privados, que fueron debatidos en todo el país en periódicos y

10 Valentina Rozas-Krause, "Tres maneras de explicar la presencia de graderías antiguas en un estadio remodelado", *Revista Bifurcaciones*, no. 14 (2013). Ver: http://www.bifurcaciones.cl/2013/10/graderias-antiguas-en-un-estadio-remodelado/

and magazines.[11] The contradiction between making the building a piece of national heritage and its profound physical decay finally led, in 2010, to the remodelling of the building and the development the *Memorial "Escotila* 8" ["Hatch 8" Memorial]. Since that day, the national soccer team never plays at the stadium's full capacity, because a remembrance of those who lost their lives at the National Stadium, an area of 185 square meters of old wooden stands, always remains empty.

11 Decree no. 710, Ministery of Education, Santiago, Chile, September 11, 2003, http://www.monumentos.cl/sites/default/files/decretos/MH_00876_2003_D00710.PDF; Consejo de Monumentos Nacionales, *Tres miradas al Estadio Nacional de Chile: historia, deporte, arquitectura* (Santiago: Ministerio de Educación, 2004).

revistas nacionales.[11] La contradicción entre hacer del edificio una pieza del patrimonio chileno y su profunda decadencia física llevó finalmente, en 2010, a su remodelación y al desarrollo del memorial Escotilla 8. Desde ese día, la selección de fútbol chilena jamás juega a estadio lleno, ya que para recordar a aquellos que perdieron sus vidas en el recinto, un área de 185 metros cuadrados de antiguas butacas de madera permanece siempre vacía.

11 Decreto de Ley No. 710, Ministerio de Educación, Santiago, Chile, 11 de septiembre, 2003, http://www.monumentos.cl/sites/default/files/decretos/MH_00876_2003_D00710.PDF; Consejo de Monumentos Nacionales, *Tres miradas al Estadio Nacional de Chile: historia, deporte, arquitectura* (Santiago: Ministerio de Educación, 2004).

Views on Views

Perspectivas sobre vistas

Stephannie Fell

A relationship between buildings and photographs can be traced in the idea of a "machine for viewing." The first known illustration of a *camera obscura* was presented by Dutch mathematician and cartographer Frisius Gemma in *De Radio Astronomica et Geometrica* (1544–45) as a device for viewing solar eclipses. It was, in reality, both a device and a room, for the engraving portrayed the darkened interior space and its tiny circular opening bound by a pair of roman columns and entablature. Roughly three centuries later, the *camera obscura*, (scaled, later on, to the size of a projection box that aided painters in the production of perspective drawings), was effectively transformed into a machine for recording and mechanically reproducing a view. Niépce's invention (that is famously represented by a "View from the Window at Le Gras") would allow fixed photographic images to circulate as autonomous objects—freed from the darkened interior chamber and its scale model that would later lose the *obscura* adjective to become simply "the camera." Even then—as a remainder maybe of this initial relationship—photography would remain an interior enterprise until technological advancements allowed cameras to become lighter, faster, and cheaper.

Photographs don't provide objective records—or record a view independent from its viewer. They operate as mediators not only between photographer and photographed: printed in certain mediums or stored in particular archives, they build up bodies of knowledge that shape views of the past. Looking at images in and beyond those mediums is a different act of spectatorship. Both the Stadium

Una relación entre edificios y fotografías se puede trazar en la idea de una 'máquina para ver'. La primera ilustración de una *camera obscura* fue presentada por el matemático y cartógrafo holandés Frisius Gemma en su *De Radio Astronomica et Geometrica* (1544-5) como un dispositivo para ver eclipses solares. Era, en realidad, tanto un dispositivo como una habitación, pues el grabado retrataba el espacio interior oscurecido y su minúscula apertura circular, enmarcados por un par de columnas romanas y su entablamento. Aproximadamente tres siglos más tarde, la *camera obscura* (escalada luego al tamaño de una caja de proyección que asistía a pintores en la producción de perspectivas), fue efectivamente transformada en una máquina para registrar, y reproducir mecánicamente, una vista. La invención de Niépce (famosamente representada por una "Vista desde la ventana en Le Gras") permitiría a imágenes fotográficas fijas circular como objetos autónomos —liberados del recinto interior oscurecido y de su modelo a escala, que perdería luego el adjetivo *obscura* para convertirse simplemente en "la cámara"—. Incluso en ese momento —quizás como un recordatorio de esta relación inicial— la fotografía se mantendría como una actividad interior, hasta que los avances tecnológicos permitieran a la cámara ser más rápida, más liviana y más barata.

Las fotografías no proporcionan registros objetivos —ni registran vistas independientes de quien las mira—. Operan como mediadoras, no sólo entre el fotógrafo y lo fotografiado: impresas en ciertos medios o almacenadas en archivos particulares, construyen cuerpos

and its historical photographs are not neutral platforms for viewing but complex mechanisms where social and political premises are performed and ingrained. We've assembled a visual essay that surveys the act of looking in and at the Stadium, organizing it around the dissimilar events that occupy it, rather than through a chronological narrative. The images contained here come from different archival sources and, whenever possible, are referenced and commented upon. Some of them are anonymous, others have gained the status of iconic representations. To write about them is to offer "views on views," that navigate an ambiguous territory between making visible and opening them up to readings as containers of signification and affect.

de conocimiento que dan forma a puntos de vista sobre el pasado. Ver imágenes en estos y otros medios es un acto diferente de observación. Ni el Estadio Nacional, ni sus fotografías históricas, son plataformas neutras para ver, sino mecanismos complejos en que premisas sociales y políticas son ejecutadas y arraigadas. Hemos reunido un ensayo visual que inspecciona el acto de mirar 'en' y 'al' estadio, organizándolo en torno a los eventos disímiles que lo han ocupado, más que a través de una narrativa cronológica. Las imágenes provienen de diferentes fuentes documentales y han sido referenciadas y comentadas siempre que ha sido posible. Algunas de ellas son anónimas, otras han ganado la condición de representaciones icónicas. Escribir sobre ellas es ofrecer 'perspectivas sobre vistas', que navegan un territorio ambiguo entre hacerlas visibles y abrirlas a lecturas como contenedores de significados y afectos.

The caption reads: "Santiago's youth in front of the government house demanding the Stadium (1909)"

Bajo la imagen se lee: "La juventud de Santiago frente a La Moneda pidiendo el estadio" (1909)
Source / Fuente: Ministerio de Instrucción Pública de Chile, *Antecedentes sobre el Stadium Nacional* (Santiago, 1910)

There was a stadium of public imagination thirty years before there was an actual building to become known as the National Stadium. While a growing demand for sports infrastructure was evidenced by 15,000 people gathering outside the government house in 1909, the stadium remained an idea with shifting locations until the late 1930s (the ceremonial laying of its first stone, most notably, took place on another site in 1916). The inauguration of the building in its actual location, by the end of the term of Arturo Alessandri Palma (1932–38), was moreover driven by a nationwide public policy that conceived sports as a solution to intemperance and immoral behaviour. Thus, since its implementation, the sports and cultural activities taking place in the Stadium are underpinned by a moral stance of the State, with an emphasis on physical education as a tool to instil and regulate moral values and national identity within the population.

Treinta años antes de que existiese un edificio que sería luego conocido como Estadio Nacional, había un estadio social. Mientras la creciente demanda por infraestructura deportiva se visibilizaba en las 15 mil personas reunidas afuera de la casa de gobierno en 1909, el estadio se mantuvo como una idea con locaciones cambiantes hasta la segunda mitad de la década de 1930 (la instalación ceremonial de su primera piedra tuvo notablemente lugar en otro sitio en 1916). La inauguración del edificio en su ubicación actual hacia el final del gobierno de Arturo Alessandri Palma (1932-1938), fue además impulsada por una política pública a escala nacional que concebía el deporte como una solución a la intemperancia y la conducta inmoral. Así, desde su implementación, los deportes y las actividades culturales que ocurren en el estadio están respaldados por una intención moralizadora del Estado, con un énfasis en la educación física como una herramienta para inculcar y regular valores morales e identidad nacional en la población.

Published as “Panoramic view of the Monumental Colosseum”

Publicada como “Vista panorámica del monumental coliseo”
Source / Fuente: Maffet, H (ed.) *Ñuñoa: 58 años de vida comunal* (Santiago, 1953)

Inauguration of the National Stadium, 3 December 1938

Inauguración Estadio Nacional, 3 de diciembre, 1938
Source / Fuente: Consejo de Monumentos Nacionales (ed.) *Tres miradas al Estadio Nacional de Chile. Historia, Deporte, Arquitectura (Santiago, 2005)*

Two images describe the building's inauguration. A bird's-eye view depicts a seemingly obvious venue for an event: the stadium's seating surrounds a field not yet drawn. The actual inauguration of the Colosseum took place on a Saturday afternoon in 1938. In the photograph from the building's west entrance, a mass of mostly male bodies occupies the foreground. Eight women, suggesting Greek *caryatids*, stand alongside the national flag covering the inaugural plaque; acting as the first backdrop for the allegorical nature of the image and the event. The exterior of the building acts as the second: Never has the Colosseum come closer to resembling the image of the Roman amphitheatre that inspired its name—after the remodelling for the 1962 World Cup, it never again would. What is being inaugurated is at once a modern concrete building and a timeless ruin.

Dos imágenes describen la inauguración del edificio. Una vista a vuelo de pájaro representa un edificio aparentemente sencillo para recibir un evento: los asientos rodeando una cancha aún sin dibujar. La real inauguración del "Coliseo" tuvo lugar una tarde de sábado de 1938. En la fotografía, desde la entrada oeste del edificio, una masa de en su mayoría cuerpos masculinos ocupa el primer plano. Ocho mujeres, sugiriendo cariátides griegas, están de pie junto a la bandera nacional cubriendo la placa inaugural; actuando como un primer trasfondo para la naturaleza alegórica de la imagen y el evento. El exterior del edificio actúa como el segundo: nunca antes el "Coliseo" se ha parecido tanto a la imagen del anfiteatro romano que inspiró su nombre —luego de la remodelación para el Mundial de Fútbol de 1962, nunca más podrá parecérsele de nuevo—. Lo que está siendo inaugurado es simultáneamente un edifico moderno y una ruina anacrónica.

Miguel Rubio Feliz, "Sports competitions during the day of the stadium," 1948

Miguel Rubio Feliz, "Competencias deportivas en el día del estadio", 1948
Source / Fuente: Colección Museo Histórico Nacional

"Gymnastics reviews" had been organised by medical, hygienist, pedagogical, and sports circles since 1909, yet within the stadium they found a platform for their endeavours. These public displays of physical activity, that celebrated both female and male skilled athletes in front of the authorities, were not so much about competition as they were about promoting the skills required for the nation's defensive forces. "Reviews" were part of the inaugural programme of the stadium and were subsequently celebrated on the anniversary of its inauguration. The best-preserved photographic records of the building not only bear witness to the eagerness of a large audience gathered in one platform, but might also have contributed to the rise of another: the Union of Graphic Reporters of Chile, one of the nation's oldest institutions, was also established in 1938. Amongst its founding directors is Miguel Rubio, author of the two photographs on the left.

"Revistas de gimnasia" han sido organizadas por círculos médicos, higienistas, pedagógicos y deportivos desde 1909, pero es en el estadio donde encuentran una plataforma para sus objetivos. Estos despliegues públicos de actividad física que celebraban a mujeres y hombres deportistas frente a autoridades, no eran tanto sobre competencia como sobre la promoción de los valores requeridos para las fuerzas defensivas de la nación. Las "revistas" fueron parte del programa inaugural del estadio y serían subsecuentemente celebradas en el aniversario de su inauguración. Los registros fotográficos mejor guardados del edificio no sólo son testigos del entusiasmo de una audiencia masiva reunida en una única plataforma física, sino que además posiblemente facilitaron las bases para fortalecer otra plataforma fotográfica: la Unión de Reporteros Gráficos de Chile, una de las instituciones más antiguas de la nación, fue también fundada en 1938. Entre sus directores fundadores está Miguel Rubio, autor de las dos fotografías de la izquierda.

Baltazar Robles, National Stadium, Santiago, 1949

Baltazar Robles, "Estadio Nacional", Santiago, 1949
Source / Fuente: Subcolección Chile, Colección Archivo Fotográfico, Archivo Central Andrés Bello, Universidad de Chile

People gather in the hall of *La Nación* newspaper's offices to watch the World Cup broadcasted on TV for the first time

Personas se aglomeran en el hall del periódico *La Nación* para ver por primera vez las transmisiones del Mundial en un televisor. En: *La Nación*, 31 de mayo, 1962
Source / Fuente: Archivo Diario La Nación, Cenfoto - UDP

The Stadium held many large gatherings before 1962. Events such as the National Eucharistic Congress of 1941, or US vice president Henry Wallace's visit in 1943, drew over 80,000 attendants, far from the venue's official capacity of 52,000. Hosting the 1962 World Cup meant formalising an existing demand as much as it offered an image of the country's modernity abroad. These photographs overlap the physical expansion of the building—both inwards and outwards: eliminating the velodrome and extending the stands via cantilevers beyond its oval enclosure—with the expansions in the mediums of production and distribution of the building's images. Colour photographs were incipient in the early 1960s—and are rarely found within public archives—and so were TV sets. They made their first appearances to broadcast the World Cup in storefronts and building lobbies: The act of looking at moving images began collectively, with the National Stadium as the backdrop for a new kind of spectatorship.

El estadio albergó muchas reuniones masivas antes de 1962. Eventos como el Congreso Eucarístico Nacional de 1941, o la visita del vicepresidente de los Estados Unidos Henry Wallace en 1943, declararon 80 mil asistentes, lejos de la capacidad oficial del recinto de 52 mil. Recibir al Mundial de 1962 significó formalizar una demanda existente tanto como ofrecer una imagen de modernidad nacional en el extranjero. Estas fotografías sobreponen la expansión física del edificio —tanto hacia adentro como hacia afuera, eliminando el velódromo y extendiendo los asientos a través de voladizos que excedían el cerramiento oval— con la expansión de los medios de producción y distribución de las imágenes del edificio. Las fotografías a color eran incipientes a principios de los sesenta —rara vez encontradas en los archivos públicos—, también lo eran los televisores. Hicieron su primera aparición en vitrinas y vestíbulos de edificios durante la transmisión del Mundial: el acto de mirar imágenes en movimiento empezó colectivamente con el Estadio Nacional como telón de fondo de un nuevo tipo de audiencia.

Mario Castro Avaria, Chile vs Italia ("the Battle of Chile"), 2 June 1962

Mario Castro Avaria, Chile vs Italia ("la Batalla de Chile"), 2 de junio, 1962
Source / Fuente: Archivo personal Mario Castro

Pope John Paul II on the field, 2 April 1987, published in
La Tercera, 3 April 1987

Papa Juan Pablo II en la cancha, 2 de abril, 1987.
La Tercera, 3 abril, 1987
Source / Fuente: Biblioteca Nacional

Juan Carlos Cáceres, "Amnesty International Concert," 1990

Juan Carlos Cáceres, "Concierto Amnistía Internacional", 1990
Source / Fuente: Fondo Fortín Mapocho, Archivo Nacional de la Administración

Both images relate young audiences to a wider political context: a youth-gathering organized around the Pope's visit during the dictatorship years, and a concert celebrating the return to democracy. In the first image, the anonymous official-press photographer, shooting from the marquee, frames a wide-angle view to emphasise the iconographic field and the altar. What this view inadvertedly reveals is the elaborate division of space that supports this iconography: the bottom third of the image resembles an array of cages differentiating "kinds" of audiences. This tight spatial control is, nonetheless, surpassed in an anecdote: before the event began, four helium balloons with slogans ("love," "truth," "justice," "freedom") were released from the field. Suddenly the public began chanting: "freedom!" The second event, three years later, was portrayed differently. The young audience is shown up-close from within the field, as a continuous mass merging with the marquee, itself a support for the event's message—meant to be seen and heard worldwide.

Ambas imágenes relacionan audiencias jóvenes con un contexto político amplio: una reunión juvenil organizada en torno a la visita del Papa durante los años de la dictadura y un concierto celebrando el retorno a la democracia. En la primera imagen, el fotógrafo de la prensa oficial, anónimo, disparando desde la marquesina, encuadra una vista gran angular para enfatizar la iconográfica cancha y el altar. Lo que esta vista revela, inadvertidamente, es la elaborada división del espacio que soporta esta iconografía: el tercio inferior de la imagen pareciera una hilera de celdas diferenciando 'tipos' de audiencia. Este estrecho control espacial está, no obstante, sobrepasado en una anécdota: antes del comienzo del evento, cuatro globos de helio con lemas ("amor", "verdad", "justicia", "libertad") fueron soltados desde la cancha. De pronto, el público comenzó a corear: "¡Libertad!". El segundo evento, tres años después fue retratado de manera diferente. La joven audiencia es mostrada de cerca desde dentro de la cancha como una masa continua fusionándose con la marquesina y, esta misma, como soporte para el mensaje del evento —concebido para ser visto y oído en todo el mundo—.

Manuel Trucco, “Closing of Gabriel Gonzalez Videla's campaign,” 1946

Manuel Trucco, “Cierre campaña presidencial de Gabriel Gonzalez Videla”, 1946
Source / Fuente: Archivo personal de Manuel Trucco

Claudio Espinosa, "Concentration of Büchi supporters at the National Stadium," 12 October 1989

Claudio Espinosa, "Concentración de Büchi en el Estadio Nacional", 12 de octubre, 1989
Source / Fuente: Fondo Fortín Mapocho, Archivo Nacional de la Administración

When there's no competition in the field, sounds at the stadium become responses to unfolding events; in its reverberation, reaction—"commotion" easily becomes "conviction." Political rallies, since the building's opening, engaged with this phenomenon. Gabriel Gonzalez Videla's chief of propaganda, poet Pablo Neruda, in a knowledgeable but reluctant act, writes a poem for the closing campaign at the stadium—which he doesn't read himself—where the phrase "the people call him Gabriel" is repeated several times. This linguistic device becomes an echo in the field, immediately embraced by the audience in the stands, transformed into a slogan. In Espinosa's photograph, 43 years later, a similar event registers a different spatial configuration. The return to democracy, the development of acoustic technologies and TV transmissions all contribute to this scenario. While in 40,000 square metres unanimous support is most intensely conveyed through sound, on a home TV screen—where sound is controlled by the viewer—its efficacy relies on images.

Cuando no hay competencias en la cancha, los sonidos en el estadio se vuelven respuestas a los eventos en despliegue; en su reverberación, la reacción —'conmoción' fácilmente se vuelve 'convicción'—. Las manifestaciones políticas, desde la apertura del edificio, se acoplaron a este fenómeno. El jefe de propaganda de Gabriel González Videla, el poeta Pablo Neruda, en un acto experto pero reacio, escribe un poema para el cierre de campaña en el estadio —que no lee él mismo— en que la frase "la gente lo llama Gabriel" es repetida varias veces. Este dispositivo lingüístico se vuelve un eco en la cancha, inmediatamente adoptado por la gente en las graderías, se transforma en un eslogan. En la fotografía de Espinoza, 43 años después, un evento similar registra una configuración espacial diferente. El retorno a la democracia, el desarrollo de tecnologías acústicas y transmisiones televisivas, todas contribuyen a este escenario. Mientras en 40 mil metros cuadrados el apoyo unánime es intensamente transmitido a través del sonido, en una pantalla televisiva doméstica —donde el sonido es controlado por el espectador—, su eficacia depende de las imágenes.

Armindo Cardoso, "Farewell act for Fidel Castro's visit to Chile," 2 December 1971

Armindo Cardoso, "Cierre de la visita de Fidel Castro a Chile", 2 de diciembre, 1971
Source / Fuente: Archivo Fotográfico Biblioteca Nacional

The frequent use of the stadium by Allende's government is not by itself what makes it noteworthy, but rather how in these events, spectator and spectacle, mass and message, become frequently convoluted. "Allende, we'll deliver!" is written on the wheels of a tractor that holds to its left a windowless shack marked "before." On its right, a model of a proper house. Spanning between them, a canvas with Castro's name—the celebrated guest—and the logo of CORMU, a department of the Housing and Urbanization Ministry. "Workers along their government, we'll win!," and "Viva Allende" signs are found in the field and in the stands.

El uso intenso del estadio por el gobierno de Allende no es en sí mismo lo que lo hace digno de atención, sino más bien la manera en que, en estos eventos, espectador y espectáculo, masa y mensaje, frecuentemente se enredan. "¡Allende, cumpliremos!" está escrito en las ruedas de un tractor que tiene a su izquierda una choza sin ventanas que lee "antes". A su derecha, un modelo de una casa tradicional. Entremedio de ambas, un lienzo con el nombre de Castro —el invitado celebrado— y el logo de la Corporación de Mejoramiento Urbano (Cormu), un departamento del Ministerio de Vivienda y Urbanismo.

Jack Ceitelis, "Celebration of the 50th anniversary of the Communist Party," 2 January 1972

Jack Ceitelis, "Celebración 50 años Partido Comunista", 2 de enero, 1972
Source / Fuente: Fondo Ceitelis, Archivo Fotográfico Biblioteca Nacional

A man in front of an ambulance is taking a photograph, while several others are holding cameras and looking towards the stands where Cardoso stood to make this image. This ambiguity of what amounts to a spectacle is equally present in Ceitelis' photograph, where the audience's gaze—and the lights—point indistinctly towards the field or the stands.

"Trabajadores junto a su gobierno ¡venceremos!" y "Viva Allende" se leen tanto en la cancha como en las graderías. Un hombre frente a una ambulancia está tomando una fotografía mientras varios otros están sosteniendo sus cámaras mirando hacia las graderías donde Cardoso se paró para hacer esta imagen. Esta ambigüedad de lo que equivale al espectáculo está igualmente presente en la fotografía de Ceitelis, donde la mirada de la audiencia —y las luces— apuntan indistintamente hacia la cancha o hacia las graderías.

The Stadium was not always a place for spectacle. Another dimension of the city is enacted in its use as a shelter in the aftermath of World War II. For an unknown period of time during 1948, the building was made to serve as a home for approximately 500 European immigrants, fitted with beds and dining tables, until the newly arrived population found jobs or means of providing for themselves.

El estadio no fue siempre un espacio para el espectáculo. Otra dimensión de la ciudad es escenificada en su uso como refugio después de la Segunda Guerra Mundial. Durante un periodo desconocido de tiempo durante 1948, el edificio fue adaptado para servir como hogar a aproximadamente 500 inmigrantes europeos, equipados con camas y mesas de comedor, hasta que la recién llegada población encontrase trabajo o medios para abastecerse por sí mismos.

[Both pages]
Miguel Rubio Feliz, "Group of inmigrants at the National Stadium," 1943

[Ambas páginas]
Miguel Rubio Feliz, "Grupo de inmigrantes en el Estadio Nacional", 1943
Source / Fuente: Colección Museo Histórico Nacional

© Koen Wessing / Hollandse Hogte, Chili September 1973

© Koen Wessing / Hollandse Hogte, *"Chili September 1973"*

The power ascribed to images by the dictatorship is manifested in an aversion to them: the looting of archives, destruction of film and photographic records perceived as traces of the former regime, along heavy censorship on published images made photography a contested media. Cardoso's images survived buried in a backyard. Associations like AFI [Asociación de Fotógrafos Independientes] emerged to protect fellow photographers. Images became iconic traces in the context of their own scarcity; both as evidence of illicit militancy and as testimony of the rising number of missing people. The most well-known images of the Stadium as detention centre were taken in one day—22 September 1973—and were intended to illustrate a story controlled by the dictatorship. From the middle of the field, traditionally reserved for the spectacle, 150 national and international journalists were allowed to direct their cameras towards the stands and a limited number of hatches, where heavily guarded prisoners perform an act.

El poder adscrito a las imágenes por la dictadura es manifestado en una aversión a ellas: el saqueo de archivos, destrucción de cintas y registros fotográficos percibidos como rastros del antiguo régimen, junto con la enérgica censura en la publicación de imágenes hizo a la fotografía un medio en disputa. Las imágenes de Cardoso sobrevivieron enterradas en un patio trasero. Asociaciones como la AFI (Asociación de Fotógrafos Independientes) nacieron para proteger a colegas fotógrafos. Las imágenes se volvieron huellas icónicas en el contexto de su propia escasez; al mismo tiempo como evidencia de militancia ilícita y como testimonio del creciente número de personas desaparecidas. Las fotografías más conocidas del estadio como centro de detención fueron sacadas en un mismo día —22 de septiembre de 1973— y estuvieron destinadas a ilustrar una historia controlada por la dictadura. Desde la mitad de la cancha, tradicionalmente reservada para el espectáculo, se les permitió a 150 periodistas nacionales e internacionales dirigir sus cámaras hacia las graderías y a un número limitado de escotillas, donde prisioneros severamente custodiados actuaban.

© Marcelo Montecino, "National Stadium," 1973
© Marcelo Montecino, "Estadio Nacional", 1973

Wessing, Burnett, and Montecino's photographs became iconic by conveying an intuition: what was obscured to the photographer and, by analogy, to the public, was larger than what the dictatorship allowed to meet their eyes. The structure of Wessing's image directs the viewer behind the photographed man, towards the tunnel entered by a figure of invisible features and a half-open bag of unknown content. Burnett's image uses a similar visual trope; prisoners entering an unmarked door at the edge of the frame are leaving the picture plane. Even the photographer is not really in the same room as the photographed: a threshold is set up by the soldier holding a gun in the foreground. Montecino's photograph is different yet produces a similar estrangement: the women in the stands look straight back at the camera, defiantly. They do not seem like prisoners, as much as the guards don't stand like guards. Something seems off.

Las fotografías de Wessing, Burnett y Montecino, entre otras, se volvieron icónicas por transmitir una intuición: lo que se ocultaba al fotógrafo y, por analogía, al público, era mayor a lo que la dictadura permitía revelar. La estructura de la imagen de Wessing dirige al espectador detrás del hombre fotografiado, hacia el túnel al que entra una figura de rasgos invisibles y una bolsa de contenido desconocido a medio abrir. La imagen de Burnett también recurre a un tópico visual similar: prisioneros que entran por una puerta sin marcar, abandonando el plano pictórico. Ni siquiera el fotógrafo está realmente en la misma habitación con lo fotografiado: un umbral es construido por el soldado sosteniendo un arma en primer plano. La fotografía de Montecino es diferente, no obstante, produce un extrañamiento similar: las mujeres en la gradería miran directo a la cámara, desafiantes. No parecen prisioneras, tanto como los guardias no adoptan postura de guardias. Algo anda mal.

© David Burnett/Contact Press Images, courtesy of the artist
© David Burnett/Contact Press Images, cortesía del artista

The return to democracy did not mean a sudden liberation of withheld images and recognition of events and memories in the spaces in which these occurred. Among the Stadium's images abroad, its use as a detention centre was the most commonly recalled. Wessing's images were published as a photobook immediately after his return to the Netherlands. Burnett's and Montecino's photographs circulated in the international press—as early as 23 September in *The New York Times*—illustrating stories of disappearances and emphasising their role as portraits of what then remained unknown. Yet it took time for memory and images to negotiate their way into the building itself. The "Hatch 8" memorial opened in 2010, as a space where time stood still within the building, much like in photographs. Chile's National Stadium was legally declared a historical monument on August 2003.

El retorno a la democracia no significó una repentina liberación de las imágenes retenidas y un reconocimiento de los eventos y memorias en los espacios en que estos ocurrieron. Entre las imágenes del estadio circuladas en el extranjero, su uso como centro de detención se volvió el más recordado. Las imágenes de Wessing fueron publicadas como un foto-libro inmediatamente después de su retorno a Holanda. Las fotografías de Burnett y Montecino circularon en la prensa internacional —a partir del 23 de septiembre en el *New York Times*— ilustrando historias de desapariciones y enfatizando su rol como retratos de aquello que se desconocía. Pero tomó tiempo a la memoria y a las imágenes negociar su camino de vuelta al edificio mismo. El memorial Escotilla 8 abrió en 2010 como un espacio donde el tiempo se detuvo dentro del edificio, a la manera en que lo hace en una fotografía. El Estadio Nacional de Chile fue legalmente declarado Monumento Histórico en agosto de 2003.

© Rolando Morales C. "National Stadium after its remodelling," May 2010. On the lower left hand side the 'Hatch 8' memorial

© Rolando Morales C. "Estadio Nacional tras su remodelación", mayo, 2010. En la esquina inferior izquiera el memorial Escotilla 8

LA CIUDAD

THE CITY

Origins of the Neoliberal City

Orígenes de la ciudad neoliberal

Manuel Shvartzberg

The city is like some large house, and the house is in turn like some small city.

— Leon Battista Alberti

Alberti's analogy between city and house, house and city, points to a fundamental operation of architecture. Beyond the semiotic logic of *representation* between these elements, the identification between them also performs a work of *apportioning:* the body politic is partitioned physically and conceptually into a public and a private sphere, and these are, in turn, given a certain condition of equality; a formal reciprocity. The proportionality implied by the metaphor suggests that there is a direct translation between these two realms: the city and the house are construed as formally equal polarities, co-constituted spatially, and thus, with formally equal social, political, and juridical value, if with clearly distinct functions.

The construction of *formal* relations—such as equality—between things, is the signature operation of architecture. However, these operations are never transparent translations, they are always mediated by power, and when traced as material conditions, they *are* power. Transparency of translation—or, in other words, naturalizations—between different realms is the surest guarantee of the mystification of such power. Thus, when the city is said to be composed of private houses and public space, and such composition is said to occur through the natural operations of the market—and even materially reified this way, as in Chile's National Stadium on the 29th of September, 1979—we are actually

La ciudad es como una gran casa y la casa, a su vez, una pequeña ciudad.

—Leon Battista Alberti

La analogía de Alberti entre la ciudad y la casa; la casa y la ciudad, apunta a una operación fundamental de la arquitectura. Más allá de la lógica semiótica entre ambos elementos (de 'representación'), la identificación tiene una función distributiva (de 'apropiamiento'): el cuerpo político es particionado, física y conceptualmente, en una esfera pública y una privada, y éstas, a su vez, reciben una cierta condición de igualdad; una reciprocidad formal. La proporcionalidad implícita en la metáfora sugiere que existe una traducción directa ente estos dos mundos: la ciudad y la casa son entendidas como polaridades formalmente equivalentes, co-constituidas espacialmente, y como tales, con valores sociales, políticos y jurídicos formalmente iguales, si bien con funciones claramente diferenciables.

La construcción de relaciones 'formales', como la igualdad entre objetos, es la operación distintiva de la arquitectura. Sin embargo, estas operaciones nunca son traducciones transparentes; siempre están mediadas por el poder, y cuando se trazan como condiciones materiales, 'son' el poder. La transparencia de traducción —en otras palabras, la naturalización— entre distintos ámbitos, es una prueba fehaciente de la mistificación de dicho poder. Así, cuando se dice que la ciudad se compone de vivienda privada y espacio público, y que dicha composición ocurre a través de las operaciones naturales del mercado —e incluso se materializa de esta manera, como ocurre en el Estadio Nacional de Chile el

witnessing a colossal performance and instantiation of power; that of liberalism.

The narrative of the city as a disaggregated assemblage of private interactions—especially via private housing—is a fiction with special pride of place within the history of liberalism—and in particular, with the idealization of the "rise of cities" in the medieval to early modern period. In this canonical narrative, the reigning feudal order begins to crack open when artisans and traders coalesce in small cities with relative autonomy from surrounding landlords and kings: the state. Their development of private property—in the form of their own skills and products, but also in their gradual acquisition of land and real estate—begins to mark out a space that is separate from both the power of the state and the church, and thus, the emergence of a self-sustaining, freedom-seeking bourgeoisie. As the medieval proverb went: "City air makes you free."

Through the gradual loosening of the customary bonds and obligations within and between communal organizations and sovereign institutions—such as farmer sharecropping or guild associations—the development of private property allows for markets to flourish, in turn, leading to the gradual opening up of long-distance trade, and thus, the long march of capitalist globalization. One of the critical instruments in this narrative is the rise of contracts and forms of bookkeeping that would allow for the tabulation and formalization of the specific boundaries of things and services—from real estate to money loans—so that they could circulate. But such instruments also had a collateral

29 de septiembre de 1979— en realidad estamos siendo testigos de una colosal *performance* e instanciación del poder; aquella del liberalismo.

La narrativa de la ciudad como un conjunto desagregado de interacciones privadas, en especial a través de la vivienda, es una ficción que ocupa un lugar especial en la historia del liberalismo —particularmente con la idealización del "surgimiento de las ciudades" del período medieval al período moderno temprano. En esta narrativa canónica, el orden feudal reinante comienza a quebrarse cuando artesanos y comerciantes se asocian en ciudades pequeñas con relativa autonomía respecto a los terratenientes y reyes que les rodean: el Estado. Su desarrollo de la propiedad privada —en la forma de sus propias habilidades y productos, pero también en su adquisición gradual de tierras y bienes raíces— comienza a demarcar un espacio separado tanto del poder del Estado como de la Iglesia, y de este modo, origina una burguesía autosuficiente que persigue la libertad tanto en estilo de vida y condición material. Como decía el proverbio medieval: "el aire de la ciudad te hace libre".

A partir del aflojamiento gradual de los lazos y obligaciones tradicionales dentro y entre las organizaciones comunales y las instituciones soberanas —tales como las aparcerías agrícolas o asociaciones gremiales— el desarrollo de la propiedad privada permite prosperar a los mercados, lo que a su vez conduce a la apertura paulatina del comercio de larga distancia y, por ende, a la larga marcha de la globalización capitalista. Uno de los instrumentos claves de esta narrativa es

effect: they formalized the rise of the bourgeoisie and its constituent lifeworld; the primacy of the individual, the nuclear family, and certain perceived virtues like thrift, productivity, and whiteness in the mold of European Christianity.

At stake in this romanticized history, then, is the naturalization of the bourgeois city, where all relations tend to be understood contractually and for the solidification of its constituent lifeworld. This involves physically demarcating the space of the family home, spaces of work, and spaces of politics and law, like courts and parliaments. These physical and cultural separations are crucial foundations of patriarchy (with the seclusion of women to the home), of xenophobia (with the marginalization and exploitation of religions, races, foreigners), and of capitalism (with the separation of workers from the conditions and fruits of their labor). The bourgeois city is a very bounded and constrained space of freedom, only for some, and only in very particular ways.

Indeed, the real history behind the "rise of cities" is much more problematic and complex. The relative autonomy of an emergent bourgeoisie was not gained primarily through the cunning of traders and artisans—a bottom-up narrative—but through the internecine warfare of landlords, religious orders, and monarchs—an elite, top-down contest. As the Roman Empire disintegrated, these rulers expropriated tributes from the majority of the population: peasants. Feudal tributes constituted an extra–economic type of surplus production for the sake of a small elite: a surplus of food and living necessities that was not governed by an

el surgimiento de contratos y formas de contabilidad que permitirían la tabulación y formalización de los límites específicos de las cosas y los servicios —desde los bienes raíces a los préstamos monetarios— de modo que estos pudiesen circular. Pero tales instrumentos también tuvieron un efecto colateral: formalizaron el ascenso de la burguesía y su particular visión del mundo; la primacía del individuo, la familia nuclear, y ciertas virtudes percibidas en el molde del cristianismo europeo como el ahorro, la productividad y la pureza racial.

Lo que está en juego en esta historia romantizada, entonces, es la naturalización de la ciudad burguesa, donde todas las relaciones tienden a entenderse de manera contractual y como solidificación de la visión liberal del mundo. Esto implica demarcar físicamente el espacio de la vivienda familiar, los espacios de trabajo y los espacios de la política y las leyes, como tribunales y parlamentos. Estas separaciones físicas y culturales son las bases fundamentales del patriarcado (con el confinamiento de la mujer al hogar), la xenofobia (con la marginación y explotación de religiones, razas, extranjeros), y del capitalismo (con la separación de los trabajadores de las condiciones y frutos de su trabajo). La ciudad burguesa es un espacio de libertad sumamente limitado y constreñido, sólo para algunos, y sólo de maneras muy particulares.

En efecto, la verdadera historia detrás del "surgimiento de las ciudades" es mucho más problemática y compleja. La relativa autonomía de la burguesía emergente no se consiguió a través de la astucia de comerciantes y artesanos

economic calculus orchestrated by peasants themselves for their own benefit—it was impelled and forcefully extracted by nobles and sovereigns. As nobles jostled for further private property rights, they began to challenge the hegemony of kings and were able to privatize the lands upon which peasants lived, thus commencing the properly economic mode of extraction of surpluses, also known as capitalism. The establishment of a bourgeoisie was thus underwritten by things like rental and employment contracts—the condition of possibility for these instruments to work was that people could not be in possession of either their own lands (which were often held in common, not in private), or their own tools or communal structures (like guilds) with which to carry out and live off their own work.

The constitution of the bourgeois city shifted the creation and distribution of surpluses from public modes (whether coercive, such as by the king's military force, or democratic, such as by communal organizations) to private ones: the lifeworld would now be governed by a separate sphere with, apparently, its "own" nature and laws: this parallel sphere was the market, which in a quasi-automatic fashion organized production, distribution, and exchange.

From the perspective of liberalism, this was a triumphal success of freedom over the despotism of state authorities. But from the perspective of those without access to the primary substance at the root of it all—private property—which itself had been originally extracted through violence and force, this inaugurated a life of structural uprootedness. If one wanted to live, one

—una narrativa desde abajo hacia arriba— sino a través de la guerra interna entre terratenientes, órdenes religiosas, y monarcas —una competencia desde arriba hacia abajo—. Mientras el Imperio Romano se desintegraba, estos gobernantes expropiaban tributos de la mayoría de la población: los campesinos. Los tributos feudales constituían un tipo de producción de excedentes extra-económico para el beneficio de una pequeña elite: un excedente de alimentos y necesidades vitales que no estaba regido por un cálculo económico organizado por los campesinos para beneficio propio, sino impulsado y extraído a la fuerza por nobles y soberanos. A medida que la nobleza comenzó a abrirse paso para obtener más derechos de propiedad privada, comenzaron a desafiar la hegemonía de los reyes y lograron privatizar las tierras en las que vivían los campesinos, dando inicio al modo propiamente económico de extracción de excedentes, también conocido como capitalismo. El establecimiento de una burguesía estaba por ende respaldado por instrumentos como contratos de alquiler y de empleo, cuya condición para funcionar era que las personas no estuviesen en posesión de sus propias tierras (propiedad que era a menudo común, no privada), ni de sus propias herramientas o estructuras comunales (como los gremios) con las que ejercer y vivir de su propio trabajo.

La constitución de la ciudad burguesa desplazó la creación y distribución de excedentes desde un modo público —ya sea coercitivo como el ejercido por la fuerza militar del rey o democrático como el ejercido por organizaciones comunales— a uno privado. El mundo vital sería

had to sell their labor in the market; one had to migrate; one could only enter the public realm primarily as an economic actor above any other form of social identity.

From the perspective of liberalism, the market society had created a sphere of freedom whereby the abstract logic of competition and the individual virtues of charisma, intelligence, and calculation—the lifeworld and system of the market—would ensure that resources would be best employed to the benefit of all. The market, as the organic network that bound people together, each jostling for a position of advantage, thus creating ever-greater social surpluses, was both the guarantee and the necessary condition for broader modes of association: the birth of "civil society." Civil society encompassed not only the operations of capitalists who freely associated to create partnerships, companies, and later corporations, but also charities that disbursed pity on the poor and the weak—those rejected by market competition. Private associations, clubs, and social institutions like public hospitals and prisons were thus born. These institutions—the constituent social bodies of civil society—sought to compensate for the market's systematic creation of winners and losers. The social surplus was re-distributed, channelled by private and public organizations in new architectural typologies, at the discretion of those who controlled it.

Housing was a reluctant target for liberal social reformers, starting in the late nineteenth century. The wealthy were more concerned with not catching diseases from poor neighborhoods languishing in

gobernado por una esfera independiente, aparentemente autónoma en términos de su naturaleza y sus leyes: esta esfera paralela era la del mercado, que de manera cuasi-automática organizaba la producción, la distribución y el intercambio. Desde la perspectiva del liberalismo, éste era un logro triunfante de la libertad por sobre el despotismo de la autoridad estatal. Pero desde la perspectiva de aquellos sin acceso a la propiedad privada —la sustancia fundamental en la raíz de todo esto— que en sí misma había sido extraída a través de la violencia, esto inauguró una vida de desarraigo estructural. Si uno quería vivir, tendría que vender su trabajo al mercado; debía migrar; por sobre cualquier otra identidad social, uno sólo podría acceder al ámbito público como un actor en el mercado.

Desde la perspectiva del liberalismo, la sociedad de mercado creó una esfera de libertad, en donde la lógica abstracta de la competencia y las virtudes individuales (carisma, inteligencia, cálculo) —el mundo vital y sistema del mercado— aseguraban el uso más eficiente de los recursos para el beneficio de todos. El mercado, como la red orgánica que unía a las personas, cada una defendiendo su propia posición de ventaja, creaba así excedentes sociales cada vez mayores; convirtiéndose tanto en la garantía como la condición necesaria para modos de asociación aún más amplios: el nacimiento de la "sociedad civil". La sociedad civil abarcaba no sólo las operaciones de capitalistas quienes se asociaban libremente para crear alianzas comerciales, compañías y más tarde corporaciones, sino también organizaciones de caridad que desembolsaban compasión a los pobres y débiles; aquellos rechazados por la

squalor, so they prioritized the construction of sewage systems and public health laws. It was only after the pressure of trade unions and organized labor that housing projects began to emerge as a systematic policy option, again, only in a remedial and reluctant fashion, not as a substantive focus of formal democracy. Guaranteeing housing to all people would be antithetical to the market's need for permanent availability and mobility of workers.

With the neoliberal revolution, the "problem" of housing was cunningly turned into a market "opportunity." Why provide public housing when this was anathema to the principles of the market? It was best to attempt to construe, if only formally, dwellers as property-holders. The fact that they had no capital was another market opportunity: they could gain access to capital through debt. Borrowing against their own property, and working hard, they would be able to pay back the initial loan for the property and for establishing their own businesses—effectively turning workers into petty bourgeois owners.

The consequences of this policy have been critically studied, but remain largely obscure in public discourse for political reasons. In fact, the inflation of markets with predatory mortgages was at the root of the 2008 global financial crisis, and in several countries around the world—including many in Latin America—the purported benefits of housing privatization were never realized. For one, lands were often marketed and sold fraudulently, without the necessary legal guarantees and surrounding social and physical infrastructure, and the debts incurred

competencia de mercado. Así nacieron las asociaciones privadas, clubes e instituciones sociales como los hospitales públicos y las prisiones. Estas instituciones, los cuerpos sociales constituyentes de la sociedad civil, buscaron compensar la creación sistemática de ganadores y perdedores por parte del mercado. El excedente social fue así redistribuido, canalizado a partir de organizaciones privadas y públicas alojadas en nuevas tipologías arquitectónicas, bajo la discreción de quienes las controlaban.

La vivienda fue un blanco esquivo para los reformistas sociales liberales desde fines del siglo XIX. Los ricos estaban más preocupados por no contagiarse enfermedades desde los barrios pobres que languidecían en la miseria, por lo que priorizaron la construcción de sistemas de alcantarillado y la promulgación de leyes de salud pública. La vivienda tendría que esperar a ser objeto de las presiones de sindicatos y mano de obra organizada para emerger como una opción sistemática de política pública y, nuevamente, lo haría sólo de manera remedial y reticente, no como una preocupación sustantiva de la democracia liberal. Garantizar la vivienda a todas las personas sería la antítesis de la necesidad del mercado de contar con la disponibilidad y movilidad permanente de los trabajadores.

Con la revolución neoliberal, el 'problema' de la vivienda fue astutamente transformado en una 'oportunidad' de mercado. ¿Por qué proveer de vivienda pública cuando esto era un anatema para los principios del mercado? Era mejor intentar considerar a los habitantes, si bien sólo formalmente, como propietarios. El

oppressed rather than liberated would-be social climbers. Structurally, a rise in property-holders would also mean a rise in exploited laborers elsewhere, to be able to continue the cycle of private accumulation.

Yet, beyond the technical issues involved—which are indeed crucial to examine—there is also the transformation of cities in the image of capital: their re-constitution as the material lifeworlds of neoliberalism. These cities display enormous inequalities, which leads them to undeclared states of constant war: with obscene segregations, racialized violence, and the majority of populations living in precarious conditions of work, health, family, and sociality.

It is important to note, despite the perverse pervasiveness of these conditions, that cities don't have to be this way. Behind the oppressive project of cities as purely market-driven formations, where all relations have become strictly contractual, there are spaces of solidarity, communal purpose and organization, and social joy. Yet cutting through the web of the neoliberal lifeworld shouldn't mean a retreat into a pre-contractual and pre-modern arcadia. It is social intelligence itself—which means not only the cold calculation of algorithmic governmentality, but also the labors of emotional and physical care, of empathy and cultural exchange—that needs to be recoded, redressed, reimagined, rehoused. A city is more than the sum of its parts; in fact, it is the constant questioning of a logic of private aggregation. At best, it is a fabric of reinventing ways of living together, of translation without appropriation.

hecho de que no tuviesen capital presentaba otra oportunidad de mercado: podían obtener acceso al capital mediante la deuda. Utilizando su propiedad como garantía para el endeudamiento y trabajando duro, serían capaces de pagar el préstamo inicial para la propiedad y para establecer sus propios negocios: los trabajadores serían transformados de manera efectiva en propietarios de la pequeña burguesía.

Las consecuencias de esta política han sido estudiadas críticamente, pero permanecen oscurecidas en el discurso público por razones políticas. De hecho, la inflación de los mercados a partir de créditos hipotecarios predatorios fue la raíz de la crisis financiera de 2008 y, en varios países del mundo —incluyendo muchos en América Latina— los supuestos beneficios de la privatización de la vivienda nunca se realizaron. En primer lugar, las tierras a menudo se publicitaban y se vendían de manera fraudulenta, sin las garantías legales ni la necesaria infraestructura física y social circundante. Asimismo, las deudas contraídas oprimían más que liberaban a los potenciales escaladores sociales. Estructuralmente, un aumento en los propietarios conllevaría en simultáneo a un aumento de trabajadores explotados en otros sitios para que el ciclo de la acumulación privada pudiese seguir perpetuándose.

Sin embargo, más allá de las cuestiones técnicas involucradas —si bien cruciales de examinar— está también la transformación de las ciudades en la propia imagen del capital: su reconstitución como el mundo vital y material del neoliberalismo. Estas ciudades exhiben enormes desigualdades, que las llevan a estados no-declarados de constante

guerra: contra segregaciones obscenas, violencia racializada y la mayoría de la población viviendo en precarias condiciones laborales, de salud, familiares y sociales.

Es importante apuntar, a pesar de la perversa generalización de estas condiciones, que las ciudades no tienen necesariamente que ser así. Detrás del proyecto opresivo de la ciudad como formación únicamente guiada por el mercado, donde todas las relaciones se han vuelto estrictamente contractuales, hay espacios de solidaridad, organización y propósito comunitario, y alegría social. Sin embargo, cortar la intrincada red neoliberal no implica volver a una arcadia pre-contractual y pre-moderna. Es la inteligencia social en sí misma —que no se limita al cálculo frío de la gobernabilidad algorítmica, sino que incluye el trabajo de cuidado físico y emocional, de la empatía y el intercambio cultural— lo que necesita ser re-codificado, re-ajustado, re-imaginado y re-albergado. Una ciudad es más que la suma de sus partes; es, de hecho, el constante cuestionamiento de la lógica de agregación privada. En el mejor de los casos, es un entramado social para reinventar nuevas formas de convivencia, de traducción sin apropiación.

Reading list / Lista de lectura

Aalbers, Manuel. *The Financialization of Housing: A Political Economy Approach.* London; New York: Routledge, 2016.

Abu-Lughod, Janet. *Before European Hegemony*, 1250–1350. New York: Oxford University Press, 1989.

Alberti, Leon Battista. *De Re Aedificatoria. On The Art of Building in Ten Books.* Cambridge, Mass.: MIT Press, 1988. [1485]

Arendt, Hannah. *The Human Condition.* Chicago: University of Chicago Press, 1998.

Benevolo, Leonardo. *The Origins of Modern Town Planning.* Cambridge, Mass., MIT Press, 1971.

Blackburn, Robin. *The Making of New World Slavery: From the Baroque to the Modern*, 1492–1800. London; New York: Verso, 1997.

Braudel, Fernand. *The Wheels of Commerce.* New York: Harper & Row, 1982.

Brown, Wendy. *Undoing the Demos: Neoliberalism's Stealth Revolution.* New York: Zone Books, 2015.

Caldeira, Teresa. *City of Walls: Crime, Segregation, and Citizenship in São Paulo.* Berkeley: University of California Press, 2000.

Celik, Zeynep *Empire, Architecture, and the City: French-Ottoman Encounters*, 1830–1914. Seattle: University of Washington Press, 2008.

Elyachar, Julia. *Markets of Dispossession: NGOs, Economic Development, and the State in Cairo.* Durham: Duke University Press, 2005.

Fanon, Frantz. *The Wretched of the Earth.* New York: Grove Press, 1965.

Foucault, Michel. *The Birth of Biopolitics: Lectures at the Collège De France, 1978–79.* Palgrave Macmillan, 2008.

Fraser, Nancy. "Behind Marx's Hidden Abode: For an Expanded Conception of Capitalism," *New Left Review* 86, March–April, 2014.

Hilton, Rodney, Ed. *The Transition from Feudalism to Capitalism.* London: Macmillan, 1985.

Macpherson, C. B., Ed. *Property: Mainstream and Critical positions.* Toronto: University of Toronto Press, 1978.

Martin, Reinhold. "Financial Imaginaries: Toward a Philosophy of the City," *Grey Room* 42 (Winter 2011): 60–79.

Marx, Karl. *Capital: A Critique of Political Economy*, Vol. 1. London: Penguin Books, 1990. [1867]

Mehta, Uday Singh. *Liberalism and Empire: A Study in Nineteenth-Century British Liberal Thought.* Chicago: University of Chicago Press, 1999.

Meiksins Wood, Ellen. *Democracy against Capitalism: Renewing Historical Materialism.* London: Verso, 2016.

Mitchell, Timothy. "The Properties of Markets," in *Do Economists Make Markets? On the Performativity of Economics.* MacKenzie, D. A., F. Muniesa, L. Siu, eds. Princeton, NJ: Princeton University Press, 2007.

Mitchell, Timothy. *Rule of Experts: Egypt, Techno-politics, Modernity.* Berkeley: University of California Press, 2002.

Muldrew, Craig. *Economy of Obligation: The Culture of Credit and Social Relations in Early Modern England.* Basingstoke: Palgrave Macmillan, 1998.

Picon, Antoine. *French Architects and Engineers in the Age of Enlightenment.* Cambridge: Cambridge University Press, 1992.

Pirenne, Henri. *Medieval Cities: Their Origins and the Revival of Trade.* Princeton, NJ: Princeton University Press, 1925.

Polanyi, Karl. *The Great Transformation.* Boston: Beacon Press, 1957. [1944]

Rancière, Jacques. *Disagreement: Politics and Philosophy.* Minneapolis: University of Minnesota Press, 1999.

Rossi, Aldo. *The Architecture of the City.* Cambridge, Mass.: MIT Press, 1982.

Roy, Ananya. *Poverty Capital: Microfinance and the Making of Development.* New York; London: Routledge, 2010.

Schmitt, Carl. *The Nomos of the Earth in the International Law of the Jus Publicum Europaeum.* New York: Telos Press, 2003. [1950]

Schumpeter, Joseph. *Capitalism, Socialism and Democracy.* New York: Harper Perennial, 1962. [1942]

Smith, Neil. *Uneven Development: Nature, Capital, and the Production of Space.* Athens, GA University of Georgia Press, 1984.

Tafuri, Manfredo. *Architecture and Utopia: Design and Capitalist Development.* Cambridge, Mass.: MIT Press, 1976.

Wallerstein, Immanuel. *The Modern World-System*, vols. 1 & 2. New York: Academic Press 1974–1980.

Williams, Raymond. *The Country and the City.* New York: Oxford University Press, 1973.

STADIUM shantytowns in the city today
Poblaciones del STADIUM en la ciudad hoy

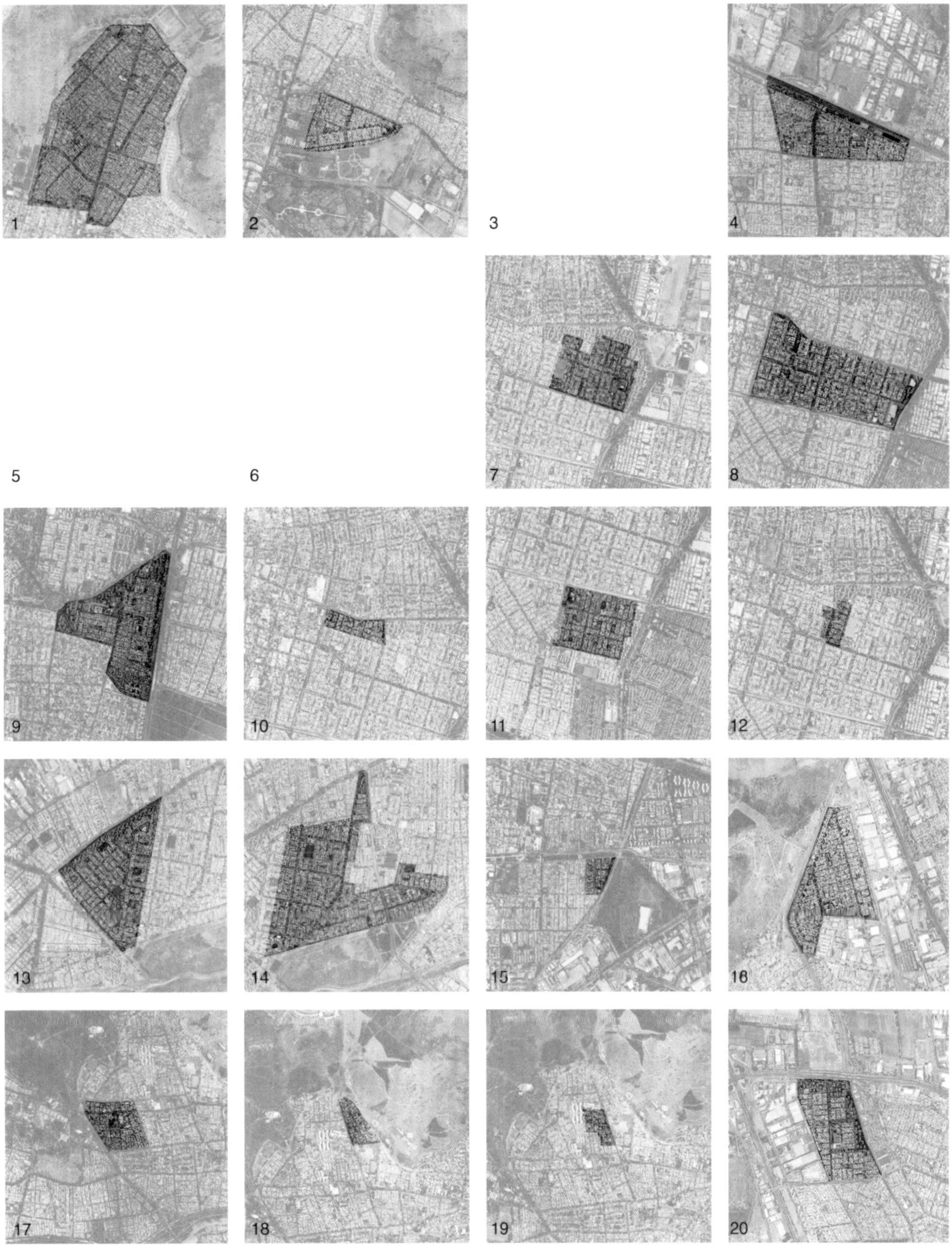

Satellite images of the 60 shantytowns of STADIUM, today

Imágenes satelitales de las 60 poblaciones del STADIUM en la ciudad hoy

1.Pincoya / 2.Huechuraba Sur / 3.El Bosque / 4. Arquitecto O'Herens / 5. Huechuraba Norte / 6. Ampliación Conchalí / 7. Villa Lo Arrieta / 8. La Faena de Peñalolén / 9. Jaime Eyzaguirre / 10. Villa Los Guindos / 11. Lo Hermida / 12. Pedro Lagos / 13. Villa Francia / 14. Villa Robert Kennedy / 15. Villa Rene Schneider / 16. Huamachuco / 17. Cerro Colorado / 18. La Quebrada / 19. Blanca Vergara / 20. Cortijo

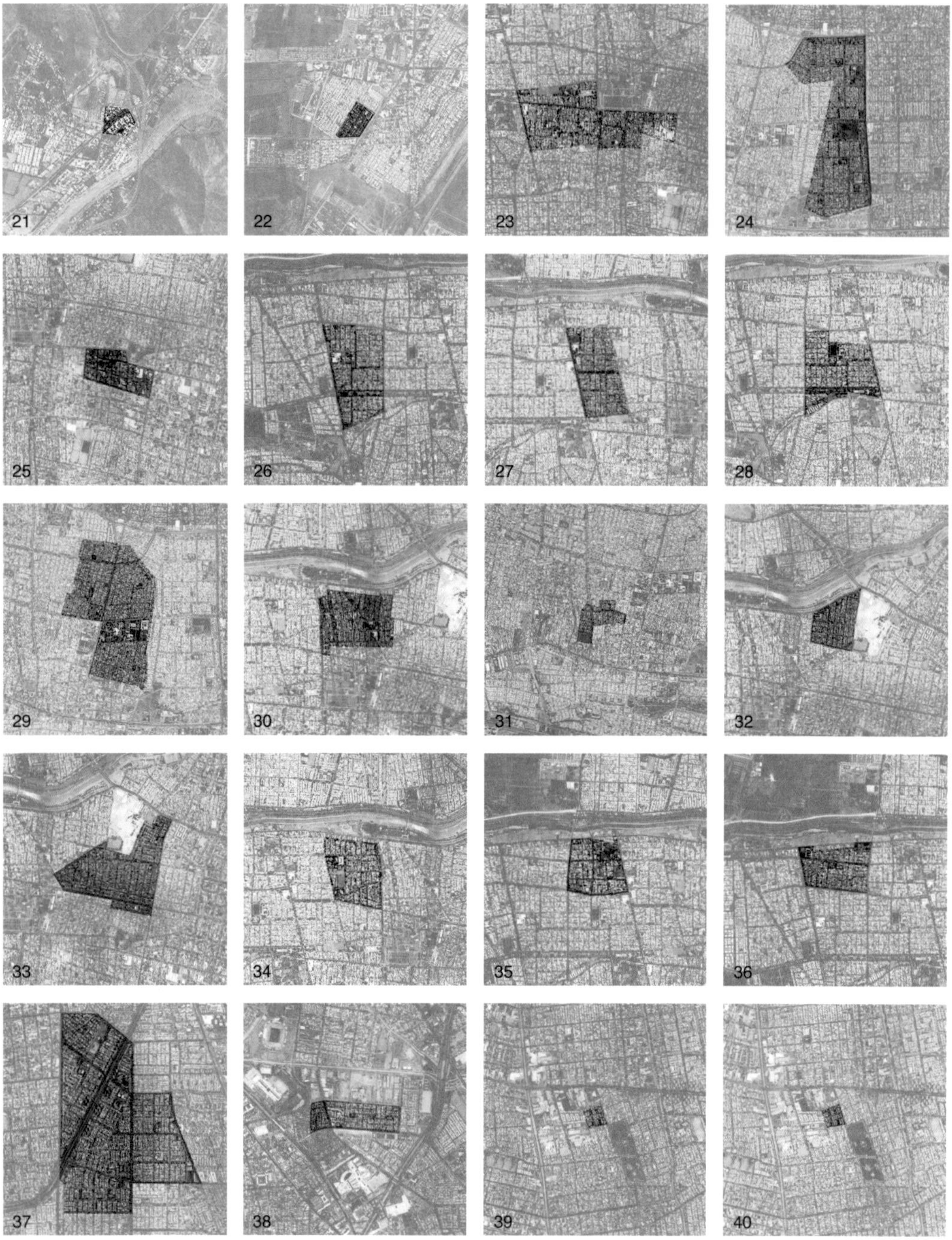

21. Villa O'Higgins / 22. San Martín / 23. La Victoria Sur / 24. Pudahuel Oriente / 25. Cauquenes /26. Federico Santa María / 27. Violeta Parra / 28. Villa Libertad / 29. Estrella de Chile / 30. Intendente Saavedra (conocida como la Colo-Colo) / 31. San Luis Beltrán / 32. Villa Carrascal / 33. Sara Gajardo / 34. Digna Rosa / 35. Villa Resbalón / 36. Villa Nueva California /37. Villa O'Higgins / 38. Villa Perú / 39. Francisco Encina / 40. Joaquín Edwards Bello

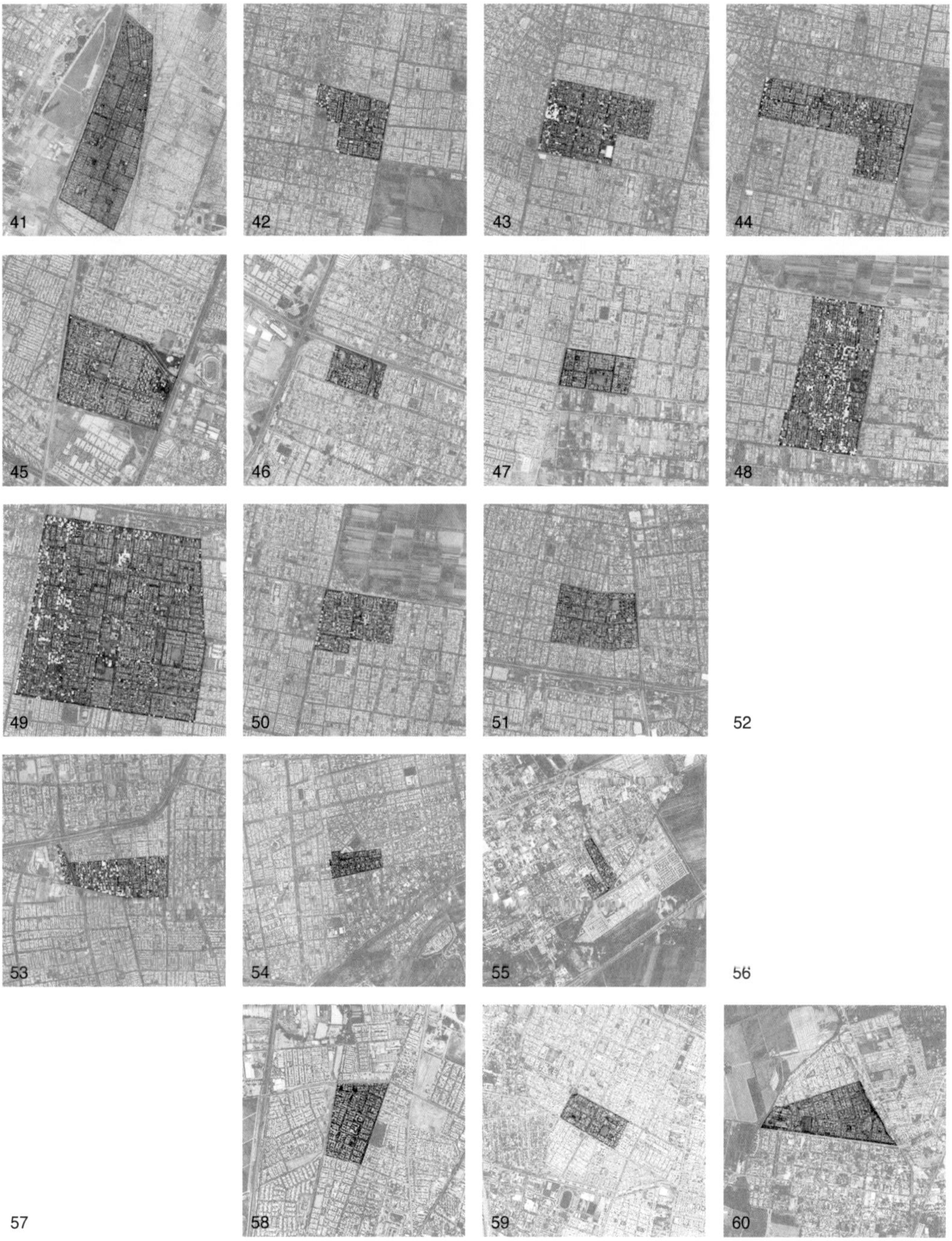

41. José María Caro / 42. Guatemala / 43. Los Acadios / 44. Santa Elena / 45. Santa Olga / 46. Baldomero Lillo / 47. Los Eucaliptus / 48. Pablo de Rokha / 49. La Bandera / 50. 21 de Mayo (Nombre actual: 6 de mayo) / 51. Paraguay / 52. El Traque / 53. Millalemu / 54. Manuel Plaza / 55. Las Palmeras / 56. El Trapiche / 57. El Monte 2 / 58. Tejas de Chena / 59. Santa Marta / 60. Manuel Plaza

A Cautionary Tale of Two Cities

Historia preliminar de dos ciudades

Daniel Talesnik

STADIUM recreates a map of Santiago by organizing 37,000 future titleholders by municipalities on the bleachers of the National Stadium of Chile, and within them by neighborhoods and shantytowns, evidencing the existence of two different cities.[1] Downtown and eastern municipalities were absent from the event and its rendered image of the city. The only plots legalized in the eastern part of the city were in the southern limits of the municipality of Ñuñoa,[2] most of which became part of the new municipality of Peñalolén a few years later.[3] Residents from northern, southern and western peripheries were gathered at the Stadium in Ñuñoa, in the eastern part of the city.[4] Thousands of inhabitants were brought to the "other Santiago," in an event that organized them by their place of residence. The rubric that was celebrated in the Stadium that September has to do with the distribution and re-distribution of "available space" and, given that most future owners were already

STADIUM recrea un mapa de Santiago al organizar a 37 mil futuros propietarios según comunas en las graderías del Estadio Nacional de Chile, a su vez divididos por barrios y poblaciones, evidenciando la existencia de dos ciudades distintas.[1] Las comunas del centro y del oriente estuvieron ausentes de la visualización de la metrópoli del evento; los únicos lotes legalizados de la zona oriente se encontraban en el límite sur-oriente de la comuna de Ñuñoa,[2] la mayoría de los cuales pasarían a formar parte del nuevo municipio de Peñalolén pocos años después.[3] Residentes de las periferias al norte, sur y poniente fueron reunidos en el estadio en Ñuñoa, en la zona oriente.[4] Miles de habitantes fueron movilizados al 'otro Santiago', en un evento que los organizó a partir de sus lugares de residencia. La rúbrica que se celebró en el estadio ese septiembre tiene relación con la distribución y redistribución del 'espacio disponible', y dado que la mayoría de los futuros propietarios ya vivían en los lotes,

1 The same stadium the military dictatorship had used six years before to detain, torture, and kill people.

2 In 1979, the military dictatorship stated that there were 236,266 plots in Chile that needed to be legalized, out of which 187,000 came from the *operación sitio* of the 1965–70 period, and 49,000 from direct handovers from the Lands Ministry (From 1980 the Ministry of National Assets). See: *El Mercurio*, Saturday, September 29, 1979, C 6.

3 Since 1979 several Santiago municipalities have been subdivided. Peñalolén became an independent municipality in 1984.

4 The 37,000 plots that were legalized on September 29, 1979 were located in a total of 60 shantytowns. 54 of them within Santiago, of which six were in what was then Ñuñoa. The remaining 48 were located in southern, northern, and western Santiago municipalities. Additionally, there were also plots in three shantytowns from two municipalities of the Greater Santiago area, and plots in three shantytowns from three municipalities in the province of Talagante (part of the metropolitan region).

1 El mismo estadio que la dictadura militar había usado seis años antes para detener, torturar y asesinar personas.

2 La dictadura militar declaró en 1979 que había 236.266 lotes en Chile que necesitaban ser legalizados, de los cuales 187 mil provenían de la operación sitio entre 1965 y 1970, y 49 mil de entregas directas del Ministerio de Tierras (desde 1980, Ministerio de Bienes Nacionales). Ver: *El Mercurio*, sábado 29 de septiembre, 1979, C 6.

3 Desde 1979 varias comunas de Santiago han sido subdivididas. Peñalolén se convirtió en un municipio independiente en 1984.

4 Los 37 mil sitios que se legalizaron el 29 de septiembre de 1979 estaban ubicados en un total de 60 poblaciones, 54 de ellas dentro de la ciudad de Santiago, de las cuales 6 estaban dentro de lo que era entonces Ñuñoa. Las 48 restantes se ubicaban en comunas del sur, norte y poniente de Santiago. Adicionalmente, hubo sitios en tres poblaciones en municipalidades pertenecientes al área del Gran Santiago, y en tres municipalidades de la provincia de Talagante (parte de la Región Metropolitana).

living on their plot, with the formalization of "occupied space." By formalizing the property rights of these plots, what was celebrated was the city's "availability of space" and the expansion of the urban limits of Santiago. More than a tale of two cities, this is a cautionary tale of the division of a city in two, and an explanation will be offered on how and why this was reinforced by the events of 1979.

In order to address the two Santiagos it would be useful to go back to 1541—to the foundational myth of Santiago when the Spanish conquistador Pedro de Valdivia established a city that already contained an area of exclusion in *La Chimba*—yet for expediency we will only rewind to the 1960s.[5] During the government of Christian Democrat president Eduardo Frei Montalva (1964–70), the so-called *operación sitio* was implemented. This operation started out in 1965 as a strategy to counteract the pressure from *pobladores* and the threat of *tomas* [land grabs]. When faced with an outburst of land grabs in 1969, it became a defence mechanism that assigned urban plots via credits and dealt with the distribution of semi-urbanized plots as opposed to built houses.[6] Between 1967 and 1970, over 60,000 semi-urbanized

5 La Chimba, which in Quechua means "of the other shore," was located on the other side of the Mapocho River from the foundational city and housed settlements of Indians and Mestizos. This area is currently part of the municipality of Recoleta.

6 When *operación sitio* started in 1965, it was dedicated both to building housing and the distribution of plots, but by 1966 it focused mainly on the latter. See: Emanuel Giannotti: "El sitio y la vivienda. Una disputa en torno a la operación sitio," in *Por barrios obreros y populares. Actores urbanos. Santiago, siglo XX*, Boris Cofré, ed. (Santiago: Ediciones Escaparate, 2016): 81–104.

con la formalización del 'espacio ocupado'. Al concretar los derechos de propiedad sobre esos lotes, lo que se celebró fue la 'disponibilidad de espacio' y la expansión de los límites urbanos de Santiago. Más que la historia de dos ciudades, esta historia trata —a modo de relato cautelar— sobre la división de una ciudad en dos, y se ofrecerá una explicación sobre cómo y por qué esto fue reforzado por los acontecimientos de 1979.

Aunque para explicar estos dos Santiagos sería útil volver a 1541 —al mito fundacional de Santiago cuando el conquistador Pedro de Valdivia estableció una ciudad que ya contenía un área de exclusión en La Chimba— por premura, retrocederemos sólo hasta la década de 1960.[5] Durante el gobierno del presidente demócrata-cristiano Eduardo Frei Montalva (1964-1970), se implementó la llamada "Operación sitio". Esta operación comenzó en 1965 como una estrategia para contrarrestar la presión de los pobladores y la amenaza de las tomas de terrenos. Ante el estallido de tomas el año 1969, se convirtió en un mecanismo de defensa que asignaba lotes urbanos a través de créditos hipotecarios y lidiaba con la distribución de sitios semiurbanizados en lugar de viviendas construidas.[6] Entre 1967 y 1970 se asignaron más de 60 mil lotes en

5 La Chimba, que en idioma quechua significa "de la otra orilla", estaba localizada al otro lado del Río Mapocho con respecto a la ciudad fundacional y había allí asentamientos de indios y mestizos. Este sector es actualmente parte de la comuna de Recoleta.

6 Cuando la operación sitio comenzó, en 1965, se dedicó tanto a la construcción de viviendas como a la distribución de sitios, pero hacia 1966 se centró principalmente en la segunda. Ver: Emanuel Giannotti, "El sitio y la vivienda. Una disputa en torno a la operación sitio", en *Por barrios obreros y populares. Actores urbanos. Santiago, siglo XX*, ed. Boris Cofré (Santiago: Ediciones Escaparate, 2016), 81-104.

plots were assigned in the Greater Santiago area,[7] however, the property titles of the distributed plots were only provisory; the legalization of most of these titles would not occur until the 1979 event that the Chilean Pavilion addresses.

Both discourse and policies regarding housing and the urban experienced significant turning points in the course of the 1970s. Housing, which Frei Montalva had conceptualized as a "good of first necessity," became an "inalienable right" during the government of Salvador Allende Gossens (1970–73). Accordingly, Allende's housing policies favoured built solutions rather than land distribution and self-help housing programs. For various reasons, this meant that the legalization of the lingering property titles from *operación sitio*, which entailed a lengthy legal procedure, were not resolved throughout this period. After the *coup d'etat*, the military dictatorship of Augusto Pinochet Ugarte (1973–90) reframed housing as "a right that is acquired through effort and savings."[8] The free-market logic underlying this semantic re-appropriation of the 'right to housing' was applied to the city not long after. In 1974, the Ministry of Housing and Urbanism decreed a *congelamiento* [freezing] of urban growth, under the argument of protecting the threatened agricultural heritage of the Santiago area. It

el área del Gran Santiago,[7] sin embargo, los títulos de propiedad de los lotes distribuidos fueron sólo provisionales; la legalización de gran parte de estos títulos no ocurriría sino hasta el evento de 1979 que recoge el Pabellón de Chile.

En el transcurso de la década de 1970, tanto la retórica como las políticas urbanas y de vivienda experimentaron puntos de inflexión significativos. La vivienda, que Frei Montalva había definido como un "bien de primera necesidad" se convirtió en un "derecho irrenunciable" durante el gobierno de Salvador Allende Gossens (1970-1973). En consecuencia, las políticas habitacionales durante el gobierno de Allende se alejaron de estrategias de distribución de sitios y autoconstrucción y privilegiaron las viviendas construidas. Por diversas razones, esto implicó que la legalización de los títulos de propiedad pendientes de la operación sitio —que suponían un largo proceso legal—, no se resolviera durante este periodo. Tras el Golpe de Estado, la dictadura militar de Augusto Pinochet Ugarte (1973-1990) rebautizó la vivienda como "un derecho que se adquiere con el esfuerzo y el ahorro".[8] La lógica de libre mercado subyacente en la reapropiación semántica del 'derecho a la vivienda' no tardaría en ser aplicada a la ciudad. En 1974, el Ministerio de Vivienda y Urbanismo decretó un 'congelamiento' del crecimiento

7 See: "Política Nacional de Desarrollo Urbano (versión extractada). Acciones de Remodelación y Densificación. División de Desarrollo Urbano, Ministerio de Vivienda y Urbanismo, 1977," *AUCA*, no. 37 (August 1979): 32.

8 See: Orlando Sepúlveda M. y Gustavo Carrasco P., "Reflexiones en torno a la producción serializada de viviendas sociales en Chile," *Revista INVI*, no. 13–14 (December 1991): 23–34.

7 Ver: "Política Nacional de Desarrollo Urbano (Versión extractada). Acciones de Remodelación y Densificación. División de Desarrollo Urbano, Ministerio de Vivienda y Urbanismo, 1977", en *AUCA* no. 37 (agosto 1979): 32.

8 Ver: Orlando Sepúlveda M. y Gustavo Carrasco P., "Reflexiones en torno a la producción serializada de viviendas sociales en Chile", *Revista INVI*, no. 13-14 (diciembre 1991): 23-34.

maintained this position in 1977, through the promulgation of the National Policy of Urban Development (PNDU) that prioritized limiting the horizontal growth of the city, as well as the renewal and densification of inter-urban areas.[9] One of the consequences of the *congelamiento* policy was that land prices rose steeply, turning speculation into a problem. As a response, in 1979 the military dictatorship decided to liberate and expand the limits of Santiago, creating new urban land and the concept of a land stock—which had the opposite result, effectively raising land prices.[10]

The event at the Stadium entailed a re-interpretation of the socially oriented property strategy of the original *operación sitio* of the late 1960s by the neoliberal machinery of the "Chicago Boys," Chilean students of the Department of Economics at the University of Chicago who were influenced by professors like Milton Friedman.[11] The geographer David Harvey

9 See: "Política Nacional de Desarrollo Urbano (Versión extractada). Acciones de Remodelación y Densificación. División de Desarrollo Urbano, Ministerio de Vivienda y Urbanismo, 1977," *AUCA* no. 37 (August 1979): 32.

10 For a comprehensive explanation of changes in urban policies between 1974 and 1984, see: Rene Martínez L., "Desarrollo Urbano 1974–1984," in *AUCA* no. 48 (December 1984), 14–18.

11 In 1956 Pontificia Universidad Católica de Chile and the Economics Department at the University of Chicago signed an agreement to support the teaching of economics in Chile and to finance exchange scholarships for students. These scholarships, which were initially also available to students from Universidad de Chile, are the origin of the Chicago Boys. Milton Friedman, considered the "father of neoliberalism", visited Chile in 1975 and 1981, and, Friedrich Hayek, its "godfather," in 1977 and 1981. They both met with Pinochet during their first visits. See: Leonidas Montes, "Milton Friedman y sus visitas a Chile," *Estudios Públicos*, no. 141 (summer 2016): 121–171.

urbano bajo el argumento de proteger el patrimonio agrícola amenazado del área de Santiago. En 1977 a través de la Política Nacional de Desarrollo Urbano (PNDU), sostuvo un enfoque cuya prioridad era limitar el crecimiento horizontal de Santiago, renovar y densificar el área inter-urbana.[9] La política de congelamiento tuvo como consecuencia un alza abrupta de los precios de suelo, convirtiendo la especulación en un problema. Como respuesta, en 1979 la dictadura cambió de estrategia al liberar y expandir los límites de Santiago, creando nuevo suelo urbano y la idea de una reserva de tierra —lo cual tuvo el efecto contrario elevando el precio del suelo—.[10]

El evento en el estadio supuso una reinterpretación de la estrategia de propiedad socialmente orientada de la operación sitio de fines de los sesenta, de parte de la maquinaria neoliberal de los *Chicago boys*, estudiantes chilenos de la Escuela de Negocios de la Universidad de Chicago que fueron influenciados

9 Ver: "Política Nacional de Desarrollo Urbano (Versión extractada). Acciones de Remodelación y Densificación. División de Desarrollo Urbano, Ministerio de Vivienda y Urbanismo, 1977", en *AUCA* no. 37 (agosto 1979): 32.

10 Para una explicación completa de los cambios en las políticas urbanas entre 1974 y 1984, ver: Rene Martínez, "Desarrollo Urbano 1974-1984", *AUCA*, no. 48 (diciembre 1984): 14-18.

defines the political-economic practices known as neoliberalism as a theory that, "proposes that human well-being can best be advanced by liberating individual entrepreneurial freedoms and skills within an institutional framework characterized by strong private property rights, free markets and free trade."[12] While the military dictatorship's policies shifted among different economic positions, there was a period when these were undoubtedly influenced by the Chicago Boys and the social market economy they promoted.[13] These economists not only participated in the reorganization of the country's economy, but were also active agents in the deregulation of cities, which in turn intensified urban segregation. For example, when Miguel Kast was Minister of the Office of National Planning (Odeplan), he was partly behind the 1979 National Policy of Urban Development (PNDU). In an interview from June 1978, Kast made a somewhat tautological argument in favor of the horizontal expansion of cities and the need to satisfy the populations' desire for a house with a garden. An example of his way of arguing is that he claimed that adding vertical density in the city collapses sewer systems, and that demolishing to enlarge sewers raises the cost of apartments in high-rises, hence they are more

12 David Harvey, *A Brief History of Neoliberalism* (Oxford: Oxford University Press, 2005), 2.

13 Between 1976 and 1983, there's four names listed below successive Ministers of Finance (Sergio de Castro, Sergio de la Cuadra, and Rolf Lüders), and four successive Presidents of the Central Bank (Pablo Baraona, Álvaro Bardón, Sergio de la Cuadra, and Miguel Kast) studied in Chicago.

por profesores como Milton Friedman.[11] El geógrafo David Harvey explica las prácticas político-económicas conocidas como neoliberalismo como una teoría que, "afirma que la mejor manera de promover el bienestar del ser humano, consiste en liberar el desarrollo de las capacidades y de las libertades empresariales del individuo, dentro de un marco institucional caracterizado por derechos de propiedad privada, fuertes mercados libres y libertad de comercio".[12] A pesar de que la dictadura militar se balanceó entre diferentes posturas económicas, hubo un periodo en que estuvo indudablemente influenciada por los *Chicago boys* y la economía social de mercado que promovieron.[13] Estos economistas no sólo participaron de la reorganización de la economía del país, sino también fueron agentes activos en la desregulación de las ciudades, lo cual las volvió más segregadas. Por ejemplo, Miguel Kast, cuando fue ministro de la Oficina de Planificación Nacional (Odeplan) estuvo en parte detrás de la Política Nacional

11 En 1956 la Pontificia Universidad Católica de Chile y el Departamento de Economía de la Universidad de Chicago firmaron un acuerdo para apoyar la enseñanza de economía en Chile y financiar becas de intercambio para alumnos. Estas becas, las cuales también favorecieron inicialmente a economistas de la Universidad de Chile, son el origen de los *Chicago boys*. Milton Friedman, considerado el padre del neoliberalismo, visitó Chile en 1975 y 1981, y Friedrich Hayek, su 'padrino', en 1977 y 1981. Ambos se reunieron con Pinochet en sus primeras visitas. Ver: Leonidas Montes, "Milton Friedman y sus visitas a Chile", *Estudios Públicos*, 141 (verano 2016): 121-171.

12 David Harvey, *A Brief History of Neoliberalism* (Oxford: Oxford University Press, 2005), 2.

13 Entre 1976-1983 hubo tres ministros de Hacienda sucesivos (Sergio de Castro, Sergio de la Cuadra y Rolf Lüders), y entre 1975-1982 cuatro presidentes del Banco Central sucesivos (Pablo Baraona, Álvaro Bardón, Sergio de la Cuadra y Miguel Kast) que estudiaron en Chicago.

expensive than houses.[14] It is still possible to verify the influence of these ideas in Santiago, particularly in the lack of density in the peripheries.

On May 1978, Chicago professor of economics Arnold Harberger delivered the results of a report titled "Notes on the Problems of Housing and City Planning."[15] In it Harberger denied that horizontal expansion of cities was more expensive than vertical density, also arguing that farmers who owned land on the fringes of the city would welcome urbanization because it raised the price of their land. He championed the idea that regulation should follow the logics of supply and demand, since there was no point in containing the city, since according to him, "growing outwards is a natural economic phenomenon."[16] By "natural" he meant market-regulated. One reading of this is the naturalization of peripheral shantytowns that would be underscored by the legalization of titles in the National Stadium by the end of the 1970s. If Chile was the first country to democratically elect a Marxist candidate in 1970, it was, by the end of the decade, the earliest and most radical testing ground for the antagonist political and economic

14 Miguel Kast, "El uso del suelo por las ciudades," *Revista Ercilla* (June 1978), republished in *AUCA*, no. 37 (August 1979): 38–39.

15 Harberger was Chairman of the Department of Economics of the University of Chicago 1964–71; 1975–80. He was also the Director of the Center for Latin American Economic Studies 1965–91, from where he promoted the exchange between the University of Chicago and the Pontificia Universidad Católica of Chile.

16 Arnold C. Harberger, "Los problemas de la vivienda y planificación de la ciudad," *AUCA*, no. 37 (August 1979): 39–41.

de Desarrollo Urbano de 1979. En una entrevista de junio de 1978, Kast expresó un argumento un tanto tautológico a favor de la expansión horizontal de las ciudades y la necesidad de satisfacer el deseo de la población de tener una casa con jardín. Un ejemplo de su manera de argumentar es que afirmaba que aumentar la densidad vertical de la ciudad colapsaba los sistemas de alcantarillado, y que la demolición requerida para aumentar la capacidad del alcantarillado elevaba el costo de los departamentos en edificaciones en altura, haciéndolos más caros que las casas.[14] En la actualidad es posible verificar la influencia de estas ideas en Santiago, particularmente en su periferia escasamente densa.

En mayo de 1978, el profesor de economía de Chicago, Arnold Harberger, escribe el informe "Notas sobre los problemas de vivienda y planificación de la ciudad".[15] En este informe, Harberger negaba que la expansión horizontal de las ciudades fuese más costosa que la densificación vertical, argumentando además que los agricultores que poseían tierras en la periferia de la ciudad recibirían con beneplácito la urbanización, pues elevaba el precio de sus tierras. Abogaba por la idea de que la regulación siguiera las lógicas de la oferta y la demanda, ya que no tenía sentido

14 Miguel Kast, "El uso del suelo por las ciudades", *Revista Ercilla* (junio 1978), republicado en *AUCA*, no. 37 (agosto 1979): 38-39.

15 Harberger fue *chairman* del Departamento de Economía de la Universidad de Chicago entre 1964-1971 y nuevamente entre 1975-1980. Fue también director del Centro para Estudios Económicos Latinoamericanos entre 1965-1991, posición desde la cual promovió el intercambio entre la Universidad de Chicago y la Pontificia Universidad Católica de Chile.

project, allowing economists related to the Chicago school (turned into urban planners overnight) to play Monopoly through deregulation and privatization.

The critical neoliberal moment for the city of Santiago occurred in March 1979, with the promulgation of the new "National Policy of Urban Development"—the same year as the event in the Stadium. The document proposed five main points: Urban land is not a scarce resource; The use of the land is defined by its biggest profitability; Spatial concentration of the population generates comparative advantages for the development of economic and social activities; The use of urban land must be guided by flexible dispositions that are defined by market requirements; And, the State is in charge of protecting the common good.[17] Most of these measures reflect the taking-over of neoliberal policies; they were, in essence, the instauration of Harberger's "natural development" of cities, the correlate of which was the foreseen expansion of the urban limits of Santiago through the enactment of Decree No. 420 in October 1979.[18] This modification to the intercommunal plan of Santiago annexed

17 "Política Nacional de Desarrollo Urbano, Chile, 1979," in *Revista EURE* 22, Instituto de Planificación del Desarrollo Urbano, Universidad Católica de Chile (Santiago, 1981), 10–28.

18 On one hand, Miguel Kast had a neoliberal stance that promoted a social market economy and was one of the ideologues behind the urban policies of 1979. On the other hand, the person who developed Decree No. 420 was the architect Marco Antonio López (Chief of Urban Development in the Ministry of Housing), who had a more technocratic stance closer to a market economy. See: Interview with Marco Antonio López, *Revista Cosas* (December 1979).

contener el crecimiento de la ciudad; para estas, "crecer hacia afuera es un fenómeno económico natural".[16] Por "natural" se refería a regulado por el mercado. Una lectura de esto es la naturalización de las barriadas periféricas, que sería subrayada por la legalización de títulos en el Estadio Nacional a fines de los setenta. Si Chile fue el primer país en elegir democráticamente a un candidato marxista, era ahora el primer y más radical terreno de prueba para el proyecto político y económico contrario, permitiendo a varios economistas relacionados a la escuela de Chicago (convertidos en planificadores urbanos de la noche a la mañana) jugar *Monopoly* a través de la desregulación y de la privatización.

El momento neoliberal crítico para la ciudad de Santiago llegó en marzo de 1979 con la aprobación de una nueva Política Nacional de Desarrollo Urbano —el mismo año que el evento en el estadio—. El documento planteaba cinco puntos principales: el suelo urbano no es un recurso escaso; el uso de suelo está definido por su mayor rentabilidad; la concentración espacial de la población genera ventajas comparativas para el desarrollo de actividades económicas y sociales; el uso de suelo urbano debe regirse por disposiciones flexibles definidas según los requerimientos del mercado; y, al Estado le corresponde proteger el bien común.[17] La mayoría de estas medidas reflejan la toma de control de las políticas neoliberales; eran, en

16 Arnold Harberger, "Los problemas de la vivienda y planificación de la ciudad", *AUCA*, no. 37 (agosto 1979): 39-41.

17 "Política Nacional de Desarrollo Urbano, Chile, 1979", *Revista EURE*, vol. 8, no. 22 (1981): 10-28.

to the existing 38,000 hectares of the city, an area of expansion of 64,000 hectares in its periphery.[19] In an essay on land policies during the military dictatorship, economist Pablo Trivelli explains how this amounted to the elimination of the urban limit, since at the same time there had been a change in the law for rural plots.[20] He also argues that if one were to look at the residence patterns in relation to socioeconomic indexes, one would find that Santiago has always been a segregated city. However, it was during Pinochet's regime that this phenomenon worsened since segregation became a public policy, as is the case with the legalization of of 37,000 property titles, now understood as the sanitization of illegal settlements that had been inherited from previous governments. During this period, policies of both settlement and eradication were put in place. While part of the cleansing meant that families were housed in the same plots they had illegally grabbed or been assigned in *operación sitio*—by retrofitting an urban layout, electricity, and plumbing—in other cases (particularly in municipalities where land had become too valuable) they were displaced to other plots in the urban periphery, offering in some cases a sanitary

19 Francisco Sabatini, "Alternativas de acceso al suelo urbano para familias de bajos ingresos," *Instituto de Estudios Urbanos, Documento de Trabajo*, no. 142 (Santiago: Pontificia Universidad Católica de Chile, Instituto de Economía, 1984), 47.

20 The change in the law for rural plots was that now they could span half a hectare, which basically meant that urban development could be done in them without following urbanization regulations or requisites. See: Pablo Trivelli, "Autoritarismo político y liberalismo urbano. El caso de Santiago de Chile bajo el régimen militar," *Ciudad y Territorio*, no. 86/87 (autumn/winter 1990–91): 444.

esencia, la instauración del desarrollo "natural" de las ciudades de Harberger, cuyo correlato fue la prevista ampliación de los límites urbanos de Santiago a través de la promulgación en octubre de 1979 del Decreto de ley No. 420.[18] Esta modificación al plan intercomunal anexó, a las 38 mil hectáreas con las que contaba la ciudad en ese entonces, un área de expansión de 64 mil hectáreas en la periferia.[19] Refiriéndose a las políticas territoriales durante la dictadura militar, el economista Pablo Trivelli explica que esto equivalía a la eliminación del límite urbano, ya que en paralelo hubo un cambio en la ley para los lotes rurales.[20] También argumenta que si se observan los patrones de residencia en relación a los índices socioeconómicos, Santiago siempre ha sido una ciudad segregada. Sin embargo, fue durante la dictadura de Pinochet que este fenómeno empeoró, ya

18 Por un lado, Miguel Kast representaba una postura neoliberal que promovía una economía social de mercado y fue uno de los ideólogos detrás de los cambios de las políticas urbanas de 1979. Por otro lado, la persona que elaboró finalmente la Nueva Ordenanza del Plan Intercomunal de Santiago de 1979 (Decreto de ley No.420) fue el arquitecto Marco Antonio López (jefe de desarrollo urbano del Ministerio de Vivienda y Urbanismo), quien representaba una postura tecnocrática más cercana a la economía de mercado. Ver: "Entrevista a Marco Antonio López", *Revista Cosas* (diciembre 1979).

19 Francisco Sabatini, "Alternativas de acceso al suelo urbano para familias de bajos ingresos", en *Instituto de Estudios Urbanos, Documento de Trabajo 142* (Santiago: Pontificia Universidad Católica de Chile, Instituto de Economía, 1984), 47.

20 El cambio en la ley respecto a los sitios rurales establecía una subdivisión predial mínima de 5 mil metros cuadrados, lo que básicamente permitía construir en ellos sin necesidad de seguir las normas o requisitos de urbanización. Ver: Pablo Trivelli, "Autoritarismo político y liberalismo urbano. El caso de Santiago de Chile bajo el régimen militar", *Ciudad y Territorio*, no. 86/87 (otoño/invierno 1990/1991): 444.

latrine and a subsidy.[21] These displacements ended up concentrating lower income Santiaguinos in peripheral areas and entailing negative consequences due to bad public transport connectivity, lack of green areas and security problems, among others. As Trivelli explains, the scale of land prices became—and remains—the main organizing element of Santiago.[22]

Signing their property titles would not solve the housing problem for the 37,000 residents of Santiago attending the STADIUM event, nor would it do so for the additional 33,000 people who signed throughout the country within the same month. Regardless of whether there were proper houses on those sites, most were not built by the state, hence these 70,000 Chileans were signing for the plots alone.[23] Beyond the resolution of pending legal titles, what happened that day at the Stadium was that new property owners entered the market economy. Dwellers now owned property they could not only

21 As architect Alberto Gurovich explains, eradications of land grabs began between 1976 and 1978, but intensified between 1979 and 1985. See: Alberto Gurovich, "Síntesis crítica de la Operación Erradicación Masiva, Plan de Subsidios Dirigidos, MINVU, Serviu Metropolitano, 1979–85. Gobierno de A. Pinochet U." in "Proyectos Urbanos Nacionales de impacto relevante," *CA*, no. 57 (July–Sept, 1989): 32–35.

22 Trivelli "Autoritarismo político y liberalismo urbano," 447.

23 In 1979 Decree No. 2,833 was approved to speed up the legalization process. In 1979 alone, the tally was of 41,074 legalized property titles in the Metropolitan Region (where Santiago is located), and 48,377 in the rest of the country. See: *Memoria 1979 Ministerio de Vivienda y Urbanismo* (Santiago: MINVU, 1980), 45.

que la segregación se transformó en una política pública, como es el caso en la legalización de 37 mil títulos de propiedad, entendidos ahora como el saneamiento de asentamientos ilegales que habían sido heredados de gobiernos anteriores. Durante este período, se implementaron tanto políticas de asentamiento como de erradicación. Mientras parte de la 'limpieza' significó que las familias fueran alojadas en los mismos sitios que habían tomado ilegalmente o les habían sido asignados durante la operación sitio por medio del reacondicionamiento del trazado urbano y la construcción de redes eléctricas y sanitarias, en otros casos (particularmente en comunas donde el valor del suelo era demasiado alto) eran erradicados a otros lotes en la periferia urbana, entregando una letrina sanitaria y un subsidio.[21] Estos desplazamientos terminaron concentrando a los santiaguinos con menos capacidad adquisitiva en áreas periféricas, trayendo consigo consecuencias negativas como la mala conectividad del transporte público, la falta de áreas verdes, y problemas de seguridad, entre otras. Como explica Trivelli, la escala de los precios de suelo se convirtió en —y sigue siendo— el principal elemento organizador de Santiago.[22]

Al firmar los títulos de dominio, estos 37 mil santiaguinos no estaban solucionando

21 Como explica el arquitecto Alberto Gurovich, las erradicaciones de las tomas se iniciaron entre 1976 y 1978, pero el procedimiento se intensificó entre 1979 y 1985. Ver: Alberto Gurovich, "Síntesis crítica de la Operación Erradicación Masiva, Plan de Subsidios Dirigidos, MINVU, Serviu Metropolitano, 1979-1985. Gobierno de A. Pinochet U". en "Proyectos Urbanos Nacionales de impacto relevante", en *CA* no. 57 (julio-sept, 1989): 32-35.

22 Trivelli "Autoritarismo político y liberalismo urbano", 447.

sell, let, transfer, or bequeath, but also mortgage.[24]

While the well-off are still clustered around six municipalities on the eastern part of the city, when trying to account for some of the other 31 municipalities, none of which represent homogenous realities or house inhabitants with the same income, the split between two Santiagos becomes clear. Especially when it comes to municipalities in the southern, northern, and western peripheries of the city, the *operación sitio* of 1965–70 and the events of 1979 are key for understanding the more informal origins of some of them, such as La Pintana which was established from eradications mainly from the eastern boroughs of the city, or Huechuraba and Cerro Navia, which had housed land grabs. The event at the Stadium in 1979, an overlooked chapter in the written histories of the city, offered an "illustration" of the division of the city through the distribution of property, a *tableau vivant* of Santiago's poorer peripheries. This event was also a triumphant celebration of neoliberal policies, first due to the imminent official expansion of Santiago's urban limits. Second, because the economic system was expanding: by becoming property owners, thousands of people were becoming agents in a market economy. In summary, the 1979 National Stadium event reinforced the polarization of the city by publicly and legally formalizing what has been until now the inescapable fate of (at least) two Santiagos.

24 TV reportage on September 29, 1979. Documentation Centre Archive National Television of Chile.

su problema de vivienda; tampoco los 33 mil que firmaron en el resto del país el mismo mes. Independiente de si habían casas en los sitios, en su mayoría éstas no habían sido construidas por el Estado, por lo cual estos 70 mil chilenos estaban firmando por la propiedad de los sitios.[23] Por sobre la resolución de títulos legales pendientes, lo que sucedió ese día en el estadio fue que nuevos propietarios ingresaron al mercado económico. Los pobladores eran ahora dueños de una propiedad que podían no sólo vender, arrendar, transferir o heredar, sino también hipotecar.[24]

Mientras los grupos con más capacidad adquisitiva se agrupan en seis comunas en la zona oriente de la ciudad (desde Plaza Italia hacia el oriente), al tratar de dar cuenta de algunas de las otras 31 comunas —que en ningún caso representan realidades homogéneas o acogen a habitantes con los mismos ingresos— la división entre los dos Santiagos se vuelve clara. En especial cuando se trata de comunas en las periferias sur, norte y poniente de la ciudad, la operación sitio entre 1965 y 1970, y los sucesos de 1979 son clave para entender los orígenes más informales de algunas de ellas, como

23 En 1979 se promulgó el Decreto de ley No. 2.833 para agilizar el trámite de legalización. Sólo en 1979 bajo esta política, un total de 41.074 títulos de dominio fueron firmados en la Región Metropolitana (región donde está Santiago), y 48.377 en el resto del país. Ver: *Memoria 1979 Ministerio de Vivienda y Urbanismo* (Santiago: Minvu, 1980), 45.

24 Nota periodística del día 29 de septiembre 1979. Archivo Centro de documentación Televisión Nacional de Chile.

La Pintana, que se estableció a partir de erradicaciones principalmente desde las comunas del sector oriente de la ciudad, o Huechuraba y Cerro Navia, que albergaron tomas. El evento en el estadio en 1979, un episodio pasado por alto en las historias escritas de la ciudad, ofreció una 'ilustración' de la división de la ciudad mediante la distribución de propiedades, un *tableau vivant* de las periferias más pobres de Santiago. Este acontecimiento fue además una celebración del triunfo de las políticas neoliberales, primero debido a la inminente expansión oficial de los límites urbanos de Santiago. Segundo, porque se estaba expandiendo el sistema económico: al volverse propietarios, miles de personas se convertían en actores del mercado. En resumen, el evento del Estadio Nacional de 1979 reforzó la polarización de la ciudad al formalizar pública y legalmente lo que hasta hoy ha sido el destino ineludible de (al menos) dos Santiagos.

The Airplane and the Islands

El aeroplano y las islas

While islands were not first reached by aeroplanes, they became became more succinctly identified and described by aerial views. As implied by Deleuze's opening remarks in *Desert Islands,* their definition is based on a visual confrontation between ocean and land. His depiction of two types of islands, grounded in the overpowering perception of one surface condition over the other,[1] could only be made from a detached view, a distance that allows water and earth to be understood as defined entities within a framed planar projection.

This distance was famously celebrated as a modern perceptual experience and assigned a planning role by Le Corbusier in the 1920s. The aeroplane's view allowed for a highly descriptive yet synthetic vision of the city's geometry and social space, offering the required distance for a potential manipulation through planning. Aerial photography, in turn, offered a convincing view of the whole in an instant, captured and fixed in an image. Yet, it is the transformation undergone by the camera *below* the aeroplane during WWII—equating it with a precise instrument for measuring and surveillance—what transforms it into an apt visual instrument for a "science" of planning. Like the telescope or the microscope, aerophotogrammetry has scale.

In Chile, aerophotogrammetry was introduced in 1944–45, with the Trimetrogon flights aided by the US

1 While for Deleuze a "continental island" evidences that water is above earth—unforgivingly covering any low-rise land in its way—"oceanic islands" ("originary islands") are a reminder that earth is present and pungent under a continuous mass of water.

Las islas no fueron alcanzadas en primera instancia por aeroplanos, pero fueron más precisamente identificadas y descritas por vistas aéreas. Como insinúa Deleuze en los comentarios iniciales de *Islas desiertas,* su definición está basada en una confrontación visual entre tierra y mar. Su descripción de dos tipos de isla, fundamentada en la percepción de un tipo de superficie imponiéndose sobre la otra,[1] pudo ser hecha sólo desde una perspectiva lejana, desde una distancia que permite al agua y la tierra ser comprendidas como entidades definidas dentro de una proyección planar enmarcada.

Esta distancia fue famosamente celebrada como una experiencia perceptual moderna por Le Corbusier, quien además le asignó un rol planificador. La vista desde el aeroplano permitió una visión altamente descriptiva y a la vez sintética de la geometría de la ciudad y del espacio social, ofreciendo la distancia necesaria para una potencial manipulación a través de la planificación. La fotografía aérea, por su parte, ofreció una vista convincente del total en un instante, fijo y capturado en una imagen. Sin embargo, es la transformación experimentada por la cámara 'debajo' del avión durante la Segunda Guerra Mundial —igualándola con un instrumento preciso de medición y vigilancia— lo que la transformó en un instrumento oportuno para una 'ciencia' de la planificación. Como el telescopio o el microscopio, la aerofotogrametría tiene escala.

1 Mientras para Deleuze una "isla continental" evidencia que el agua está por sobre la tierra —cubriendo implacablemente cualquier formación de poca altura en su camino— las "islas oceánicas" ("islas originarias") serían un recordatorio de que la tierra está mordazmente presente por debajo de una masa continua de agua.

Aerophotogrammetry Squadron. Earlier aerial records exist (like the Stadium's image on the following page), but the systematic production of over 49,000 negatives at a scale of 1:40,000—which amounted to a 1:250,000 cartography of the whole country—made this a different enterprise. Along with the ones that followed in 1954 and 1960 emerged a datum of geographical and urban processes that could be used as an instrument for analysing, projecting, or operating on the surveyed landscape.

This view from above, which included the possibility of geometrically measuring any distinct object within the photograph, acts as a primitive data-encompassing artefact for surveying and administering the territory. It introduces an imaginary of georeferenced data administration and control that would be further developed by GIS technologies (Geographic Information System) emerging in the 1960s, and Google Earth in the 2000s. In Chile it is administered by SAF (Air-Force Aerophotogrammetric Service), a branch of the Chilean Armed Forces.

As opposed to "the view from within" offered in "The Building" section of this book, "the view from above" grants knowledge and control over the whole, the defining contrast of Deleuze's islands, to the detriment of an ability to grasp detail. The "island" condition of the shantytowns at the time of the Stadium event in 1979 do not entirely fall within the frame of an aerial image: their semi-urbanised condition (sometimes not urbanised at all), precarious connectivity (often limited to a single main paved street or bus line towards the city centre), their distance from work sources, or their isolation

En Chile, la aerofotogrametría fue introducida entre 1944 y 1945, con vuelos de trimetrogon asistidos por el Escuadrón Aerofotogramétrico de Estados Unidos. Existen registros aéreos anteriores (como la imagen del estadio en la página siguiente), pero la producción sistemática de más de 49 mil negativos a escala 1: 40.000 —que significó una cartografía a 1: 250.000 del país completo— hizo de esta una empresa diferente. Junto a las que siguieron en 1954 y 1960, emergió un registro de procesos geográficos y urbanos que pudo ser usado como instrumento para analizar, operar o proyectar en el paisaje examinado.

Esta vista desde arriba, que incluía la posibilidad de medir geométricamente cualquier objeto determinado dentro de la fotografía, actúa como un artefacto recolector de datos primitivos para registrar y administrar el territorio. Introduce un imaginario de administración y control de datos georreferenciados que continuaría siendo desarrollado por tecnologías SIG (Sistema de Información Georreferenciada) desde 1960, hasta Google Earth en los 2000. En Chile es administrado por la SAF (Servicio Aerofotogramétrico de la Fuerza Aérea), una rama de las Fuerzas Armadas.

En contraste con 'la vista desde dentro' ofrecida en la sección de este libro titulada "El edificio", 'la vista desde arriba' otorga conocimiento y control sobre el total, el contraste determinante de las islas de Deleuze, en desmedro de una posibilidad de percibir el detalle. La condición de 'isla' de las poblaciones en la época del evento del estadio en 1979 no cabe totalmente en el marco de una imagen aérea: su condición semi-urbanizada (a veces definitivamente

from public discourses are not evident. Yet seen within a 5 x 5 km frame, opposite their condition today, some of them become visible retrospectively. They recall a visual confrontation of different surface conditions: the land and the homogenously built, or the city and its boundaries.

While in time urbanisation and connectivity have increased, so has their population. Without a project for the city, these urban developments located in 1979 out on the city's borders, in isolated conditions, have now been surrounded by other similar islands, forming homogeneous developments that remain feebly connected to the city and its opportunities.

National Stadium, 1943

Estadio Nacional, 1943
Source / Fuente: Archivo Instituto Geográfico Militar (IGM)

no-urbanizada), su conectividad precaria (a menudo limitada a una sola calle pavimentada o un recorrido de bus hacia el centro), su distancia de las fuentes de trabajo, o su aislación de los discursos públicos no son evidentes. Pero vistas dentro de un marco de 5 x 5 kilómetros, opuestas a su condición actual, algunas de ellas se vuelven retrospectivamente visibles. Nos recuerdan a una confrontación visual de diferentes condiciones superficiales: la tierra y lo homogéneamente construido, o la ciudad y sus límites.

Si bien la urbanización y la conectividad han aumentado en el tiempo, también lo ha hecho la población. Sin un proyecto para la ciudad, estos desarrollos urbanos instalados en 1979 en los bordes de la ciudad, en condiciones de aislación, han sido ahora rodeados por otras islas similares; formando archipiélagos homogéneos que permanecen débilmente conectados a la ciudad y sus oportunidades.

1 km

National Stadium, CH-30 Flight, scale 1:30,000, 1978

Estadio Nacional, vuelo CH-30, escala 1:30.000, 1978
Source / Fuente: Servicio Aerofotogramétrico Fuerza Aérea de Chile (SAF)

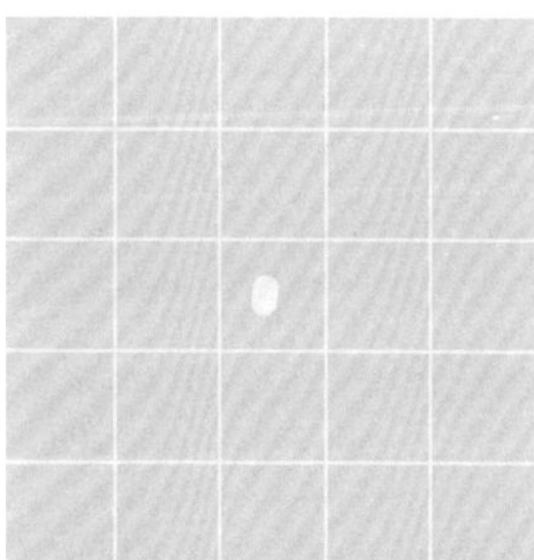

1 km

National Stadium, digital aerial photograph, 2014

Estadio Nacional, fotografía aérea digital, 2014
Source / Fuente: IDE Chile - Ministerio de Economía, Fomento y Turismo

1 km

La Pincoya, CH-30 Flight, scale 1:30,000, 1980

La Pincoya, vuelo CH-30, escala 1:30.000, 1980
Source / Fuente: SAF

1 km

La Pincoya, digital aerial photograph, 2014

La Pincoya, fotografía aérea digital, 2014
Source / Fuente: IDE Chile - Ministerio de Economía, Fomento y Turismo

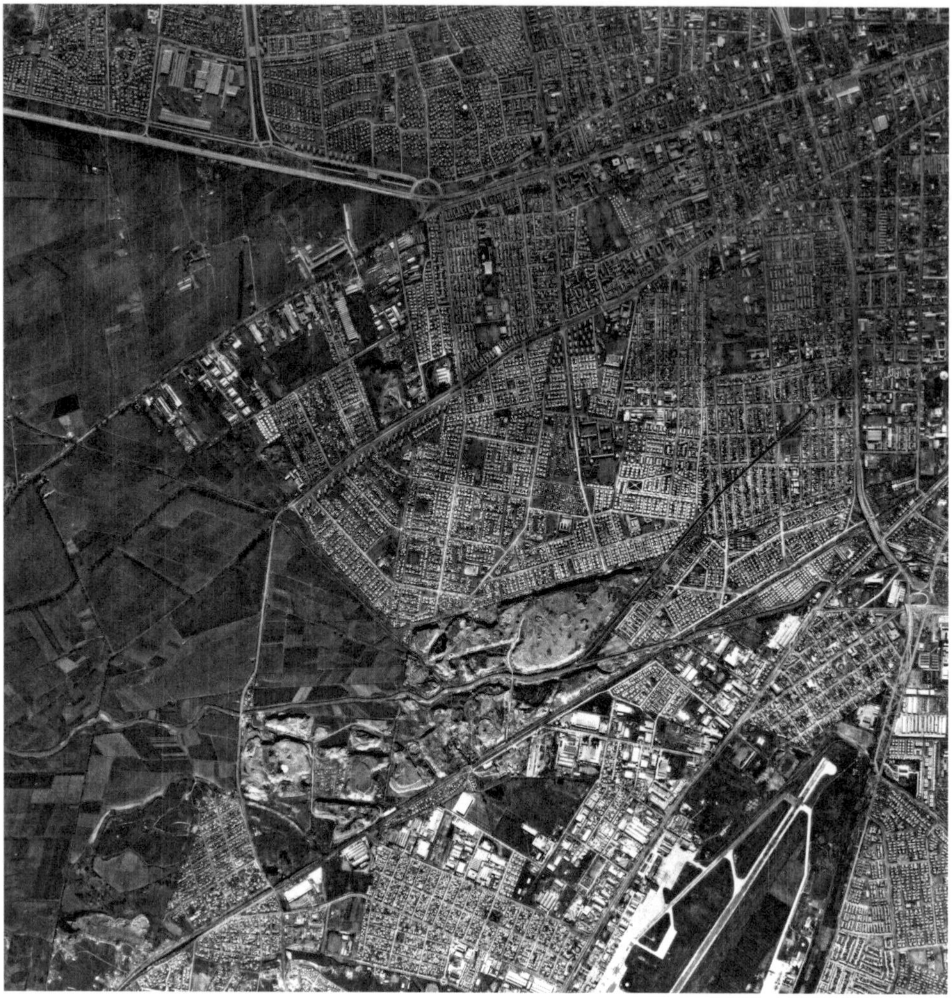

1 km

Villa Francia and Robert Kennedy, CH-30 Flight, scale 1:30,000, 1980

Villa Francia y Robert Kennedy, vuelo CH-30, escala 1:30.000, 1980
Source / Fuente: SAF

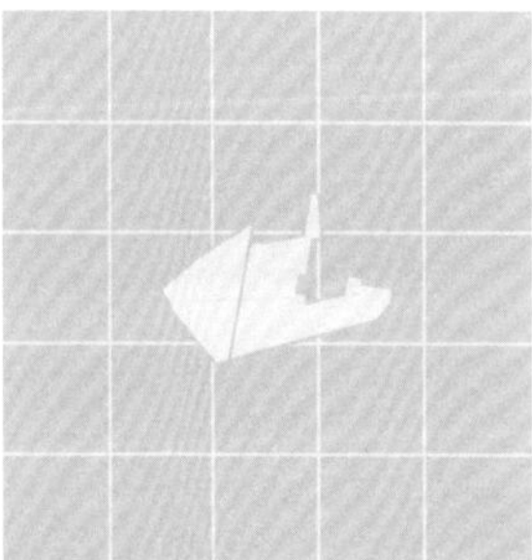

1 km

Villa Francia and Robert Kennedy, digital aerial photograph, 2014

Villa Francia y Robert Kennedy, fotografía aérea digital, 2014
Source / Fuente: IDE Chile - Ministerio de Economía, Fomento y Turismo

1 km

La Bandera, CH-30 Flight, scale 1:30,000, 1980

La Bandera, vuelo CH-30, escala 1:30.000, 1980
Source / Fuente: SAF

1 km

La Bandera, digital aerial photograph, 2014

La Bandera, fotografía aérea digital, 2014
Source / Fuente: IDE Chile - Ministerio de Economía, Fomento y Turismo

1 km

José María Caro, CH-30 Flight, scale 1:30,000, 1980

José María Caro, vuelo CH-30, escala 1:30.000, 1980
Source / Fuente: SAF

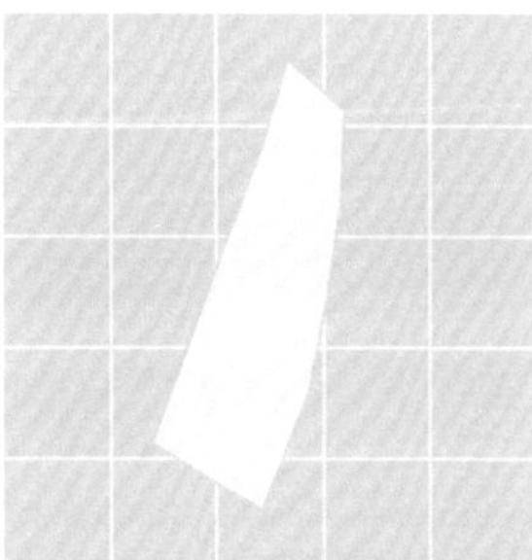

1 km

José María Caro, digital aerial photograph, 2014

José María Caro, fotografía aérea digital, 2014
Source / Fuente: IDE Chile - Ministerio de Economía, Fomento y Turismo

1 km

Villa O'Higgins, CH-30 Flight, scale 1:30,000, 1980

Villa O'Higgins, vuelo CH-30, escala 1:30.000, 1980
Source / Fuente: SAF

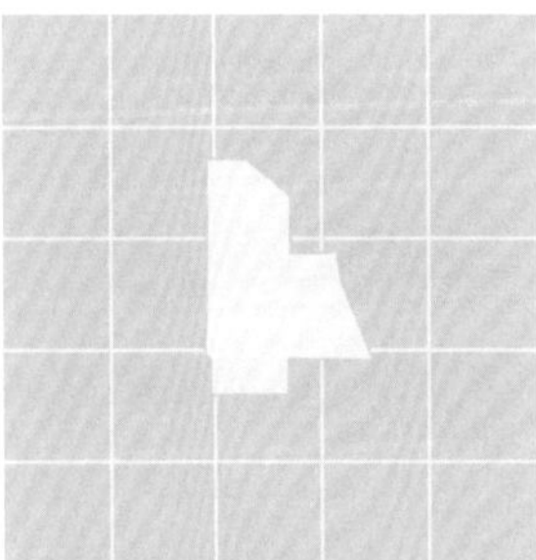

1 km

Villa O'Higgins, digital aerial photograph, 2014

Villa O'Higgins, fotografía aérea digital, 2014
Source / Fuente: IDE Chile - Ministerio de Economía, Fomento y Turismo

EL PABELLÓN

THE PAVILION

A STADIUM in Venice

Un STADIUM en Venecia

The Chilean Pavilion at the 16th Venice Architecture Biennale

At the centre of Sala dell'Isoloto stands a large-scale model of a building made of rammed earth. On closer examination, the 60 pieces that comprise the building's oval shape appear less to be made of earth than carved from it. Layers of soil with slight variations in colour and texture recall that it is land what is at stake at the Chilean Pavilion. The layering of the pavilion's pieces is the footprint of an artisanal process of production by which a fragile, discrete material—soil, bare earth—is transformed into a stable, monolithic object. Simultaneously heavy and fragile, these objects are in turn symbolic fragments of another transmutation: one by which slum dwellers were transformed into property owners in an event at Chile's National Stadium, and one by which a city that grew unplanned becomes visible and fixed in a plan, that of a building able to narrate its own history.

The critical reconstruction of the Stadium's floor plan as a building that renders an image of the city is at the core of the curatorial vision. Each piece of the Stadium is a fragment of the city materialised in layers of earth, its top imprinted with the urban fabric of the neighbourhood it belongs to. The pavilion's narrative is articulated around it in four other moments: "the event," "the islands," "the horizon," and "the city."

Pabellón de Chile en la décimo sexta Bienal de Arquitectura de Venecia

Al centro de *Sala dell'Isoloto* se ubica un modelo a gran escala de un edificio hecho de tierra apisonada. Tras un examen más minucioso, las sesenta piezas que componen la forma ovalada del edificio ya no parecen hechas de tierra, sino más bien talladas en ella. Las distintas capas con ligeras variaciones de color y textura nos recuerdan que es el suelo lo que está en juego en el Pabellón de Chile. La estratificación de las piezas del pabellón es la huella de un proceso artesanal de producción mediante el cual un material frágil y discreto —el suelo, la tierra desnuda— se transforma en un objeto estable y monolítico. Simultáneamente pesados y frágiles, estos objetos son a la vez fragmentos simbólicos de otra transmutación: aquella mediante la cual los habitantes de poblaciones se transformaron en propietarios en un evento en el Estadio Nacional de Chile, y aquella según la cual una ciudad con un crecimiento no planificado se vuelve visible y fija en una planta, la de un edificio capaz de narrar su propia historia.

Lo que está al centro de la visión curatorial es la reconstrucción crítica de la planta del estadio como un edificio que representa la imagen de la ciudad. Cada pieza del estadio es un fragmento de ella, materializado en capas de tierra apisonada, su cara superior impresa con el tejido urbano del barrio al que pertenece. La narrativa del pabellón se articula a su alrededor en otros cuatro momentos: 'el evento', 'las islas', 'el horizonte' y 'la ciudad'.

The first one occupies the entire vestibule of the pavilion and is devoted to the archival research and findings surrounding the event. On the back wall of the room opposing the entrance, the STADIUM plan, with the city inscribed in it, is exhibited as the origin of the exhibition and as a prelude to its materialisation. Audiovisual material narrates the story and context of the event through other means: the press and propaganda, the TV coverage and speeches, and the booklet and the list. Once in the main room, the 7 x 5 metres STADIUM emerges in the middle. One side exhibits a second moment—"the islands," amplifying, through interviews with people who were present at the stadium that day, the stories of three out of 60 pieces of the Stadium: La Pincoya, Villa Francia and La Bandera. "The horizon" occupies the other side and is dedicated to the Stadium's manifold stadiums in a film based on archival records. It gives the building its own context back, as witnesses to the city's history, by revisiting other important events and appearances at the National Stadium.

The back wall of the STADIUM (a city in a building) holds a representation of Santiago with the precise location of the Stadium's pieces in it (a building in a city). This wall offers a mirrored version of the central piece, its narrative counterpart. The structure accounts for the distance between the stadium (in the city centre) and the shantytowns (on the outskirts), the building as part and witness of Santiago's uneven development.

La primera ocupa el vestíbulo del pabellón, y está dedicada a la investigación de archivo y a los hallazgos que rodean el evento. En el muro opuesto al acceso, la planta de STADIUM con la ciudad inscrita se exhibe como origen de la exposición y como preludio de su materialización. El material audiovisual narra la historia y el contexto del evento a través de soportes diferentes: la prensa y propaganda, la cobertura televisiva y los discursos, el fascículo y la lista. Una vez dentro de la sala principal, el estadio de 7 x 5 metros emerge al centro. A un costado se exhibe un segundo momento, 'las islas', que amplía —mediante entrevistas a pobladores presentes ese día en el evento— las historias de tres de las sesenta piezas del estadio: La Pincoya, Villa Francia y La Bandera. 'El horizonte' ocupa el costado opuesto y está dedicado a los múltiples estadios del Estadio Nacional a través de una película basada en registros de archivo. Este devuelve al edificio su contexto, como testigo de la historia de la ciudad, revisando otros eventos y figuras importantes en el Estadio Nacional.

El muro de fondo de STADIUM —una ciudad en un edificio— muestra una representación de Santiago con la ubicación precisa de las piezas del estadio: un edificio en una ciudad. Este muro ofrece una versión espejada de la pieza central, su contraparte narrativa. La estructura representa la distancia entre el Estadio Nacional (en el centro de la ciudad) y las poblaciones (en las afueras), con el edificio como parte y testigo del desarrollo desigual de Santiago.

Photographic register of the material exploration of Stadium pieces

Registro fotográfico de la exploración material pieza Stadium

Photographic register of the material exploration of Stadium pieces

Registro fotográfico de la exploración material pieza Stadium

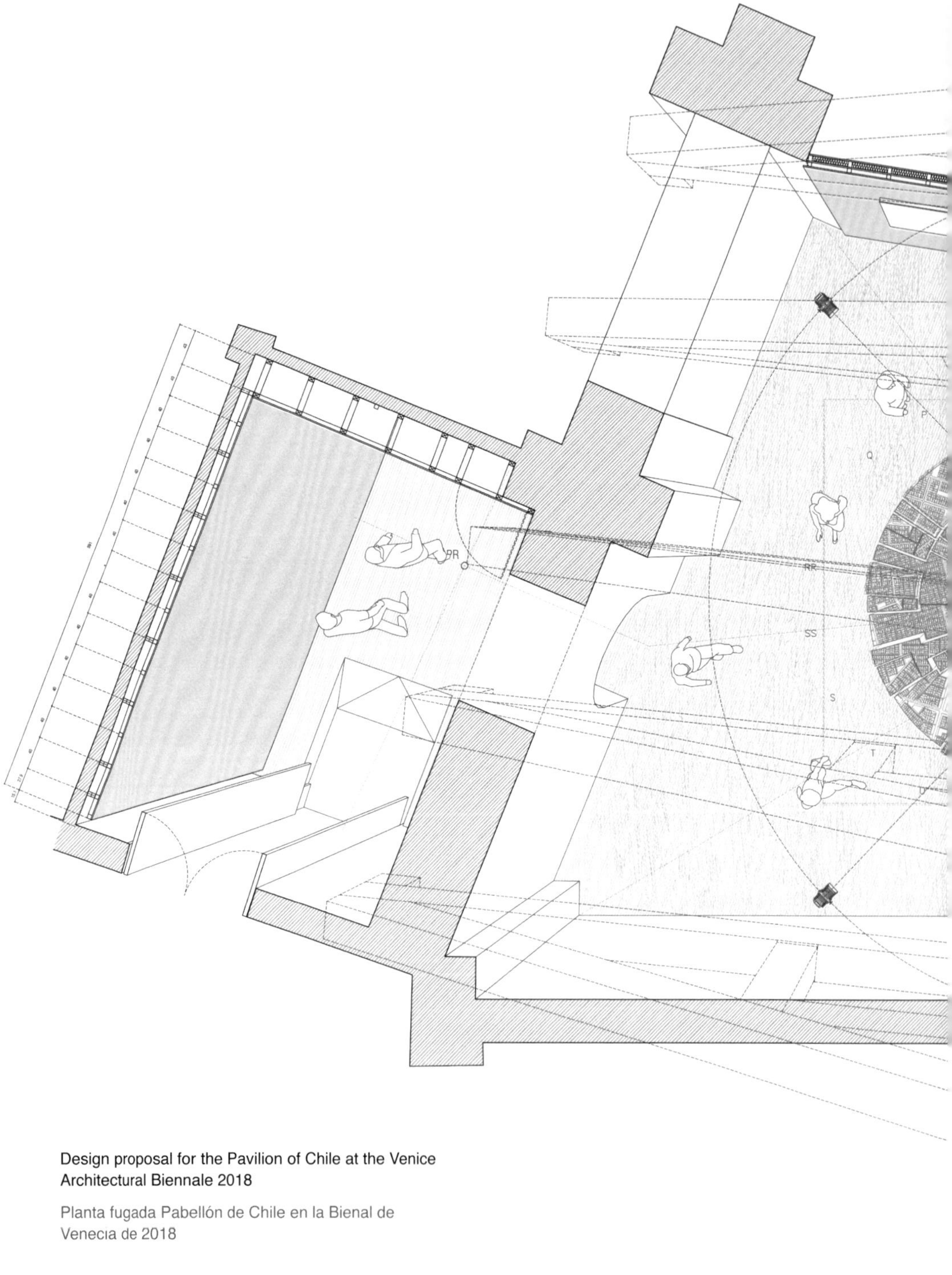

Design proposal for the Pavilion of Chile at the Venice Architectural Biennale 2018

Planta fugada Pabellón de Chile en la Bienal de Venecia de 2018

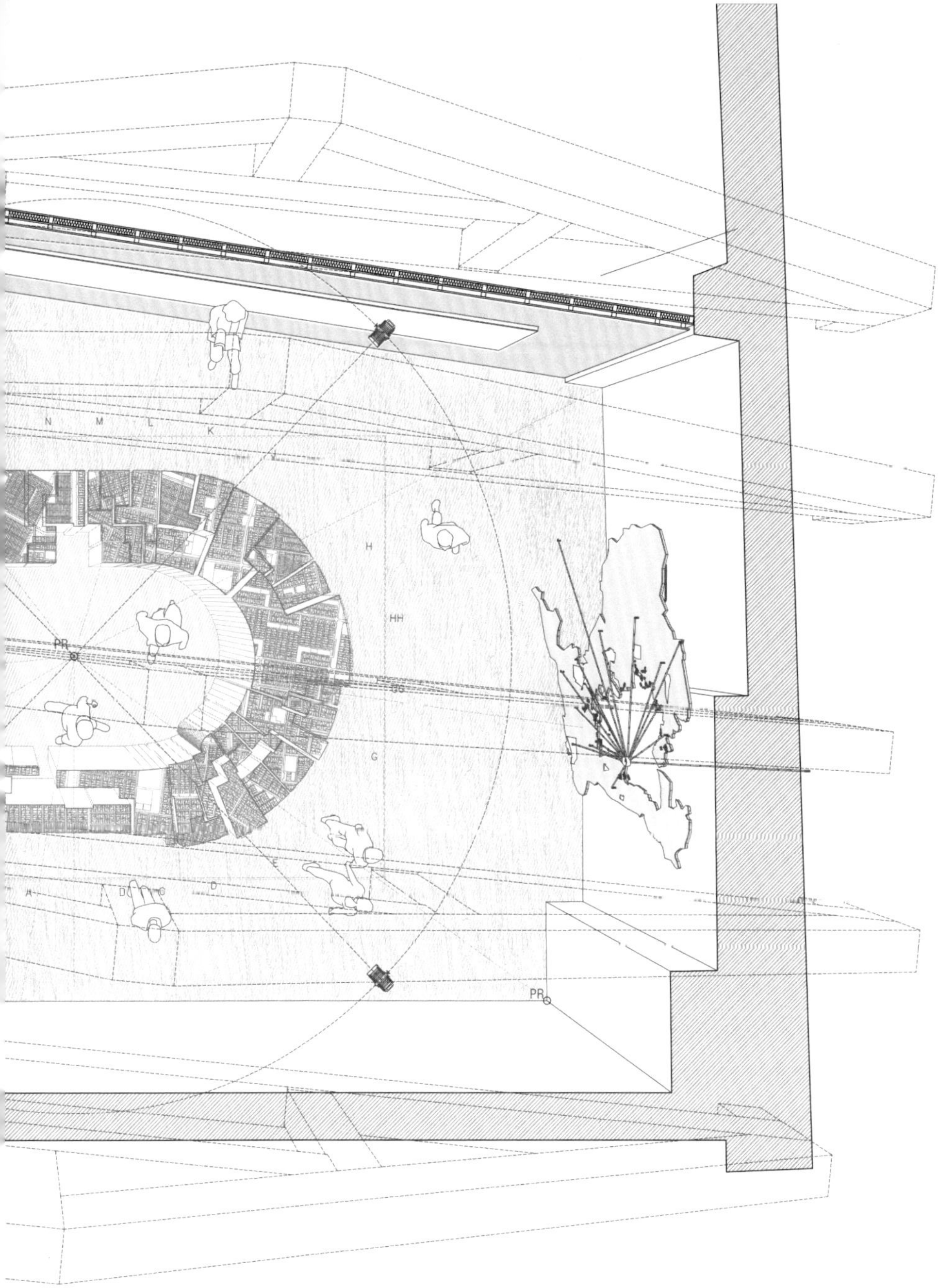
N
M
L
K
H
HH
PR
G
D
E
PR

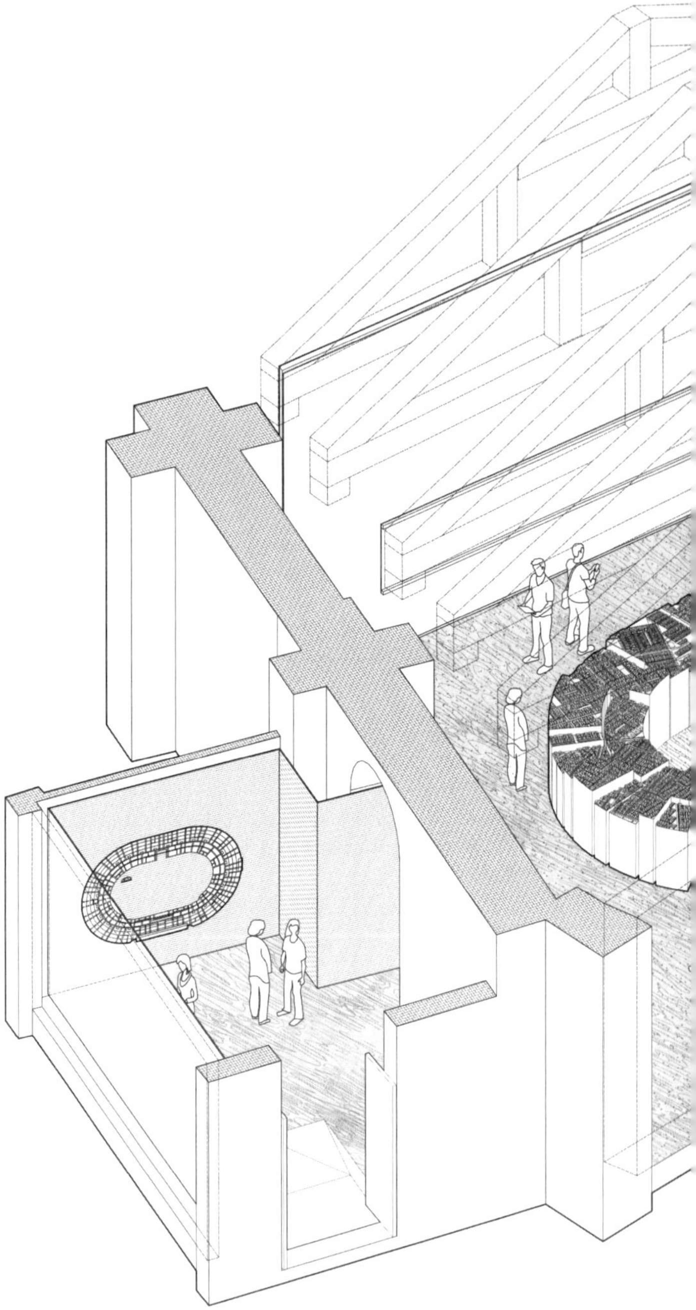

Design proposal for the Pavilion of Chile at the Venice Architectural Biennale 2018

Axonométrica Pabellón de Chile en la Bienal de Venecia de 2018

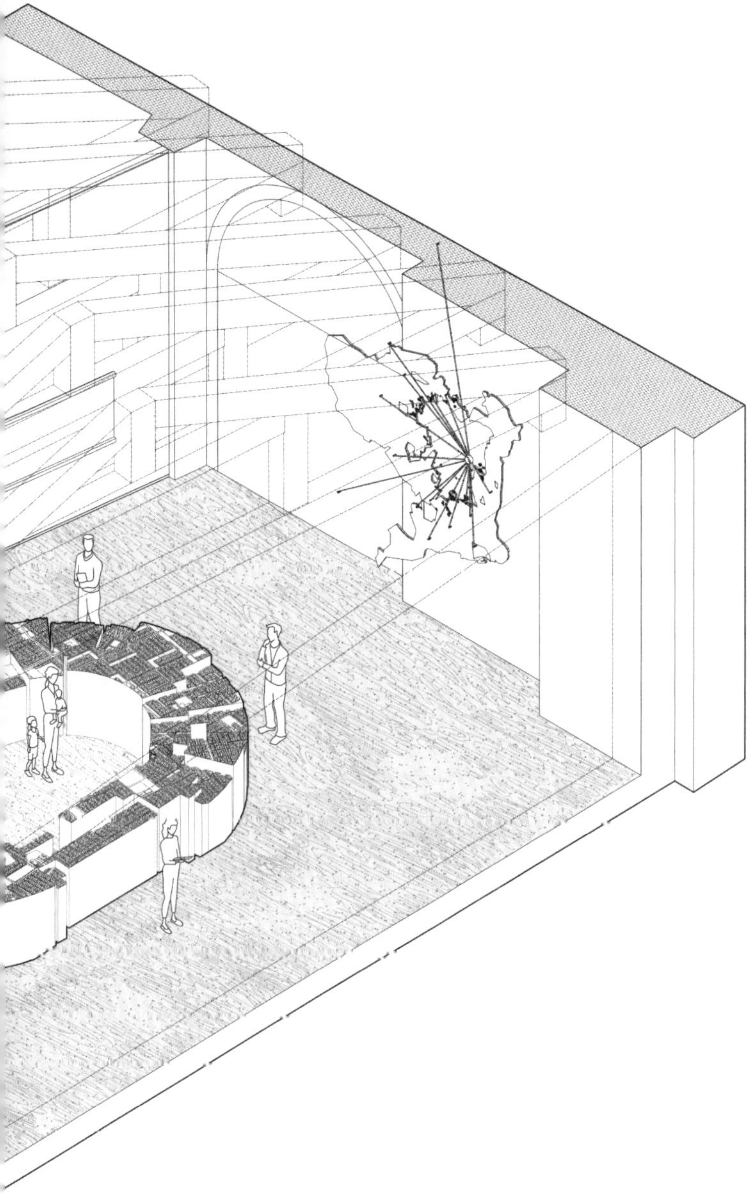

Audiovisual Project

Proyecto audiovisual

HORIZON & ISLANDS (2018)
Directed by: Javier Correa
Editing: Teresa Viera-Gallo

Correa's work comprises two audiovisual proposals inside the pavilion. "Horizon," portrays the condition of a multiple building: it actualises and returns to the Stadium its context by offering a visual narration of the Stadium's manifold stadiums. "Islands" are atomised stories that document the present state of three emblematic shantytowns that were represented that day at the Stadium, through the recollections of dwellers who were present for the 1979 event.

Horizon

In the filmmaker's words, the work reconstructs a horizon that is absent from the experience inside the autonomous building. To create this spatial, historical, and narrative horizon, Correa makes use of archival footage of events that took place at the Stadium. This material is reproduced within six frames with different and identifiable rhythms that comprise a linear structure on the wall. Through repetition, temporal juxtaposition and disjunction, images and time are split across the screen. In Correa's work, montage is not only a technique to condense space, time and information in film; in its frame-by-frame deconstruction and non-linear reassembly of the building, montage is rendered as a spatial experience, a horizon of filmmaking.

'HORIZONTE' e 'ISLAS' (2018)
Dirección: Javier Correa
Montaje: Teresa Viera-Gallo

El trabajo de Correa consiste en dos propuestas audiovisuales dentro del pabellón. 'Horizonte' retrata la condición de un edificio múltiple: actualiza y devuelve al estadio su contexto ofreciendo una narración visual de los estadios del estadio. 'Islas' son los relatos atomizados que documentan el estado actual de tres poblaciones emblemáticas representadas ese día en el estadio, a través de las memorias de pobladores presentes en el evento de 1979.

'Horizonte'

En palabras del cineasta, la obra reconstruye un horizonte que está ausente en la experiencia al interior del edificio autónomo. Para crear este panorama espacial, histórico y narrativo, Correa utiliza videos de archivo de eventos que tuvieron lugar en el Estadio Nacional. Este material se reproduce en seis cuadros, con ritmos distintos e identificables, que conforman una estructura lineal en el muro. A través de la repetición, la yuxtaposición temporal y la disyunción, las imágenes y el tiempo se desdoblan a través del telón. En el trabajo de Correa, el montaje no es sólo una técnica para condensar espacio, tiempo e información en una película; en la deconstrucción del edificio fotograma a fotograma y en su reensamblaje no-lineal, el montaje se manifiesta como una experiencia espacial, un horizonte de realización cinematográfica.

Islands

Three short films show close-ups that articulate the social history of the event within the city today. These focus on the personal narratives of the inhabitants of three emblematic shantytowns that were present at the event in the stadium: La Pincoya, La Bandera, and Villa Francia. Images of the *propietaires'* houses, and their voices are interweaved with first-person narration. The fragments of the centrepiece of STADIUM, with their generic abstract urban layout, are transformed into figurative and specific stories. An audiovisual description of a "point" on the map of the city today, that navigates the distance between Stadium and shantytowns, the city at the time of the event and current Santiago.

'Islas'

Tres cortometrajes independientes construyen 'primeros planos', que articulan la historia social del evento con la ciudad actual. Estos se centran en las narrativas personales de los habitantes de tres barrios emblemáticos que estuvieron presentes en el evento en el Estadio Nacional: La Pincoya, La Bandera y Villa Francia. Imágenes de las viviendas y la voz de los 'propietarios' se entrelazan a partir de narraciones en primera persona. Lo que en la pieza central de STADIUM es un fragmento con una trama urbana abstracta, aquí se vuelve figurativo y específico a través del relato. Una descripción audiovisual de un 'punto' en el mapa de la ciudad actual, que recorre la distancia entre el estadio y las poblaciones, la ciudad al momento del evento y Santiago actual.

ARCHIVE (2018)
Archival research: Alejandra Celedón, Consuelo Contreras, Stephannie Fell, Nicolás Navarrete, Catalina Palma, Joaquín Serrano
Editing: Consuelo Contreras, Nicolás Navarrete, Carmen Valdés

Archive

Key pieces of the archival research undertaken for the pavilion proposal are presented in the form of three simultaneous videos with distinct temporalities and movement. The first one reproduces press cuttings, both from official and opposition press, making visible the inconsistencies and cracks in the story of the 1979 event. The second screen shows the official

'ARCHIVO' (2018)
Investigación de archivo: Alejandra Celedón, Consuelo Contreras, Stephannie Fell, Nicolás Navarrete, Catalina Palma, Joaquín Serrano
Montaje: Consuelo Contreras, Nicolás Navarrete, Carmen Valdés

'Archivo'

Piezas claves de la investigación de archivo realizada para la propuesta del pabellón, se presentan en la forma de tres videos simultáneos con temporalidades y movimientos específicos. El primero reproduce recortes de prensa, tanto de la prensa oficial como de oposición, haciendo visibles las incongruencias y grietas en la

version in two video reportages of the event broadcasted by the National TV station (TVN) in 1979, capturing both authorities' and attendants' impressions. The third video is devoted to the list of names included in the booklet, an insistence on lists and inventories that is a trademark of the modern state. Names, shantytowns, communes, accesses circulate on the screen until the goal of 37,000 new proprietors is achieved.

historia del evento de 1979. La segunda pantalla reproduce la versión oficial a través de dos reportajes del evento transmitido por la estación de Televisión Nacional de Chile (TVN) en 1979, capturando las visiones tanto de las autoridades como de los asistentes. El tercer video está dedicado a la lista de nombres incluidos en el fascículo, una insistencia en listas e inventarios, firma de los estados modernos. Nombres, barrios, comunas, accesos, circulan en la pantalla hasta lograr la meta de 37 mil nuevos propietarios.

Javier Correa, "Horizon." Stills from the audiovisual project for the Chilean Pavilion at the Venice Architectural Biennale

Javier Correa, "Horizonte". Imágenes de la proyecto audiovisual del Pabellón de Chile en la Bienal de Venecia

PARA QUE
NUNCA
MAS

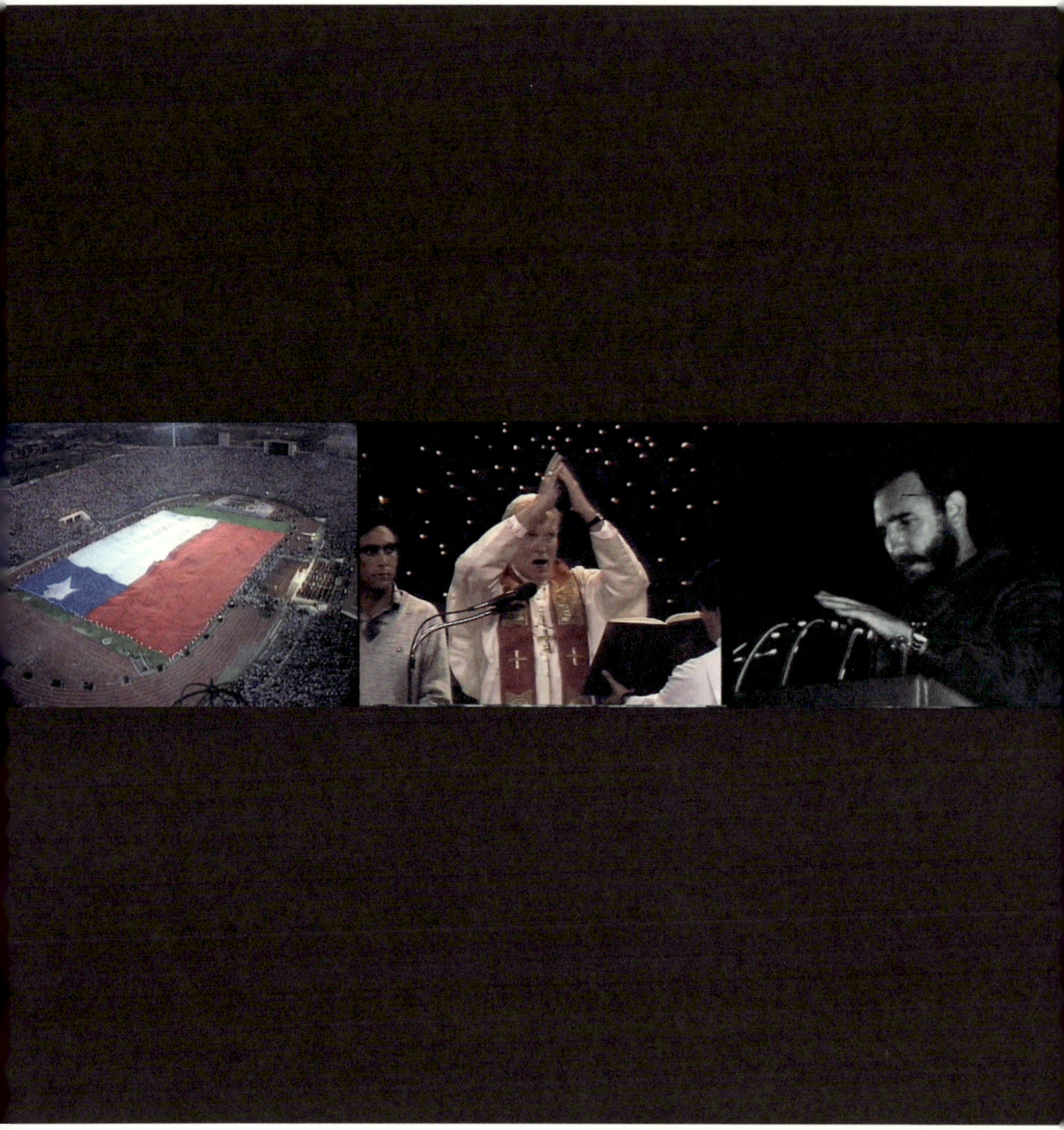

Javier Correa, “Horizon.” Stills from the audiovisual project for the Chilean Pavilion at the Venice Architectural Biennale

Javier Correa, “Horizonte”. Imágenes de la proyecto audiovisual del Pabellón de Chile en la Bienal de Venecia

Biographies Pavilion of Chile
Biografías Pabellón de Chile

Alejandra Celedón
Edmonton, Canada, 1979.
Alejandra Celedón is an architect from Universidad de Chile, with a master's from The Bartlett, UCL and a PhD from the AA. Her doctoral dissertation, "Rhetoric of the Plan," studies the liaison between drawings and words, objects and discourse. She has been a professor and a researcher at Pontificia Universidad Católica de Chile since 2016, addressing geopolitical, territorial and architectural strategies undertaken during the 1980s in Santiago in relation to the domestic sphere (Conicyt 2016–2018). Her latest publications include "Half-Plan" in *San Rocco* and articles such as "Footprints" and "Margarita" in *ARQ* magazine.

Alejandra Celedón es arquitecta de la Universidad de Chile con un máster de la Bartlett, UCL y un doctorado de la AA. Su tesis doctoral, "Rhetoric of the Plan", estudia el vínculo entre dibujos y palabras, objetos y discurso. Desde 2016 es profesora e investigadora en la Pontificia Universidad Católica de Chile abordando estrategias geopolíticas, territoriales y arquitectónicas ejecutadas durante los años ochenta en Santiago en relación a lo doméstico (Conicyt 2016-2018). Sus últimas publicaciones incluyen "Half-Plan" en *San Rocco* y artículos como "Footprints" y "Margarita" en la revista *ARQ*.

Cristóbal Molina
Santiago, Chile, 1976.
Cristóbal Molina is an architect, with a master's and doctorate degree in architecture. A researcher specialized in public policy, he is currently the coordinator of the Architecture Unit of the Ministry of Cultures, Arts and Heritage of the Government of Chile. He has taught at the School of Architecture of the Diego Portales University and has been author, co-author and editor of several publications, among them, editor of *CA* magazine and editorial coordinator of *ARQ* magazine.
In the public sector, he has been responsible for the Policy for the Promotion of Architecture 2017–2022, the inclusion of architecture in the National Culture Funds, among other initiatives. In 2017 he received the Alfredo Johnson Award from the Colegio de Arquitectos de Chile and the Medal for Institutional Contribution to Architecture from the Asociación de Oficinas de Arquitectura. He has been the commissioner of the pavilions of Chile in the 13th, 14th and 15th Biennial of Architecture of Venice and the IV Biennial of Architecture and Urbanism of Shenzhen.

Cristóbal Molina es arquitecto, con un máster y doctorado en arquitectura. Investigador especializado en políticas públicas, actualmente es coordinador del Área de Arquitectura del Ministerio de las Culturas, las Artes y el Patrimonio del gobierno de Chile. Ha sido docente en la Escuela de Arquitectura de la Universidad Diego Portales además de autor, co-autor y editor de diversas publicaciones, entre ellas, editor de la revista CA y coordinador editorial de la revista ARQ. En su labor pública ha sido responsable de la Política de Fomento de la Arquitectura 2017–2022 y la inclusión de la arquitectura en los Fondos de Cultura, entre otras iniciativas. El año 2017 recibió el premio Alfredo Johnson del Colegio de Arquitectos y la medalla Aporte Institucional a la Arquitectura de la Asociación de Oficinas de Arquitectos. Ha sido el comisario de los pabellones de Chile en la 13a, 14a y 15a Bienal de Arquitectura de Venecia y en la IV Bienal de Arquitectura y Urbanismo de Shenzhen.

Tomás Villalón
Santiago, Chile, 1979.
Tomás Villalón is an architect from Universidad de Chile, and founder of Tomás Villalón Arquitectos, an architecture office established in 2014 as a consequence of winning a series of competitions and as a work platform that aims to directly link the professional and academic fields. Among his most recent projects are the first prize for the consistorial building of Providencia (2017), the first prize for the corporate building of Universidad Central (2017), the first prize for the Panguipulli Theater (2017), and the first prize for the ABS School (2017). Currently, he is also a studio professor at the University of Chile and the Pontificia Universidad Católica de Chile.

Tomás Villalón es arquitecto de la Universidad de Chile y fundador de Tomás Villalón Arquitectos, oficina que estableció en 2014 producto de una serie de concursos ganados y como una plataforma de trabajo que pretende vincular de manera directa el ámbito profesional y académico. Dentro de sus proyectos más recientes se encuentran el primer premio para el edificio consistorial de Providencia (2017), el primer premio para el edificio corporativo de la Universidad Central (2017), el primer premio para el Teatro de Panguipulli (2017), y el primer premio para el Colegio ABS (2017). Actualmente, es también profesor de taller de la Universidad de Chile y la Pontificia Universidad Católica de Chile.

Stephannie Fell
Viña del mar, Chile, 1987.
Stephannie Fell is an architect from Pontificia Universidad Católica de Chile, where she was an adjunct instructor for the History and Theory department and directed the

continuing education program entitled "Architecture and Landscape Photography Studio." She has photography studies from the Massachusetts College of Art and Design, and is currently writing her thesis for the master's degree in Architectural History at the Bartlett, UCL. Her research focuses on images in general and photography in particular in relation to architectural practice and theory.

Stephannie Fell es arquitecta de la Pontificia Universidad Católica de Chile, donde fue instructora adjunta del departamento de Historia y Teoría, y dirigió el programa de educación continua "Taller de fotografía de arquitectura y paisaje". Con estudios de fotografía en Massachusetts College of Art and Design, actualmente está escribiendo su tesis para el máster en historia de la arquitectura en la Bartlett, UCL. Su área de investigación se centra en las imágenes en general y la fotografía en particular en relación a la práctica y teoría de la arquitectura.

Kathryn Gillmore
Santiago, Chile, 1978.
Kathryn Gillmore is a graphic designer from Pontificia Universidad Católica de Chile with a master's in new media from the ENSCI—Les Ateliers in Paris. With more than 15 years of experience, she leads her design studio in collaboration with other design teams, editors, and architects, developing projects mainly related to signage, editorial design, information design, and visual identity. She has worked as a teacher at several design schools and currently teaches at Universidad San Sebastián, overseeing the architecture school's visual identity, including the art direction and design of *Materia Arquitectura* magazine.

Kathryn Gillmore es diseñadora gráfica de la Pontifica Universidad Católica de Chile con un máster en multimedios del ENSCI - Les Ateliers de París. Lidera su estudio de diseño, dándole especial relevancia al trabajo multidisciplinar con otros equipos de diseñadores, editores y arquitectos. Entre sus trabajos se destacan proyectos de señalética, diseño editorial, diseño de información e identidad visual. Ha sido profesora en distintas escuelas de diseño y actualmente en la Escuela de Arquitectura de la Universidad San Sebastián, donde además está a cargo de su línea gráfica, incluyendo el diseño y dirección de arte de la revista *Materia Arquitectura*.

Javier Correa
Valdivia, Chile, 1977.
Javier Correa studied History in Chile and Cultural Mediation in Italy before becoming a filmmaker. His first works are documentaries on migration, urban modernity, and historical memory. In 2010, he obtained a master's in Filmmaking from the London Film School. Since then, he has made several documentaries and has collaborated with artists, designers, and architects on public interventions and exhibitions in Chile and abroad. He wrote and directed the feature films "A primera hora" (2012) and "Amereida, solo las huellas descubren el mar" (2016). Recently, he co-curated the exhibition "La invención de un mar. Amereida 1965/2017" at the National Museum of Fine Arts in Santiago, Chile. He is a member of the Open City in Valparaíso.

Javier Correa estudió historia en Chile y un máster en mediación cultural en Italia, antes de hacer cine. Sus primeros trabajos son documentales sobre migraciones, modernidad urbana y rural y memoria histórica. En 2010 obtuvo un máster en cinematografía en The London Film School y desde entonces ha realizado documentales y colabora regularmente con distintos artistas, diseñadores y arquitectos en intervenciones, exhibiciones tanto en Chile como internacionalmente. Ha escrito y dirigido dos largometrajes "A primera hora" (2012) y "Amereida, solo las huellas descubren el mar" (2016). En 2017 fue co-curador de la exposición "La invención de un mar, Amereida 1965/2017", realizada por la Ciudad Abierta en el Museo Nacional de Bellas y el Parque Cultural de Valparaíso. Es miembro de la Ciudad Abierta en Valparaíso.

Gonzalo Puga
Santiago, Chile, 1966.
Gonzalo Puga is an independent strategic designer dedicated to the development of teaching and learning devices and interfaces. His teaching experience includes the formulation of programs and courses for designers and architects. As a designer, his work encompasses the creation of exhibitions for museums, the design of consumer products and the specification of other concepts for the orientation of the future market. He also has editorial projects and works as a professional photographer, with special attention to the registration of works of art and architectural projects. His work has been published by the international specialized press.

Gonzalo Puga es diseñador estratégico independiente dedicado al desarrollo de dispositivos e interfaces para la enseñanza y el aprendizaje. Su experiencia docente incluye la formulación de programas y cursos para diseñadores y arquitectos. Como proyectista, su trabajo aborda la creación de exhibiciones para museos, el diseño de productos de consumo y la especificación de otros conceptuales para la orientación del mercado futuro. Lleva también proyectos editoriales y desempeña la labor de fotógrafo profesional, con especial atención al registro de obras de arte y de proyectos de arquitectura. Su trabajo ha sido publicado por la prensa especializada internacional.

Authors' biographies
Biografías autores

Anthony Vidler (foreword)
Anthony Vidler, a historian and critic of modern and contemporary architecture, received his professional degree in architecture from Cambridge University, and his doctorate in History and Theory from the University of Technology, Delft. Princeton University School of Architecture faculty from 1965–93, professor and Chair of the Department of Art History at UCLA, with a joint appointment in the School of Architecture from 1997, and appointed Acting Dean of the Irwin S. Chanin School of Architecture of The Cooper Union in 2001, and Dean of the School in 2002, where he continues to teach a wide variety of courses. He has been curator of exhibitions worldwide, including his participation in "Out of the Box," dedicated to James Stirling, for the Canadian Center of Architecture, Montreal, and in 2010 installed the exhibition "Notes from the Archive: James Frazer Stirling" in the Yale Centre for British Art. His latest publications include, *Warped Space: Architecture and Anxiety in Modern Culture* (MIT Press, 2000), *Histories of the Immediate Present: The Invention of Architectural Modernism* (MIT Press, 2008), *James Frazer Stirling: Notes from the Archive* (Yale University Press, 2010), and *The Scenes of the Street and other Essays* (Monacelli Press, 2011).

Anthony Vidler, historiador y crítico de la arquitectura moderna y contemporánea, recibió su título profesional en arquitectura de la Cambridge University, y su doctorado en historia y teoría de la University of Technology, Delft. Profesor en la Princeton University School of Architecture ente 1965 y 1993, profesor y director del Departamento de Historia del Arte en UCLA con un nombramiento conjunto en la Escuela de Arquitectura desde 1997, fue nombrado decano interino de la Irwin S. Chanin School of Architecture de The Cooper Union en 2001, y decano de la escuela en 2002, donde imparte en la actualidad una amplia variedad de cursos. Ha sido curador de exposiciones alrededor del mundo, incluida su participación en "Out of the Box" dedicado a James Stirling, para el Canadian Center of Architecture en Montreal, y en 2010 instaló la exposición "Notes from the Archive: James Frazer Stirling" en el Yale Centre for British Art. Sus últimas publicaciones incluyen: Warped Space: Architecture and Anxiety in Modern Culture (MIT Press, 2000), Histories of the Immediate Present: The Invention of Architectural Modernism (MIT Press, 2008), James Frazer Stirling: Notes from the Archive (Yale University Press, 2010), and The Scenes of the Street and other Essays (Monacelli Press, 2011).

Alejandro Zambra (the event)
Alejandro Zambra is a Chilean writer born in Santiago in 1975. He is the author of *Bonsai* (Melville House, 2008), *The Private Lives of Trees* (Open Letter, 2010), *Ways of Going Home* (Farrar, Straus & Giroux, 2014), *My Documents* (McSweeney's, 2015), *Multiple Choice* (Penguin Books, 2016) and *Not to Read* (Fitzcarraldo Editions, 2018), among other books. His work has been translated into more than 15 languages and has appeared in the *New Yorker*, the *Paris Review, Tin House, Harper's, Granta* and *McSweeney's*. He was a 2015–2016 Cullman Center fellow at the New York Public Library. He lives in Mexico City.

Alejandro Zambra es un escritor chileno nacido en Santiago en 1975. Ha publicado *Bonsái* (Anagrama, 2006), *La vida privada de los árboles* (Anagrama, 2007), *Formas de volver a casa* (Anagrama, 2011), *Mis documentos* (Anagrama, 2013), *Facsímil* (Editorial Sexto Piso, 2015) y *No leer* (Alpha Decay, 2012), entre otros libros. Su obra ha sido traducida a más de quince idiomas y relatos suyos han aparecido en revistas como *The New Yorker, The Paris Review, Tin House, Harper's, Granta* y *McSweeney's*. Entre 2015 y 2016 fue becario del Cullman Center, en la Biblioteca Pública de Nueva York. Vive en Ciudad de México.

Marina Lathouri (the plan)
Marina Lathouri is the director of the Graduate Programme of History and Critical Thinking in Architecture at the Architectural Association in London and lectures at Cambridge University. She has previously taught at the University of Pennsylvania and has been Visiting Professor at the Universidad de Navarra, Spain, and the Pontificia Universidad Católica de Chile. She studied architecture, philosophy, and aesthetics. Her research, writings and teaching lie in the conjunction of historiography and modernity, architecture and writing, the city and political philosophy. She is the co-author and a co-editor of *Intimate Metropolis: Urban Subjects in the Modern City* (Routledge, 2008); *City Cultures: Contemporary Positions on the City* (AA Publications, 2010). And the author of numerous articles.

Marina Lathouri es directora del programa de máster en historia y pensamiento crítico en arquitectura de la AA en Londres y hace clases en la Cambridge University. Anteriormente ha enseñado en la University of Pennsylvania y ha sido *Visiting Professor* en la Universidad de Navarra, España, y en la Pontificia Universidad Católica de Chile. Estudió arquitectura, filosofía y estética. Su investigación, sus escritos y su enseñanza se encuentran en la conjunción de la historiografía y la modernidad, la arquitectura y la escritura, la ciudad y la filosofía política. Es coautora y coeditora de *Intimate Metropolis: Urban Subjects in the Modern City* (Routledge, 2008); *City Cultures: Contemporary Positions on the City* (AA Publications, 2010) y autora de numerosos artículos.

Valentina Rozas-Krause (the building)
Valentina Rozas-Krause is a PhD candidate at the University of California, Berkeley. She is an architect with a master's degree in Urban Planning from the Pontificia Universidad Católica de Chile. In 2014, she published the book *Ni tan Elefante: Ni tan Blanco* (RIL Editores, 2014) on the architectural, urban and political history of Chile's National Stadium. In 2011, she was awarded first place in the public competition "Parque de la Ciudadanía" to redesign the surroundings of the National Stadium, in collaboration with tho architects Teodoro Fernández and Danilo Martic. Valentina designed Memorial Patio 29 in Santiago, together with an interdisciplinary team, a work that was inaugurated in 2010. Between 2011 and 2014 she taught at the School of Architecture of Universidad Diego Portales and was a researcher at the university's City and Territory Laboratory. In 2014 she joined the PhD program in Architecture at UC Berkeley as a student, where she also works as an lecturer and researcher.

Valentina Rozas-Krause es candidata a doctora por la University of California, Berkeley. Es arquitecta y máster en desarrollo urbano, ambos por la Pontificia Universidad Católica de Chile. En 2014 publicó el libro *Ni tan Elefante: Ni tan Blanco* (RIL Editores, 2014) sobre la historia arquitectónica, urbana y política del Estadio Nacional de Chile. En 2011 obtuvo el primer lugar en el concurso "Parque de la Ciudadanía" para rediseñar el parque del Estadio Nacional junto a los arquitectos Teodoro Fernández y Danilo Martic. Valentina diseñó el Memorial Patio 29, en Santiago junto a un equipo interdisciplinario, obra que fue inaugurada en 2010. Entre 2011 y el 2014 se desempeñó como docente de la Escuela de Arquitectura e investigadora del Laboratorio Ciudad y Territorio de la Universidad Diego Portales. El año 2014 se integró como estudiante al doctorado en Arquitectura en UC Berkeley, en donde se desempeña como docente e investigadora.

Manuel Shvartzberg (the city)
Manuel Shvartzberg Carrió is an architect and scholar based at the Graduate School of Architecture, Planning, and Preservation (GSAPP), Columbia University, where he runs the Thesis for the Master's program in Critical, Curatorial, and Conceptual Practices in Architecture. At GSAPP he is also a candidate in the PhD in Architecture program, and a Graduate Fellow of the Institute for Comparative Literature and Society. His dissertation, "Designing 'Post-Industrial Society': Settler Colonialism and Modern Architecture in Palm Springs, California, 1876–1973," examines the role of architecture in developing a discourse and a techno-politics of economic growth under U.S. hegemony.

Manuel Shvartzberg Carrió es arquitecto y académico de la Graduate School of Architecture, Planning, and Preservation (GSAPP) de Columbia University, donde dirige el programa de tesis para el máster en prácticas críticas, curatoriales y conceptuales en arquitectura. En GSAPP también es candidato a doctor por el programa de PhD en arquitectura, y un Graduate Fellow del Institute for Comparative Literature and Society. Su tesis, *"Designing 'Post-Industrial Society': Settler Colonialism and Modern Architecture in Palm Springs, California, 1876-1973"*, examina el papel de la arquitectura en el desarrollo de un discurso y una tecno-política del crecimiento económico bajo la hegemonía de Estados Unidos.

Daniel Talesnik (the city)
Daniel Talesnik is a trained architect specializing in modern and contemporary architecture and urbanism, with a particular focus on architectural pedagogy and relationships between architecture and political ideologies. He was awarded a PhD by Columbia University in 2016 with the dissertation "The Itinerant Red Bauhaus, or the Third Emigration." He has published articles and book chapters, and has taught studio as well as history and theory courses at Columbia University and the Illinois Institute of Technology. He is an Adjunct Assistant Professor at the Pontificia Universidad Católica of Chile and an Assistant Professor and Curator at the Technische Universität München and its Architekturmuseum.

Daniel Talesnik se dedica a la historia y teoría de la arquitectura y urbanismo moderno y contemporáneo, con un énfasis en pedagogías arquitectónicas y relaciones entre arquitectura e ideologías políticas. Obtuvo su doctorado en Columbia University el 2016 con la tesis "*The Itinerant Red Bauhaus, or the Third Emigration*". Ha publicado artículos y capítulos de libros, y ha hecho clases tanto de taller como de historia y teoría de la arquitectura en la Columbia University y el Illinois Institute of Technology. Actualmente es profesor asistente adjunto en la Pontificia Universidad Católica de Chile y profesor asistente y curador en la Technische Universität München y su Architekturmuseum.

Acknowledgements
Agradecimientos

The editors and the STADIUM team wish to acknowledge the support of the following people and institutions:
Ministry of Cultures, Arts and Heritage of Chile.
Alejandra Pérez, Minister of Cultures, Arts and Heritage.
Las editoras y el equipo STADIUM quieren reconocer el apoyo de las siguientes personas e instituciones:
Ministerio de las Culturas, las Artes y el Patrimonio de Chile. Alejandra Pérez, Ministra de las Culturas, las Artes y el Patrimonio.

Dirac, Ministry of Foreign Affairs of Chile. Carlos Morán, Director of Cultural Affairs.
Dirac, Ministerio de Relaciones Exteriores de Chile. Carlos Morán, Director de Asuntos Culturales.

Facultad de Arquitectura, Diseño y Estudios Urbanos, Pontificia Universidad Católica de Chile. Mario Ubilla, Dean, Francisco j. Quintana, Director, Emilio De la Cerda, former Director, Miryam Singer, Vicerrectoría de Investigación Académica
Facultad de Arquitectura, Diseño y Estudios Urbanos, Pontificia Universidad Católica de Chile. Mario Ubilla, decano, Francisco j. Quintana, director, Emilio De la Cerda, ex-director, Miryam Singer, Vicerrectoría de Investigación Académica.

Emilia Beniscelli, Isabel Avelin, Archivo Nacional de la Administración (ARNAD).
Soledad Abarca, Archivo Fotográfico y Audiovisual, Biblioteca Nacional de Chile.
Isabel García, Archivo de Originales, Centro de Información y Documentación Sergio Larraín García-Moreno.
Héctor Cifuentes, Archivo SERVIU.
Archivo Vicaría de la Solidaridad.
Daniela Schütte, Biblioteca Nacional Digital, Biblioteca Nacional de Chile.
Samuel Salgado & Felipe García, CENFOTO UDP.
Jeffrey Smith, Contact Press Images.
Wally Kunstmann, Corporación Estadio Nacional Memoria Nacional.
Felipe Bengoa, Enterreno.
Centro de Documentación, Ministerio de Vivienda y Urbanismo de Chile.
Francisco Estévez & Paula Sánchez, Museo de la Memoria y los Derechos Humanos.
Carla Franceschini, Museo Histórico Nacional.
Jaime de Aguirre, Amira Arratia, Televisión Nacional de Chile.
Archivo Fotográfico del Archivo Central Andrés Bello, Universidad de Chile.
Servicio Aerofotogramétrico Fuerza Aérea de Chile (SAF).

The students at the Pontificia Universidad Católica de Chile that collaborated on this project:
Los estudiantes de la Pontificia Universidad Católica de Chile que colaboraron en este proyecto:
Consuelo Contreras, Nicolás Navarrete, Catalina Palma, Joaquín Serrano, Carmen Valdés, Sofía Mingo, Francisco Cardemil.

Pedro Alonso, Felipe Aravena, Cristian Alviña, Eliana Baglioni, Umberto Bonomo, David Burnett, Gonzalo Cáceres, Alejandra Carles-Tolra, Mario Castro D. Andrea Castellani (Clab Architettura), Francisco Chateau, Juan Pablo Corvalán, Eva Franch, Lucía Galaretto, James D. Graham, César Gómez, Alfredo Jaar, Andrés Jaque, Marina Lathouri, José Mayoral, Daniela Moller, Lise Moller, Marcelo Montecino, Rolando Morales, Nicole Paredes, Rodrigo Pérez de Arce, Cecilia Puga, Cecilia Rodriguez, Edward Rojas, Juan Román, Aguido Romero, Valentina Rozas-Krause, Leo Salgado, Manuel Shvartzberg, Daniel Talesnik, Rodrigo Veliz (Taller Barros), Anthony Vidler, Enrique Walker, Thomas Weaver, Koen Wessing, Margarita Zaldivar, Alejandro Zambra.